333 Rezepte

| Heißluftfritteuse für Anfänger |
| Das Dampfgarer Kochbuch |
| Das Kontaktgrill Kochbuch |

Rezeptbuch mit Dampfgarer, Kontaktgrill und Heißluftfritteuse Rezepten für unterwegs und zuhause.

Originale Erstauflage: Juli 2019
Copyright © by Rezept Welt

Druck/ Auslieferung: Amazon oder eine Tochtergesellschaft
Independently published

ISBN: 9781078132978

Vorwort

Wir freuen uns, dass du dich für dieses Buch entschieden hast. In diesem Buch findest du 333 Rezepte zu den Themen Heißluftfritteuse, Dampfgaren und Kontaktgrill. Neben den Rezepten bekommst du auch zu jedem Thema eine kleine Einführung, sodass du dich besser in die Thematik einfinden kannst. Es handelt sich hierbei um 3 Geräte, die mehr Abwechslung in den Kochalltag bringen. Sie lassen sich ganz einfach integrieren und erleichtern dir das Kochen zusätzlich. Du kannst täglich variieren und dich je nach Ernährungsform gesünder ernähren.

Am Anfang bekommst du eine Übersicht über die verschiedenen Geräte, sodass du sie einmal im Vergleich betrachten kannst. Anschließend werden die Themen nacheinander eingeführt, gefolgt von den Rezepten zu den unterschiedlichsten Gerichten. Dabei kannst du dann gucken, was dir am meisten zusagt.

Wir wollen dir den Einstieg so leicht wie möglich machen und dir zeigen was die Geräte können, damit du gucken kannst, wie du deinen Kochalltag aufpeppen kannst. So kommt mehr Abwechslung in deine Küche und du findest den Spaß am Kochen wieder. Wenn du bisher ganz normal mit Pfannen, Töpfen und einigen anderen Geräten den Kochalltag bestritten hast, können neue Geräte deine Küche positiv erweitern.

Du kannst immer wieder neue Dinge ausprobieren und somit immer wieder neue Gerichte und Zubereitungsarten austesten. So kannst du im besten Fall dein neues Lieblingsgericht finden. Außerdem können dir gewisse Geräte den Kochalltag erleichtern. Dadurch kannst du unkomplizierter Kochen – es geht meist schneller und ist mit weniger Aufwand verbunden.

Dieses Buch wird dir weiterhelfen und du wirst das Kochen wieder in vollen Zügen genießen.

Viel Spaß beim Ausprobieren

Rezept Welt

Die 3 Geräte im Überblick

Heißluftfritteuse

Die Heißluftfritteuse ist ein Gerät, in dem Lebensmittel schonend frittiert werden. So schmecken sie knusprig und lecker, aber triefen dabei nicht vor Fett wie bei einer herkömmlichen Fritteuse. Bei einer Heißluftfritteuse wird das Essen nicht im Fett frittiert, sondern stattdessen mithilfe von zirkulierender heißer Luft gegart. Dabei wird entweder nur sehr wenig oder sogar in der Regel gar kein Fett benötigt. Darüber hinaus haben die meisten Heißluftfritteusen noch viele weitere Funktionen wie garen oder backen. Dadurch können neben den Dingen, die man herkömmlich frittieren würde auch Brot, Kuchen, Gemüse, Fleisch oder Fisch optimal zubereitet werden. Dieses Gerät ist dementsprechend ein Multifunktionsgerät, mit dem du viele verschiedene Dinge schonend zubereiten kannst – somit ist es gesünder, mit weniger Aufwand verbunden und geht meist schneller.

Dampfgarer

Der Dampfgarer ist ein Gerät mit dem du dein Essen schonend dämpfen kannst. Dabei wird Wasser erhitzt und das Essen mit dem Wasserdampf umhüllt. Somit bleiben die Nährstoffe, Aromastoffe und Vitamine optimal in den Lebensmitteln enthalten. Darüber hinaus werden Gewürze wie beispielsweise Salz selten benötigt, die Farbe bleibt meistens schön erhalten oder wird sogar intensiviert und mit Zusätzen wie Brühe oder Wein, kann der Geschmack der Lebensmittel verfeinert werden. Mit diesem Gerät kann man sein Essen gesund zubereiten und neben Gemüse auch Fleisch, Muffins oder andere Lebensmittel dämpfen.

Kontaktgrill

Der Kontaktgrill ist ein Gerät, mit dem du optimal zuhause grillen kannst. Dabei entstehen fast keine Gerüche oder Rauch. Der Grill ist vielfältig einsetzbar, sodass du neben Sandwiches und Paninis auch Fleisch, Fisch, Gemüse oder Desserts zubereiten kannst. Einige Rezepte sind dabei etwas ungesünder, jedoch ist der Kontaktgrill im Gegensatz zu den herkömmlichen Zubereitungsmöglichkeiten gesünder, da nur sehr wenig Öle und Fette genutzt werden. Die Lebensmittel werden von beiden Seiten gleichmäßig gegart, sodass du auch hier Zeit sparst. Zudem verfügen einige Geräte über verschiedene Programme, sodass die Möglichkeiten mit diesem Gerät Gerichte zuzubereiten, noch deutlich erweitert werden.

Darum haben wir diese 3 Themen kombiniert

Mehr Vielfalt...

... in der Küche: Jeden Tag machst du dir auf ein Neues Gedanken darüber, was du heute essen könntest – welches Gericht würde dir heute richtig gut gefallen? Dabei ist es dir meist auch wichtig, dass es schnell geht und mit einem nicht allzu großen Aufwand verbunden ist. Letztendlich läuft es meist vermutlich immer gleich ab – du zerbrichst dir den Kopf, durchforstest eventuell Kochbücher oder das Internet, aber letztendlich landest du immer bei einer Handvoll deiner Lieblingsrezepte, die schnell gehen und sich einfach bewährt haben. Dabei wird auch das eine oder andere Fertiggericht dabei sein. Diese 3 Geräte werden dir dabei helfen mehr Abwechslung in deinen Kochalltag zu bringen. Dabei macht es keinen Unterschied, ob du nur ein Gerät ausprobierst oder alle einmal testen möchtest. Jedes Gerät wird auf die eigene individuelle Art und Weise für Abwechslung sorgen. Denn aus jedem Gerät ergeben sich viele Anwendungsmöglichkeiten, die dir ganz neue Eindrücke vermitteln können.

Viele Anwendungsmöglichkeiten...

... in einem Gerät vereint: Mit jedem dieser Geräte beschränkst du dich nicht auf eine Form des Kochens, stattdessen hast du viele verschiedene Möglichkeiten deine Gerichte zuzubereiten. Mit jedem dieser Geräte kannst du alle Lebensmittel zubereiten, wie du sie gerne hättest – du musst also auf nahezu kein Gericht verzichten. Somit hast du auch dadurch mehr Vielfalt und Abwechslung in deiner Küche und zwar alles kompakt in nur einem Gerät. Die Geräte unterscheiden sich meist nur an der Zubereitungsart und den damit verbundenen Feinheiten jedes Gerätes.

Die Zubereitung ist gesünder...

... und schneller: Bei allen 3 Geräten wird weitestgehend auf Öle und Fette verzichtet oder diese sind auf ein Minimum reduziert. Dadurch ist die Zubereitung gesünder. Hinzukommt, dass die Lebensmittel schonender zubereitet werden. Darüber hinaus ist auch der Zeitaspekt bei den 3 Geräten entscheidend. Denn bei jedem der Geräte ist der zeitliche Aufwand geringer. Außerdem musst du anschließend nicht viele verschiedene Töpfe und Pfannen abwaschen und während der Zubereitung nicht die ganze Zeit daneben stehen, um zu verhindern, dass etwas anbrennt.

Zusammenfassend...

... können wir über diese 3 Geräte sagen, dass sie die eventuelle Langeweile in deinem Kochalltag beseitigen können. Dabei spielt es keine Rolle, ob du dich nur für 1 Gerät entscheidest oder gleich für mehrere. Du solltest hier selber gucken, was dir am meisten zusagt und deinem Geschmack entspricht. Darüber hinaus sind die Zubereitungsarten in der Regel gesünder, die Zubereitung geht schneller und der mit dem Kochen verbundene Aufwand wird minimiert.

Heissluftfritteuse

REZEPT WELT

Deshalb hast du eine gute Wahl getroffen

In den USA ist eine regelrechte Heißluftfritteusen-Bewegung entstanden, immer mehr Haushalte schaffen sich dieses Wundergerät an und ernähren sich gesünder als jemals zuvor. Nach und nach schwappt dieser neue „Lifestyle" nun auch zu uns nach Deutschland rüber. Die Heißluftfritteuse wird immer bekannter und erfreut sich immer größerer Beliebtheit. Du hast auf jeden Fall die richtige Entscheidung getroffen und deshalb fassen wir für dich noch mal die wichtigsten Vorteile einer Heißluftfritteuse zusammen.

Deutlich gesünder

Mit deiner Heißluftfritteuse kannst du schnell 80% bis 90% Öl und damit Fett einsparen. Du kannst sogar komplett ohne Öl kochen. Bestimmt müssen wir dir nicht erzählen, wie ungesund frittiertes Essen ist. Pommes, die vor Fett triefen sind voller schädlicher Transfette, die dick machen, das Herzinfarktrisiko steigern und den Cholesterinwert erhöhen, nur um einige der zahlreichen Nachteile zu nennen.

Die Verwendung einer Heißluftfritteuse ist auch deutlich gesünder als das Braten in einer Pfanne. Bei schlechtem Öl und zu hohen Temperaturen entstehen schnell krebserregende Stoffe, doch dazu gleich mehr. Du kannst also etwas für deine Gesundheit tun und trotzdem frittiertes Essen genießen.

Unglaublich einfache Verwendung

Öl in der Pfanne erhitzen und die Zutaten hineingeben – allzu oft fängt das Öl an zu spritzen, das Essen brennt in der Pfanne an, es ist Außen schon braun, Innen jedoch noch roh. All das gehört der Vergangenheit an. Die Verwendung einer Heißluftfritteuse ist kinderleicht. Das Essen in die Heißluftfritteuse legen, Temperatur und Zeit einstellen und das war's. Viele Heißluftfritteusen haben sogar integrierte Programme mit denen Fisch, Fleisch, Gemüse, etc. perfekt gelingen. Zudem hast du während deine Heißluftfritteuse läuft beide Hände frei und kannst einen leckeren Salat vorbereiten, den Tisch decken oder die Küche aufräumen.

Kinderleichtes Säubern

Wo wir schon beim Aufräumen sind: eine Heißluftfritteuse verursacht kaum Schmutz und ist kinderleicht sauber zu machen. Beim Braten und vor allem beim Frittieren spritzt schnell heißes Öl durch die ganze Küche. An die Wände, auf den Boden, sogar an die Decke. Die Reinigung einer Fritteuse ist auch alles andere als leicht. Das Öl muss entsorgt werden, die Fritteuse muss gereinigt werden und die Fettspritzer müssen gefunden und weggewischt werden. Angebranntes Essen aus Pfannen und Töpfen zu entfernen ist oftmals nur mit einweichen, schrubben und schaben möglich. Das Aufräumen und Putzen ist anstrengender als das Kochen selbst!

Je nach Gerät und Hersteller wäschst du den Frittiereinsatz deiner Heißluftfritteuse einfach ab oder gibst ihn in den Geschirrspüler. Mehr muss nicht getan werden. Das erspart dir enorm viel Zeit und Mühe.

Spart Geld und Zeit

Mit einer Heißluftfritteuse kannst du Geld und Zeit sparen. Zum einen musst du deine Heißluftfritteuse nur selten vorheizen und darauf warten, bis sie betriebsbereit ist. Das Essen hineinlegen, anstellen und schon geht es los. Zum anderen spart das natürlich Geld in Form von Stromkosten. Eine Heißluftfritteuse ist recht klein und verbraucht daher deutlich weniger Strom als ein Backofen (der vorgeheizt werden sollte) oder ein Herd (der mit Starkstrom betrieben wird). Die Zeitersparnis kommt dir vor allem dann zu gute, wenn du viel beschäftigt bist und nur wenig Zeit zum Kochen hast. In Kombination mit der leichten Säuberung und Verwendung ist das ein sehr starkes Argument, deinen Backofen oder Herd in Zukunft deutlich seltener zu benutzen.

Ein Gerät für (fast) alles

Du kannst deine Heißluftfritteuse wie bereits erwähnt, zum Aufwärmen, Backen, Frittieren, Grillen und Rösten verwenden. Das spart in der Küche viel Platz und ist besonders für kleine Küchen, Singles, Studenten oder WGs ein wahrer Segen! So kann sie eine Mikrowelle, einen Backofen, eine Fritteuse, einen Grill und eine Pfanne problemlos ersetzen. Wir müssen jedoch zugeben, dass eine Heißluftfritteuse für eine große Pizza eher ungeeignet ist, da punktet der Backofen durch erheblich mehr Platz.

Die Heißluftfritteuse erobert nicht grundlos die USA und nach und nach Deutschland – sie ist einfach kosteneffizient, praktisch und zaubert in kurzer Zeit gesunde und leckere Mahlzeiten.

Was kann ich alles frittieren?

Vielleicht fragst du dich jetzt, was du alles in der Heißluftfritteuse frittieren und zubereiten kannst. Prinzipiell kannst du alles machen, was du auch mit deiner Pfanne, deinem Backofen, deinem Grill oder deiner Mikrowelle zubereiten kannst.

Auf den ersten Blick kommt man gar nicht auf die Idee, in einer Heißluftfritteuse Muffins, Kuchen oder Brownies zu backen. Aber es geht mit einem entsprechenden Einsatz problemlos! Wie eben erwähnt, bietet eine Heißluftfritteuse nicht den gleichen Platz wie ein Backofen (wobei es mittlerweile recht große Modelle gibt), jedoch funktioniert es und das Wichtigste: es schmeckt.

Du kannst deine Heißluftfritteuse auch zum Rösten von Nüssen, Kastanien, Gemüse oder Fleisch verwenden und durch einen Grilleinsatz machst du deine

Grillpfanne überflüssig. Natürlich kannst du alles zubereiten, was sich auch in einer Fritteuse zubereiten lässt: Pommes, Donuts, Chicken Wings, Chicken Nuggets, frittierte Mars- und Snickers-Riegel (musst du ausprobieren!) und noch vieles mehr.

Dank der 111 Rezepte in diesem Buch zum Thema Heißluftfritteuse wirst du selbst feststellen, dass eine Heißluftfritteuse viel mehr Möglichkeiten bietet, als du zunächst erahnst. Deshalb ein Tipp an dich: einfach ausprobieren, kreativ sein und keine Angst haben. Auch wenn eine Heißluftfritteuse unglaublich einfach in der Verwendung ist, benötigt es doch ein wenig Übung und Erfahrung – aber sobald du es erst einmal drauf hast, sind dir keine Grenzen gesetzt.

Gutes Öl, schlechtes Öl

Der Sinn einer Heißluftfritteuse ist die Reduktion bzw. die Vermeidung von zu viel Öl und Fett – wir wollen also ohne Öl frittieren. Dies ist auch möglich, jedoch empfiehlt es sich, bei vielen Gerichten eine geringe Menge Öl zu verwenden, damit die Zutaten frittiert und knusprig sind.

Da eine Heißluftfritteuse oft bei 180°C betrieben wird, ist die Verwendung von dem RICHTIGEN Öl extrem wichtig für deine Gesundheit. Denn solltest du ein falsches Öl verwenden, entstehen schnell freie Radikale und krebserregendes Acrolein. Deshalb wollen wir dir eine kurze Übersicht der wichtigsten Dinge geben, die du zum Thema Öl wissen musst.

Es gibt unzählige Sorten von Öl und oft nimmt man einfach Sonnenblumenöl oder Olivenöl. Je nach Verwendungszweck kann dies ein schwerwiegender Fehler sein!

Der Rauchpunkt und das Fettsäuremuster entscheiden über gesund oder ungesund.

Der Rauchpunkt entscheidet, ob du ein Öl zum Braten bzw. zum Frittieren verwenden solltest oder nicht. Ist der Rauchpunkt zu niedrig, fängt das Öl bei der Erhitzung an zu rauchen und dabei entsteht der krebserregende Stoff Acrolein = ungesund. Deshalb sollten dir die unterschiedlichen Rauchpunkte der unterschiedlichen Öle bekannt sein.

Butter hat beispielsweise einen Rauchpunkt der bei etwa 175°C liegt. Der Rauchpunkt von unraffiniertem Sonnenblumenöl liegt bei 107°C und der von kaltgepresstem Olivenöl bei 130°C bis 180°C. Bei vielen Rezepten ist eine Temperatur von 180°C oder höher notwendig, daher muss der Rauchpunkt des verwendeten Öls so hoch wie möglich sein.

Kaltgepresstes Avocadoöl ist eines der besten Öle zum Braten und Frittieren, da der **Rauchpunkt bei 260°C** liegt und das Öl fast geschmacksneutral ist. Eine Flasche Bio Avacadoöl gibt es oft schon ab etwa 10€. Klingt im ersten Moment nach viel Geld (was auch stimmt). Der Preis relativiert sich jedoch ziemlich schnell, da du wirklich wenig Öl zum Kochen brauchst.

Alternativ lässt sich auch raffiniertes Sonnenblumenöl (Rauchpunkt bei 225°C oder raffiniertes Rapsöl (Rauchpunkt bei 220°C) verwenden.
Das Fettsäuremuster spielt ebenfalls eine Rolle. Jedes Öl setzt sich aus gesättigten Fettsäuren, einfach ungesättigten Fettsäuren und mehrfach ungesättigten Fettsäuren (z.B. Omega-3) zusammen. Daraus ergibt sich das Fettsäuremuster eines jeden Öles. Ab einer Temperatur von 175°C beginnen **mehrfach ungesättigte Fettsäuren** sich zu zersetzen und zu oxidieren. Dabei entstehen Aldehyde, welche ebenfalls ein Risiko für deine Gesundheit darstellen. Deshalb reicht es nicht nur, auf den Rauchpunkt eines Öls zu achten, du musst dir auch das Fettsäuremuster anschauen. Die Angaben zu der Verteilung der verschiedenen Fettsäuren innerhalb eines Öles, findest du meist auf der Verpackung dieser.

Für uns macht **Avocadoöl** auch hier eine sehr gute Figur und deshalb empfehlen wir dir die Verwendung von Avocadoöl beim Benutzen deiner Heißluftfritteuse.

Mit diesen Tipps gelingen alle Rezepte

Sollte deine Heißluftfritteuse noch neu und unbenutzt sein, so wasche alle Komponenten wie es in der Betriebsanleitung drin steht und mache dich mit deiner Heißluftfritteuse vertraut. Viele Modelle haben eingebaute Programme für verschiedene Gerichte/Lebensmittel. An sich funktionieren alle Heißluftfritteusen gleich: Zutaten rein, Temperatur einstellen, Timer einstellen und abwarten.

1) Stelle deine Heißluftfritteuse an einen Ort in der Küche, wo *genug Platz* ist. Also nicht unter einen Schrank oder direkt neben einen Schrank oder ein anderes Gerät. Deine Heißluftfritteuse braucht genug Platz für eine ausreichende Luftzirkulation und an die Wärme solltest du ebenfalls denken. Stelle/lege nichts auf das Gerät und sorge für eine stabile Standfläche.

2) Schneide alle Zutaten in *gleichgroße Stücke* und verteile sie gleichmäßig in dem Korb deiner Heißluftfritteuse. Achte auch darauf, dass du nicht zu viel hinein füllst. Beachte, dass die Zutaten nicht feucht oder nass sind, trockne sie gegebenenfalls mit einem Papiertuch ab. Wenn du das nicht machst, werden sie nicht knusprig und braun. Zu trocken sollten die Zutaten jedoch auch nicht sein, denn sonst könnten sie austrocknen und im schlimmsten Fall verbrennen/anbrennen.

3) Bei vielen Rezepten solltest du *etwas Öl* über die Zutaten verteilen. Wir empfehlen dir dafür in eine Sprühflasche etwas Avocadoöl zu füllen. So verteilst du das Öl gleichmäßig und verwendest dabei nicht zu viel Öl.

4) So werden z.B. Pommes oder Chicken Wings so knusprig als würden sie aus einer normalen Fritteuse kommen.

5) Sollte ein Wenden oder Rühren notwendig sein, vorsichtig den Korb rausziehen und entweder *ein wenig schütteln* (reicht oft bei Gemüse) oder mit einem Pfannenwender/einer Zange die Zutaten wenden oder umrühren. Auf keinen Fall die Finger benutzen! Der Korb bzw. die Innenwände sind sehr heiß und du kannst dich leicht verbrennen. Manche Modelle haben eine eingebaute Rührfunktion, welche sich als praktisch erweisen könnte.

6) Halte dich an die *Gebrauchsanweisung* und an die vorgegebenen Programme. Viele Heißluftfritteusen haben Programme für Gemüse, Fleisch, Fisch, etc., die für ein perfektes Ergebnis sorgen. Bei den meisten Heißluftfritteusen ist ein Vorheizen nicht notwendig. Einfach einschalten und schon geht's los.

Das sind aus unserer Erfahrung die wichtigsten Tipps bzw. die wichtigsten Dinge, die du beachten solltest. Kommen wir noch zu den zwei häufigsten Problemen.

Nicht knusprig

Sollte dein Gericht nicht so knusprig und braun geworden sein wie du es gerne gehabt hättest (schließlich soll deine Heißluftfritteuse ja eine richtige Fritteuse ersetzen!), dann könnten einzelne Zutaten zu feucht gewesen sein oder du hast zu wenig Öl verwendet. Es kann aber auch sein, dass du zu viel auf einmal zubereiten wolltest oder du die Zutaten nicht/zu wenig umgerührt und gewendet hast.

Rauchentwicklung

Normalerweise entsteht kein Rauch während der Benutzung deiner Heißluftfritteuse. Befindet sich jedoch zu viel Fett in der Heißluftfritteuse, weil einzelne Zutaten zu fettig sind, in Öl eingelegt sind oder ähnliches, kann das Öl bei den hohen Temperaturen zu Rauch werden. Der Rauchpunkt der Fette/Öle wird in dem Fall erreicht. Deshalb raten wir dazu das überschüssiges Öl/Fett einfach vorsichtig wegzuwischen.

Es kann aber auch sein, dass Essensreste von der letzten Benutzung für den Rauch verantwortlich sind oder das kleine Teile wie Brotstücke, Gemüsestücke oder ähnliches vom starken Luftzug in die Heizelemente geraten sind.

Weißer Rauch ist nicht weiter gefährlich, außer der Rauchpunkt von den Ölen/Fetten wurde erreicht. Handelt es sich jedoch um schwarzen Rauch, solltest du den Hersteller deiner Heißluftfritteuse kontaktieren und diese nicht weiter benutzen!

Hinweise zu den Rezepten

Bevor wir zu den 333 Rezepten der Themen Heißluftfritteuse für Anfänger, Dampfgaren und Kontaktgrill kommen, noch einige Hinweise, die für alle Themen gelten:

Keine Fotos zu den einzelnen Rezepten?

Bevor es Kritik hagelt, weil es keine Bilder zu den einzelnen Rezepten gibt, eine kurze Erklärung weshalb dies so ist. Kochbücher kennt man eigentlich nur mit Bildern. Wunderschöne Bilder, die einen zum Kochen animieren sollen und schließlich isst das Auge auch mit. Allerdings sind diese Bücher meist schwer und unhandlich. Darüber hinaus kosten Bilder Geld, treiben die Druckkosten in die Höhe und verbrauchen viel Platz. Das treibt den Preis des Kochbuchs in die Höhe und so muss der Kunde schnell deutlich über 20€ oder mehr bezahlen. Für diesen hohen Preis erhält man meist aber nicht einmal annähernd so eine große Rezeptvielfalt. Außerdem sehen die wenigsten Gerichte nach dem Kochen genauso ansprechend und lecker aus wie auf den Bildern - diese wurden schließlich aufwendig präpariert und bearbeitet. Letztendlich aber auch irrelevant, da es ja hauptsächlich schmecken soll und ohnehin meist nach einigen Minuten verspeist ist.

Zudem werden teure Kochbücher erfahrungsgemäß eher selten verwendet, da sie uns zu schade sind und im täglichen Gebrauch in der Küche schnell mal schmutzig werden. Sie könnten dreckig oder anderweitig verunstaltet werden. Mit ausgedruckten Rezepten kochen wir dagegen gerne, da ist es uns fast egal, ob sie dreckig werden, einreißen oder zerknicken. Diese nehmen zudem wenig Platz in der Küche weg und sind sehr handlich.

Dieses umfassende Kochbuch zu 3 verschiedenen, interessanten Themen kommt ganz ohne Bilder aus, dies ermöglicht ein praktisches Taschenbuchformat – das spart enorm viel Platz, Papier, Druckosten und somit sparst auch du viel Geld. Dieses Buch ist sehr handlich und findet dadurch überall Platz in der Küche. Es ist nicht schlimm, wenn Fett- oder Wasserspritzer auf dem Buch landen - es ist einem nicht zu schade, um benutzt zu werden und es kostet keine 20€ (inklusive Versand!). Jedes Rezept ist detailliert beschrieben, somit ist das Nachkochen super einfach. Zudem sind die Rezepte klar und verständlich strukturiert und befinden sich jeweils auf einer Seite, das macht das hin und her blättern überflüssig.

Die Nährwertangaben

...können variieren:
Die Nährwertangaben der einzelnen Rezepte können variieren, da verschiedene Produkte von verschiedenen Herstellern unterschiedliche Nährwertangaben aufweisen. So können sich die Eiweiß-, Fett- und Kohlenhydratanteile geringfü

gig unterscheiden. Dies ist jedoch nicht weiter schlimm, da die Nährwertangaben nur als Richtwert dienen und nicht bis auf das Gramm genau eingehalten werden müssen (und sollten).

...beziehen sich immer auf 1 Portion:
Unabhängig davon auf welche Portionenanzahl sich die Zutatenliste bezieht, beziehen sich die Nähwerte lediglich auf eine Portion, da so eine bessere Übersicht gewährleistet werden kann.

Weitere Hinweise

- Die Rezepte sind nach den Kalorienanzahlen *aufsteigend sortiert*.

- Die Portionen sind von der *Anzahl her unterschiedlich*, da sonst einige Zutaten in einer „ungewöhnlichen" Grammanzahl auf der Zutatenliste stehen würden.

- Alle Früchte und Gemüse, was verwendet werden soll, sollte möglichst *Bio-Qualität* sein. Vor allem dann, wenn die Schale eines Produktes genutzt werden soll.

- Alle Produkte (vor allem Obst und Gemüse) sollten vor der Zubereitung gründlich, unter *heißem Wasser, abgewaschen* werden.

- Das gilt für alle Zutaten außer Beeren, da diese sonst *zu schnell matschig* werden.

- Die *Menge der Zutaten ist so exakt* angegeben, da wir dadurch so genau wie möglich die Nährwerte errechnen können. Beispielsweise kann die Angabe von 1 Orange von der Grammanzahl komplett unterschiedlich ausfallen. Selbstverständlich musst du die Grammanzahl nicht so genau einhalten und alles auf das Gramm genau ausrechnen. Stattdessen musst du nur wissen, dass bei geänderter Grammanzahl logischerweise auch die Nährwertangaben angepasst werden müssen.

Heißluftfritteuse
REZEPTE

Rezept Welt

Heißluftfritteuse
FRÜHSTÜCK

Rezept Welt

Couscous-Spinat Muffins

KH 7g | EW 5g | F 4g | kcal 94

Zubereitungszeit: *40 min*
Portionen: 6
Schwierigkeit: *leicht*

Zutaten

- 250ml Gemüsebrühe
- 60g Couscous
- 50g Spinat
- 30g Gouda (gerieben)
- 2 Eier
- Salz und Pfeffer
- 6 Muffinformen aus Silikon

Zubereitung

1) Zunächst den Couscous in die Heißluftfritteuse geben und mit der Gemüsebrühe übergießen. Bei 120°C für etwa 10 Minuten garen lassen. Anschließend durch ein Sieb abgießen und mit einem Küchentuch ausdrücken.

2) Den Spinat waschen und danach in kleine Stücke hacken. In eine größere Schüssel geben. Die Eier in einer Schüssel verquirlen und dann über den Spinat geben. Nun den Couscous hinzugeben und alles miteinander vermengen. Mit Salz und Pfeffer würzen.

3) Dann die Masse gleichmäßig auf die Silikonformen verteilen. Mit dem geriebenen Gouda bedecken und dann bei 160°C für etwa 15 Minuten in die Heißluftfritteuse geben.

Chia-Samen Brei mit Beeren

KH 9g | EW 3g | F 10g | kcal 131

Zubereitungszeit: *45 min*
Portionen: *4*
Schwierigkeit: *leicht*

Zutaten

- 200ml Mandelmilch
- 100g Beeren (gemischt)
- 3 EL Sesamsamen
- 2 EL Leinsamen
- 2 EL Chia Samen
- 2 TL Butter
- 1 TL Honig
- 1 Vanilleschote

Zubereitung

1) Die Mandelmilch in eine Schüssel geben. Nun die Sesamsamen, Leinsamen und Chia Samen hinzugeben. Mit dem Honig süßen. Dann die Butter untermischen und alles gründlich miteinander vermengen.

2) Die Vanilleschote einschneiden und das Mark der Schote mit in die Mischung geben. Alles in den Frittierbehälter geben und dann bei 180°C für etwa 12 Minuten garen lassen.

3) Währenddessen die gemischten Beeren in ein Sieb geben und gründlich auswaschen. Nach Belieben die Beeren halbieren. Sobald der Brei fertig ist, einmal umrühren und für etwa 7 Minuten ruhen lassen.

4) Nun auf die Schüsseln verteilen und mit den Beeren garnieren.

Croissants mit Schi-Kä-Crème

KH 17g | EW 6g | F 15g | kcal 231

Zubereitungszeit: *40 min*
Portionen: *12*
Schwierigkeit: *leicht*

Zutaten
- 500g Plunderteig
- 200g Schmand
- 75g Gouda
- 75g Schinken
- 2 Stiele Petersilie
- 2 Stiele Schnittlauch
- 1 Ei
- Salz und Pfeffer

Zubereitung

1) Die Petersilie und den Schnittlauch waschen, trocken schütteln und fein hacken. Den Käse reiben und den Schinken fein würfeln. Den Schmand in eine Schüssel geben und mit den Kräutern vermengen. Die Schinkenwürfel und den geriebenen Käse dazugeben und alles gründlich miteinander vermengen.

2) Das Ei trennen. Das Eigelb verquirlen und das Eiweiß für ein anderes Rezept verwenden. Den Plunderteig auf einer bemehlten Arbeitsfläche ausrollen und daraus jeweils 6 Quadrate schneiden. Die Quadrate halbieren, sodass insgesamt 24 Dreiecke entstehen. Alle Dreiecke mit dem verquirlten Ei bestreichen.

3) In die Mitte etwas von der Schinken-Käse-Masse geben. Die Dreiecke aufrollen, dabei bei einer der beiden spitzeren Ecken beginnen. Die Außenseite erneut mit dem Ei bestreichen. Die Grillplatte fetten und die Croissants darauf legen. In der Heißluftfritteuse bei 160 °C für etwa 20 Minuten backen. Diesen Vorgang wiederholen bis alle Croissants fertig gebacken sind.

Milchreis mit Mandeln und Kirschen

KH 30g | EW 8g | F 10g | kcal 256

Zubereitungszeit:	*45 min*
Portionen:	*2*
Schwierigkeit:	*leicht*

Zutaten

- 200ml Milch (1,5% Fett)
- 180g Süßkirschen
- 80g Milchreis
- 40ml Wasser
- 5g Butter
- 4 TL Mandelblättchen
- etwas Zimt
- etwas Zucker
- etwas Salz

Zubereitung

1) Zunächst die Milch mit dem Wasser vermengen und in den Frittierbehälter geben. Den Milchreis hinzufügen und das Ganze mit etwas Salz ergänzen. Bei etwa 100°C quellen lassen. Sobald der Milchreis fertig ist zur Seite stellen und an einem warmen Ort warm halten.

2) Den Frittierbehälter kurz ausspülen und die Mandelblätter darin für 5 Minuten bei 100°C erhitzen. Den Zucker hinzufügen und die Mandelblättchen darin karamellisieren lassen. Anschließend 1/3 entnehmen. Den Milchreis wieder zu den Mandelblättern in die Heißluftfritteuse geben. Alles gründlich miteinander vermengen.

3) Nun den Reis auf zwei Teller verteilen. Die Süßkirschen kurz in der Heißluftfritteuse erwärmen und dann über den Milchreis geben. Mit den zuvor entnommenen Mandelblättchen garnieren.

Egg mit Speck Muffins

KH 15g | EW 14g | F 17g | kcal 279

Zubereitungszeit:	*25 min*
Portionen:	*4*
Schwierigkeit:	*leicht*

Zutaten
- 4 Scheiben Toastbrot
- 4 Scheiben Speck
- 4 Eier
- 10g Butter
- Salz und Pfeffer
- 4 Muffinformen aus Silikon

Zubereitung

1) Zuerst das Toastbrot flach drücken. Dann aus jeder Scheibe einen Kreis schneiden und diesen halbieren. Die Butter in einem kleinen Topf zerlassen.

2) Eine Pfanne leicht erhitzen und den Speck darin anbraten, sodass das Fett herausfließt. Den Speck so lange braten, bis dieser leicht kross ist, aber sich noch formen lässt.

3) Die Muffinformen aus Silikon mit der zerlassenen Butter einfetten. Zwei Toastbrothalbkreise über Kreuz hineinlegen und die zuvor abgeschnittenen Teile so darauf legen, dass ein Loch in der Mitte frei bleibt.

4) In das Loch das Ei geben, mit Salz und Pfeffer würzen und dann je eine Scheibe Speck darauf legen. Bei 190°C für etwa 15 Minuten in der Heißluftfritteuse backen.

Roggen-Blaubeer-Brot mit Walnüssen

KH 38g | EW 7g | F 15g | kcal 307

Zubereitungszeit: *110 min*
Portionen: *10*
Schwierigkeit: *mittel*

Zutaten

- 300ml Wasser
- 250g Roggenmehl
- 250g Weizenmehl
- 150g Blaubeeren
- 150g Walnüsse
- 3 EL Walnussöl
- 1 Päckchen Trockenhefe
- 1 TL Salz
- 1 TL Zucker

Zubereitung

1) Zunächst das Wasser in einem Kochtopf erwärmen. Allerdings nicht zum Kochen bringen. Dabei ist es besser etwas mehr Wasser zu nehmen, wegen des Verdunstens. Die Hefe in dem Wasser einrühren und darin auflösen lassen.

2) In einer Schüssel das Roggenmehl mit dem Weizenmehl vermengen. Die Hefe darunter mischen. Mit dem Öl, Salz und Zucker ergänzen und zu einem glatten Teig kneten. Mit einem Tuch an einem warmen Ort für etwa 1 Stunde quellen lassen.

3) Währenddessen die Blaubeeren in einem Sieb, unter lauwarmen Wasser, abwaschen. Die Walnüsse klein hacken. Nachdem der Teig fertig aufgegangen ist die Blaubeeren und 2/3 der gehackten Walnüsse in den Teig kneten.

4) Den Teig zu einem Brot formen und in den Fritteuseeinsatz geben. Mit den restlichen Walnüssen bestreuen und dann bei 180°C für etwa 30 Minuten in der Heißluftfritteuse backen.

Nougat Bananen Taschen

KH 49g | EW 7g | F 11g | kcal 326

Zubereitungszeit:	*35 min*
Portionen:	*4*
Schwierigkeit:	*leicht*

Zutaten

- 300g Bananen
- 200g Strudelteig
- 200ml Sahne
- 10g Butter
- 4 EL Nougatcreme
- 2 EL Haselnüsse (gemahlen)

Zubereitung

1) Zunächst in einem kleinen Topf, auf mittlerer Stufe, die Butter zerlassen. Auf einer leicht bemehlten Arbeitsfläche den Teig ausrollen. Mit einem Nudelholz noch etwas schmaler rollen. Dann mit der zerlassenen Butter bestreichen.

2) Nun den Teig in 4 gleich große Stücke schneiden. Die Nougatcreme gleichmäßig auf allen Stücken verteilen, allerdings die Ränder etwas freilassen.

3) Die Schalen der Bananen entfernen und die Bananen in eine Schüssel geben. Mithilfe einer Gabel zerdrücken und über der Nougatcreme verteilen. Mit den Haselnüssen verfeinern und dann zusammenklappen. Dann mit einer Gabel festdrücken und somit verschließen.

4) Bei 180°C für etwa 15 Minuten in der Heißluftfritteuse frittieren. Währenddessen die Sahne steif schlagen und anschließend gemeinsam servieren.

Äpfel-Beeren Creme mit Zimt und Zucker

KH 59g | EW 5g | F 11g | kcal 338

Zubereitungszeit:	*40 min*
Portionen:	*4*
Schwierigkeit:	*leicht*

Zutaten

- 520g Äpfel
- 200ml Sahne
- 100ml Wasser
- 50g Rohrzucker
- 50g Zucker
- 50g Beeren (gemischt)
- 50g Haferflocken
- 30g Haselnüsse (gehackt)
- 10g Zimt
- 1 Zitrone

Zubereitung

1) Zunächst die Schale der Äpfel entfernen, die Äpfel klein würfeln und in eine Schüssel geben. Die Zitrone heiß abwaschen. Die Schale etwas über die Äpfel reiben und dann beide Hälften über den Äpfeln auspressen. Nun den Rohrzucker, den Zucker und den Zimt ebenfalls mit hineinmischen und darin die Äpfel großzügig wenden.

2) Nun die Apfelwürfel in den Frittierbehälter geben und mit dem Wasser auffüllen. Für etwa 20 Minuten bei 160°C in der Heißluftfritteuse frittieren.

3) Währenddessen die Sahne in einer Schüssel steif schlagen. Nach Belieben etwas Zucker hinzugeben. Die Beeren in ein Sieb geben und gründlich, unter lauwarmen Wasser, waschen.

4) Sobald die Äpfel fertig sind gleichmäßig auf 6 Gläser verteilen. Die Beeren und die Haferflocken darauf verteilen. Die Sahne darüber geben. Mit den Haselnüssen garnieren.

Rosinenkugeln

KH 47g | EW 13g | F 11g | kcal 340

Zubereitungszeit:	*45 min*
Portionen:	*6*
Schwierigkeit:	*leicht*

Zutaten

- 300g Vollkornweizenmehl
- 250g Quark (40% Fett)
- 100g Rosinen
- 30g Butter
- 1 Päckchen Backpulver
- 1 Päckchen Vanillezucker
- 1 Ei
- etwas Salz

Zubereitung

1) Das Mehl mit dem Quark in einer Schüssel vermischen. Das Ei und etwas Salz hinzugeben.

2) Das Backpulver und den Vanillezucker untermischen. Zu guter Letzt die Rosinen in den Teig mischen. Gleichmäßige Kugeln formen, sodass etwa 6 Stück entstehen und dann in der Heißluftfritteuse bei 160°C für etwa 30 Minuten frittieren.

3) Währenddessen die Butter in einem kleinen Topf zerlassen. Nachdem die Kugeln für 15 Minuten frittiert wurden, diese mit der Butter bestreichen und anschließend für die restliche Zeit weiter frittieren.

Flammkuchen

KH 25g | EW 9g | F 23g | kcal 341

Zubereitungszeit:	*30 min*
Portionen:	*3*
Schwierigkeit:	*leicht*

Zutaten

- 270g Flammkuchenteig
- 100g Schalotten
- 30g Crème fraîche
- 25g Schmand
- 25g Speck (gewürfelt)
- 2 Stiele Thymian
- Salz und Pfeffer

Zubereitung

1) Zunächst den Schmand und die Crème Fraîche in einer Schüssel miteinander verrühren. Den Thymian waschen, trocken schütteln und klein hacken. Gemeinsam mit dem Salz und Pfeffer in die Crème geben.

2) Den Flammkuchenteig ausrollen und dann auf einem Backpapier an die Größe des Gittereinsatzes der Heißluftfritteuse anpassen. Die Crème gleichmäßig über den Teig geben.

3) Die Schale der Schalotte entfernen und anschließend fein würfeln. Den Speck in grobe Stücke schneiden. Beides über der Crème verteilen. Nun bei 160°C für etwa 15 Minuten in der Heißluftfritteuse backen.

Tortilla mit Schinken und Ei

KH 27g | EW 20g | F 17g | kcal 348

Zubereitungszeit:	*30 min*
Portionen:	*2*
Schwierigkeit:	*leicht*

Zutaten

- 120g Tomaten
- 100g Champignons
- 30g Speckwürfel
- 10g Parmesan (gerieben)
- 10g Schnittlauch
- 2 Tortillas
- 2 Eier
- 2 EL Naturjoghurt (3,5% Fett)
- Salz und Pfeffer

Zubereitung

1) Zuerst die Speckwürfel für etwa 5 Minuten bei 180°C in die Heißluftfritteuse geben und dort kross frittieren. Herausnehmen und auf einem Küchentuch abkühlen lassen.

2) Währenddessen die Eier in einer Schüssel miteinander verquirlen. Mit Salz und Pfeffer abschmecken. Die Tomaten und die Champignons gründlich abwaschen und klein würfeln. Zu der Eimasse geben. Alles in der Heißluftfritteuse unter Rühren stocken lassen.

3) Den Joghurt in eine Schüssel geben. Den Schnittlauch waschen, trocken schütteln, klein hacken und zu dem Joghurt geben. Mit Salz und Pfeffer würzen.

4) Die Tortillas nach Belieben für einige Minuten in die Heißluftfritteuse geben. Anschließend die Joghurtcreme gleichmäßig darauf verteilen. Mit den Eiern und den Speckwürfeln belegen. Den Parmesan darüber streuen und aufrollen. Direkt genießen oder erneut für einige Minuten in die Heißluftfritteuse geben, sodass der Käse leicht schmilzt.

Teigkreise mit Beerenfüllung

KH 42g | EW 12g | F 17g | kcal 378

Zubereitungszeit:	*130 min*
Portionen:	*6*
Schwierigkeit:	*leicht*

Zutaten

- 400g Vollkornmehl
- 200g Beeren (gemischt)
- 150ml Milch (1,5% Fett)
- 100g Butter
- 10g Honig
- 1 Packung Trockenhefe
- 1 Ei
- etwas Salz

Zubereitung

1) In einem Topf, bei mittlerer Hitze die Butter zerlassen. Die Milch hinzufügen und ebenfalls erwärmen.

2) Das Mehl in eine Schüssel geben und mit der Hefe vermischen. Die Milchmischung ebenfalls einrühren. Mit dem Ei, dem Zucker und etwas Salz abrunden und alles zu einem glatten Teig verkneten. Dann mit einem Tuch abdecken und an einem warmen Ort für etwa 1 Stunde quellen lassen.

3) Die gemischten Beeren in ein Sieb geben und gründlich abwaschen. Je nach Bedarf Kerne oder Stiele entfernen. Anschließend mithilfe eines Pürierstabes pürieren. In einen kleinen Topf geben. Honig und etwas Wasser ergänzen und dann gemeinsam für etwa 30 Minuten köcheln lassen.

4) Sobald der Teig aufgegangen ist, eine Arbeitsfläche mit Mehl bestreuen. Den Teig darauf recht schmal ausrollen. Mithilfe eines Glases gleichmäßige Kreise ausstechen. Dann in der Mitte ein kleines Loch ausstechen. Für weitere 30 Minuten gehen lassen. Dann für etwa 10 Minuten bei 160°C in der Heißluftfritteuse frittieren.

5) Die Obstmischung in eine Spritztüte geben. In die Teigkreise ein Loch stechen und die Obstmischung hineingeben.

Toast mit Paranüssen und Blaubeertopping

KH 40g | EW 8g | F 21g | kcal 383

Zubereitungszeit:	*30 min*
Portionen:	*4*
Schwierigkeit:	*leicht*

Zutaten

- 100g Vollkorntoastbrot (4 Scheiben à 25g)
- 100g Paranüsse
- 100g Haferflocken
- 50ml Milch (1,5% Fett)
- 50g Blaubeeren
- 10ml Ahornsirup
- etwas Rohrzucker
- etwas Zimt

Zubereitung

1) Die Paranüsse mit den Haferflocken in eine Schüssel geben. Etwas Zimt hinzufügen und dann mithilfe eines Mörsers zerkleinern.

2) In eine weitere Schüssel die Milch geben und darin die Toastbrotscheiben einlegen. Nachdem die Toastbrotscheiben etwas eingeweicht sind, aus der Milch herausnehmen und dann zunächst mit dem Rohrzucker und dann mit der Nussmischung von beiden Seiten gleichmäßig bedecken.

3) Anschließend für etwa 10 Minuten bei 180°C in der Heißluftfritteuse frittieren.

4) Währenddessen die Blaubeeren gründlich abwaschen, mit einem Küchentuch abtrocknen und dann in einer Schüssel mit einer Gabel zerdrücken. Etwas Rohrzucker und Zimt untermischen. Sobald die Toastbrotscheiben fertig frittiert sind, mit der Blaubeermischung und dem Ahornsirup garnieren. Nach Belieben kann die Blaubeermischung vorher auch noch kurz in der Heißluftfritteuse erwärmt werden.

Gemüse Frittate mit Parmesan

KH 4g | EW 30g | F 31g | kcal 425

Zubereitungszeit:	*40 min*
Portionen:	*4*
Schwierigkeit:	*leicht*

Zutaten

- 160g Parmesan
- 120g Tomaten
- 60ml Schlagsahne
- 6 Eier
- 1 EL Butter
- 1 EL Oregano (getrocknet)
- 1 TL Chili
- ½ Zwiebel
- etwas Salz

Zubereitung

1) Zunächst die Eier in eine Schüssel geben und miteinander verquirlen. Anschließend die Schale der Zwiebel entfernen, halbieren und die eine Hälfte klein hacken. Die Tomate heiß abwaschen, den Strunk entfernen und in schmale Würfel schneiden. Beides zu den verquirlten Eiern geben.

2) Die Schlagsahne und die Butter hinzufügen. Mit dem Oregano, Chili und etwas Salz würzen. Den Parmesan mit einer Reibe reiben und mit hineinmischen. Alles gründlich miteinander vermischen.

3) Die Masse in den Frittierbehälter geben und dann bei 180°C in der Heißluftfritteuse für etwa 20 Minuten frittieren. Anschließend entnehmen, kurz abkühlen lassen und servieren.

Kirschpäckchen

KH 78g | EW 13g | F 6g | kcal 429

Zubereitungszeit:	*30 min*
Portionen:	*6*
Schwierigkeit:	*leicht*

Zutaten

- 500g Vollkornmehl
- 200ml Milch (1,5% Fett)
- 100g Speisestärke
- 100g Zucker
- 100ml Naturjoghurt (3,5% Fett)
- 100g Kirschkonfitüre mit Stücken
- 1 Vanilleschote
- 1 Ei
- 1 EL Backpulver
- 1 EL Butter
- etwas Salz

Zubereitung

1)   Den Zucker mit dem Backpulver in einer Schüssel vermengen. 300g Mehl hinzufügen und eine Prise Salz ergänzen. In einer anderen Schüssel den Joghurt mit dem Ei verquirlen. Die Vanilleschote öffnen und das Mark zu der Masse geben. Anschließend unter die Mehlmischung geben und alles miteinander zu einem Teig verkneten.

2)   Die Kirschkonfitüre in die Heißluftfritteuse geben und bei 100°C darin erwärmen. Eine Arbeitsfläche mit Mehl bestreuen und darauf den Teig flach ausrollen. Anschließend in gleichmäßige Quadrate von etwa 5cm Länge schneiden.

3)   Die Fruchtkonfitüre in die Mitte eines Quadrates geben und dann ein anderes Quadrat darauf legen. Die Seiten mithilfe einer Gabel schließen. Nun die Päckchen mit der Butter bestreichen und in der Heißluftfritteuse bei 180°C für etwa 5 Minuten frittieren.

Zucker-Zimt-Rollen

KH 54g | EW 10g | F 19g | kcal 429

Zubereitungszeit:	*90 min*
Portionen:	*10*
Schwierigkeit:	*leicht*

Zutaten

- 500g Vollkornmehl
- 200g Frischkäse
- 200g Puderzucker
- 175g Butter
- 55g Zucker
- 50ml Wasser

- 50ml Milch (1,5% Fett)
- 1 Packung Trockenhefe
- 1 Ei
- etwas Zimt
- etwas Salz

Zubereitung

1) Das Wasser in einen Topf geben und darin auf mittlerer Stufe erwärmen. Die Hefe hinzugeben und in dem Wasser vollständig auflösen. 50g Zucker hinzugeben und ebenfalls auflösen lassen.

2) In eine Schüssel das Mehl geben und mit einer Prise Salz vermengen. Die Hefemischung hineingeben und alles gründlich miteinander verkneten. Nun noch das Ei und 50g Butter mit hinzufügen und ebenfalls mit unter kneten. Mit einem Küchentuch abdecken und für etwa 1 Stunde an einem warmen Ort quellen lassen.

3) In einem kleinen Topf 120g Butter zerlassen. Sobald der Teig fertig ist, auf einer leicht bemehlten Arbeitsfläche ausrollen. Mit der Butter bestreichen und mit Zucker und Zimt gleichmäßig bestreuen. Anschließend den Teig in gleichmäßige Streifen schneiden und diese dann aufrollen. In der Heißluftfritteuse bei 180°C für etwa 10 Minuten frittieren. Dabei am besten einmal wenden.

4) Währenddessen aus dem Frischkäse, dem Puderzucker und der restlichen Butter den Guss herstellen. Sobald die Schnecken fertig frittiert und etwas abgekühlt sind mit dem Guss bedecken und servieren.

Beutel im Wind

KH 32g | EW 11g | F 28g | kcal 433

Zubereitungszeit:	*30 min*
Portionen:	*4*
Schwierigkeit:	*leicht*

Zutaten

- 200ml Schlagsahne
- 150ml Wasser
- 100g Vollkornmehl
- 30g Butter
- 25g Puderzucker
- 3 Eier
- 2 Packungen Sahnesteif
- 1 Packung Vanillezucker
- etwas Puderzucker
- etwas Salz

Zubereitung

1) Die Butter, bei mittlerer Hitze, in einem kleinen Topf zerlassen. Die Milch hinzufügen und ebenfalls darin erwärmen. Sobald die beiden Zutaten warm sind, das Mehl dazugeben und zu einem einheitlichen Teig vermischen.

2) Anschließend den Teig aus dem Topf nehmen und in eine Schüssel geben. Die Eier ebenfalls hinein geben und in den Teig mischen. Dann den Teig in eine Spritztüte geben und gleichmäßige Haufen in den Frittiereinsatz geben. In der Heißluftfritteuse bei 160°C für etwa 10 Minuten frittieren.

3) Währenddessen in einer Schüssel die Sahne mit etwas Zucker und dem Sahnesteif steif schlagen. Sobald die Teighaufen fertig frittiert sind, herausnehmen, halbieren und mit der geschlagenen Sahne bestreichen. Den Deckel wieder darauf setzen und genießen.

Teigkreise mit Puderzucker

KH 57g | EW 11g | F 17g | kcal 433

Zubereitungszeit: *120 min*
Portionen: *6*
Schwierigkeit: *leicht*

Zutaten

- 400g Vollkornmehl
- 150ml Milch (1,5% Fett)
- 100g Butter
- 100g Zucker
- 1 Packung Trockenhefe
- 1 Ei
- etwas Puderzucker
- etwas Salz

Zubereitung

1) Die Butter in einem kleinen Topf bei mittlerer Hitze zerlassen. Die Milch hinzufügen und ebenfalls darin erwärmen.

2) In einer Schüssel das Mehl mit der Trockenhefe mischen. Die Milchmischung hinzufügen. Den Zucker, das Ei und etwas Salz ergänzen und alles gründlich miteinander verkneten. Anschließend zugedeckt an einem warmen Ort quellen lassen.

3) Nach etwa 1 Stunde etwas Mehl auf der Arbeitsfläche verteilen. Darauf den Teig so flach wie möglich ausrollen. Ein Glas zur Hand nehmen und damit gleichmäßige Kreise ausstechen. In der Mitte dann erneut einen kleineren Kreis ausstechen.

4) Die Kreis dann noch für etwa eine halbe Stunde gehen lassen und anschließend für etwa 7 Minuten bei 180°C in der Heißluftfritteuse frittieren. Dann herausnehmen und mit dem Puderzucker garnieren.

Winterlicher Laib mit Früchten

KH 72g | EW 9g | F 21g | kcal 487

Zubereitungszeit: 70 min
Portionen: 4
Schwierigkeit: leicht

Zutaten

- 520g Äpfel
- 150g Vollkornmehl
- 100g Dinkelmehl
- 100g Rosinen
- 100g Mandeln
- 100g Walnuss
- 80g Feigen (getrocknet)
- 80g Datteln (entsteint)
- 50g Honig

- 50g Cranberries (getrocknet)
- 50g Butter
- 1 EL Vanillezucker
- 1 TL Backpulver
- ½ TL Nelkenpulver
- ½ TL Zimt
- ½ TL Kardamom

Zubereitung

1) Das Vollkornmehl in eine Schüssel geben. Mit dem Dinkelmehl, Vanillezucker und Backpulver vermengen. Mit dem Nelkenpulver, Zimt und Kardamom würzen. Die Mandeln und Walnüsse klein hacken und ebenfalls dazu geben.

2) Die Butter in einem kleinen Topf zerlassen. Währenddessen die Äpfel waschen, das Kerngehäuse ausstanzen und dann mithilfe einer Reibe grob in eine Schüssel raspeln. Zusammen mit der zerlassenen Butter zu der Mehlmischung geben.

3) Die Datteln und Feigen klein schneiden. Gemeinsam mit den Rosinen, den Cranberries und dem Honig zu der Mehlmischung geben. Alle Zutaten zu einem gleichmäßigen Teig verkneten.

4) Den Teig auf einem Backpapier in den Frittiereinsatz der Heißluftfritteuse geben und dann für etwa 40 Minuten bei 160°C backen.

Beeriges Quarkbrötchen

KH 60g | EW 11g | F 16g | kcal 437

Zubereitungszeit:	*30 min*
Portionen:	*8*
Schwierigkeit:	*leicht*

Zutaten

- 250g Beeren (gemischt)
- 100g Speisequark
- 50g Frischkäse
- 50g Puderzucker
- 8 Milchbrötchen
- 1 Zitrone
- 1 Ei

Zubereitung

1) Die Milchbrötchen halbieren. Den Speisequark in eine Schüssel geben. Den Frischkäse und den Puderzucker dazugeben und alles miteinander verrühren. Das Ei trennen. Das Eigelb zu der Quarkmischung geben und das Eiweiß für ein anderes Rezept nutzen.

2) Die Zitrone heiß abwaschen. Die Schale etwas abreiben und dann gemeinsam mit dem Saft der halben Zitrone in die Quarkmischung geben. Alles gründlich miteinander vermengen.

3) Die Quarkmasse gleichmäßig auf allen Hälften der Milchbrötchen verteilen. In die Heißluftfritteuse geben und für etwa 12 Minuten bei 160°C backen.

4) Anschließend die Milchbrötchen herausnehmen und abkühlen lassen. Die Beeren in ein Sieb geben und gründlich, mit lauwarmen Wasser, waschen. Auf ein Küchentuch geben und abtrocknen. Dann auf der unteren Hälfte der Brötchen verteilen, nach Belieben noch etwas Puderzucker darüber streuen und die obere Hälfte darauf setzen.

Walnussschnitte

KH 38g | EW 10g | F 35g | kcal 507

Zubereitungszeit:	*40 min*
Portionen:	*6*
Schwierigkeit:	*leicht*

Zutaten

- 250ml Naturjoghurt (3,5% Fett)
- 200g Vollkornmehl
- 150ml Olivenöl
- 100g Puderzucker
- 50g Walnüsse
- 2 Eier
- 1 TL Backpulver
- 1 TL Vanillezucker

Zubereitung

1) Das Olivenöl in eine Schüssel geben und mit dem Naturjoghurt vermischen. Nun das Mehl und den Puderzucker mit einrühren. Die Eier in einer Schüssel miteinander verquirlen und anschließend ebenfalls hinzugeben. Backpulver und Vanillezucker ergänzen und alles gründlich zu einem glatten Teig vermischen.

2) Nun die Walnüsse auf einem Brett ausbreiten und klein hacken. In den Teig geben und dann alles bei 180°C in der Heißluftfritteuse für etwa 30 Minuten backen lassen.

3) Sobald der Kuchen fertig gebacken ist, herauslösen, abkühlen lassen und dann genießen.

Croissants mit Erdbeer-Zitronenfüllung

KH 47g | EW 9g | F 32g | kcal 525

Zubereitungszeit:	*70 min*
Portionen:	*6*
Schwierigkeit:	*leicht*

Zutaten

- 300g Vollkornmehl
- 200g Butter
- 150g Erdbeermarmelade
- 3 EL Schmand
- 2 Eier
- 1 Packung Vanillinzucker

- 1 TL Backpulver
- 1 Zitrone
- etwas Puderzucker
- etwas Salz

Zubereitung

1) Die Butter in einem kleinen Topf zerlassen. Anschließend kurz abkühlen lassen und dann in eine Schüssel geben. Die Eier trennen. Das Eiweiß direkt mit in die Schüssel geben und von dem Eigelb etwa die Hälfte hinein geben.

2) Das Mehl, den Schmand, den Vanillezucker und das Backpulver in die Schüssel geben. Mit einer Prise Salz abrunden und dann zu einem glatten Teig verkneten. Aus dem Teig eine Kugel formen, in Frischhaltefolie wickeln und für etwa eine halbe Stunde kalt stellen.

3) Währenddessen die Marmelade in eine Schüssel geben. Die Zitrone heiß abwaschen. Etwas Schale abreiben und gemeinsam mit dem Saft der Zitrone zur Marmelade geben. Verrühren und nach Belieben frische Erdbeeren gewürfelt hinzufügen.

4) Eine Arbeitsfläche bemehlen und den Teig darauf dünn ausrollen. Den Teig in etwa 6 Quadrate teilen und dann diese halbieren. In die Mitte der Dreiecke einen Kleks Marmelade geben. Nun die Dreiecke zu Croissants rollen, dabei bei einer der beiden spitzeren Ecken anfangen den Teig aufzurollen.

5) In die Heißluftfritteuse geben und für etwa 15 Minuten bei 180°C backen. Danach kurz auskühlen lassen und dann mit Puderzucker bestäuben.

Aprikosen-Nuss-Riegel

KH 70g | EW 13g | F 26g | kcal 549

Zubereitungszeit:	*60 min*
Portionen:	*5*
Schwierigkeit:	*leicht*

Zutaten

- 300g Haferflocken
- 200g Äpfel
- 150g Bananen
- 150ml Wasser
- 100g Aprikosen
- 50g Cranberries
- 50g Mandeln

- 50g Kürbiskerne
- 50g Kokosöl
- 6 EL Agavendicksaft
- 6 EL Sesampaste
- 2 EL Zucker
- 1 Zitrone

Zubereitung

1) Das Kokosöl in einem kleinen Topf schmelzen lassen. Den Zucker hinzufügen und sich in dem Kokosöl auflösen lassen. Die Zitrone heiß waschen. Etwas Schale abreiben und gemeinsam mit dem Saft einer halben Zitrone zu dem Zucker geben. Die Sesampaste einrühren und dann kurz köcheln lassen.

2) Den Apfel waschen, das Kerngehäuse entfernen und dann mithilfe einer Reibe fein reiben. Die Banane mit einer Gabel zerdrücken. Das Wasser in einem Topf erhitzen. Den Agavendicksaft, den Apfel und die Banane hineingeben. Dann das Kokos-Sesamgemisch dazugeben und alles miteinander vermengen.

3) Zu der Masse die Haferflocken geben. Die Aprikosen waschen, die Kerne entfernen und in kleine Würfel schneiden. Die Mandeln und die Kürbiskerne klein hacken. Die Aprikosenwürfel, die Cranberries und die gehackten Nüsse in die Masse geben.

4) Ein Blatt Backpapier in den Fritteuseeinsatz legen und die Masse darauf geben. In der Heißluftfritteuse für etwa 40 Minuten bei 140°C backen. Anschließend direkt herausnehmen, 5 Minuten auskühlen lassen und dann in einzelne Riegel teilen.

Winterliche Überraschung

KH 25g | EW 11g | F 45g | kcal 557

Zubereitungszeit:	*60 min*
Portionen:	*6*
Schwierigkeit:	*leicht*

Zutaten

- 350g Mascarpone
- 250g Orangen
- 125ml Milch (1,5% Fett)
- 100g Lebkuchen
- 80g Butter
- 80g Vollkornmehl
- 3 Eier
- 1 Vanilleschote
- 1 TL Vanillezucker
- etwas Zimt
- etwas Salz

Zubereitung

1) In einem kleinen Topf die Milch erwärmen. Etwas Salz hinzufügen und dann aufkochen lassen. Das Mehl durch ein Sieb hinzufügen, dabei permanent rühren bis ein Teig entsteht. Danach von der Herdplatte nehmen.

2) Die Eier hinzufügen, dabei schnell einrühren, da sich ansonsten unschöne Klumpen bilden. Wenn der Teig fertig ist, diesen in einen Spritzbeutel geben. Damit gleichmäßige Häufchen machen und diese auf einem Backpapier in dem Fritteuseeinsatz platzieren.

3) Anschließend bei 180°C für etwa 18 Minuten in der Heißluftfritteuse frittieren. Konnten nicht alle Häufchen im ersten Durchgang frittiert werden, diesen Vorgang wiederholen.

4) Währenddessen den Lebkuchen in einer Schüssel klein bröseln. Die Orange gründlich abwaschen. Mithilfe einer Reibe etwas Orangenschale zu dem Lebkuchen geben und den Saft ebenfalls hinzufügen. Den Vanillezucker und die Mascarpone dazugeben. Nun die Vanilleschote halbieren und das Mark der Vanille ebenfalls untermischen. Mit einem Pürierstab zu einer Creme vermischen. Kalt stellen.

5) Sobald die Häufchen fertig sind, abkühlen lassen. Die Creme in einen Spritzbeutel geben. Ein Loch in die Häufchen machen und dann jeweils etwas Creme hineingeben bis diese aufgebraucht ist.

Schokokuchen mit Kokosraspeln

KH 55g | EW 13g | F 40g | kcal 614

Zubereitungszeit: *60 min*
Portionen: *10*
Schwierigkeit: *leicht*

Zutaten

- 250g Zucker
- 250g Kakaopulver
- 250g Kokosraspeln
- 250g Vollkornmehl
- 125ml Walnussöl
- 100g Vollmilchschokolade
- 100g Schmand
- 30g Kokosöl
- 3 Eier
- 1 Packung Backpulver

Zubereitung

1) Die Eier in eine Schüssel schlagen. Den Schmand und das Öl hinzufügen. Alle Zutaten zu einer Crème vermischen. Die Schokolade klein hacken und damit die Crème verfeinern.

2) In einer weiteren Schüssel den Zucker mit dem Mehl und dem Kakaopulver vermischen. Das Backpulver und die Kokosraspeln untermischen. Dann die Crème unterheben und alles zu einem glatten Teig kneten.

3) Den Teig auf ein Backpapier in die Heißluftfritteuse geben und dann bei 180°C für etwa 45 Minuten backen.

Heißluftfritteuse
HAUPTSPEISEN

Rezept Welt

Reis mit Blumenkohlgeschnetzeltem

KH 26g | EW 7g | F 8g | kcal 189

Zubereitungszeit:	*40 min*
Portionen:	*2*
Schwierigkeit:	*leicht*

Zutaten

- 450g Blumenkohl
- 240ml Hühnerbrühe
- 100g Vollkornreis
- 50g Zwiebel
- 15g Butter
- 5g Ingwer
- 1 Knoblauchzehe
- 1 TL Kurkuma
- Salz und Pfeffer

Zubereitung

1) Die Blumenkohlröschen lösen und in ein Sieb geben. Dann gründlich auswaschen. In einen Mixer geben und fein pürieren. Die Schale der Zwiebel, des Knoblauchs und des Ingwers entfernen. Den Knoblauch durch eine Presse geben. Den Ingwer und die Zwiebel klein hacken.

2) Den Reis in den Frittiereinsatz geben. Den Blumenkohl darauf verteilen. Die Zwiebel, den Ingwer und den Knoblauch darüber geben. Dann mit der Brühe übergießen. In einem kleinen Topf die Butter zerlassen und dann über die Mischung geben.

3) Mit Salz, Pfeffer und Kurkuma würzen und dann bei 190°C für etwa 10 Minuten in der Heißluftfritteuse frittieren.

Pikante Paprikasuppe mit Mandeln

KH 25g | EW 9g | F 9g | kcal 215

Zubereitungszeit: *30 min*
Portionen: *2*
Schwierigkeit: *leicht*

Zutaten

- 400ml Brühe (klar)
- 200g Paprika (rot)
- 50ml Milch (1,5% Fett)
- 30g Mandeln
- 3 Knoblauchzehen
- 2 Stiele Rosmarin
- 2 Stiele Thymian
- 1 Weizenbrötchen
- Salz und Pfeffer

Zubereitung

1) Zunächst den Knoblauch schälen, grob würfeln und dann durch eine Knoblauchpresse geben. Die Mandeln klein hacken. Die Paprika heiß abwaschen, halbieren, das Kerngehäuse entfernen und in schmale Streifen schneiden.

2) Das Brötchen ebenfalls würfeln. Die Brühe in den Frittierbehälter geben und anschließend die Paprika und den Knoblauch ebenfalls hineingeben.

3) Den Rosmarin und den Thymian waschen, trocken schütteln und klein hacken. Dann gemeinsam mit den Mandeln zu der Brühe geben. Nun noch die Brotwürfel dazu geben und mit Salz und Pfeffer abschmecken.

4) Für etwa 10 Minuten bei 100°C in die Heißluftfritteuse geben. Danach die Milch einrühren und für weitere 5 Minuten in der Heißluftfritteuse lassen. Anschließend servieren und nach Bedarf mit etwas Paprika oder Gewürzen garnieren.

Geschnetzeltes in Zwiebeln mit Paprika

KH 11g | EW 29g | F 7g | kcal 216

Zubereitungszeit:	*30 min*
Portionen:	*4*
Schwierigkeit:	*leicht*

Zutaten

- 500g Geschnetzeltes (vom Huhn)
- 350g Paprika (rot)
- 120g Zwiebeln
- 2 EL Zimt
- 1 TL Paprikapulver (edelsüß)
- etwas Walnussöl
- Salz und Pfeffer

Zubereitung

1) Die Schale der Zwiebeln entfernen. Anschließend die Zwiebeln halbieren und klein hacken. Die Paprika waschen, halbieren, das Kerngehäuse entfernen und dann ebenfalls klein hacken.

2) Die Paprika in die Heißluftfritteuse geben. Die Hälfte der Zwiebeln dazu geben und dann das Hähnchengeschnetzelte darauf platzieren. Auf das Geschnetzelte die restlichen Zwiebeln geben.

3) In einer Schüssel das Paprikapulver mit Salz und Pfeffer vermengen. Den Zimt und einen Esslöffel Walnussöl hinzugeben. Anschließend über die Zwiebeln gießen. Nun für etwa 12 Minuten bei 180°C in der Heißluftfritteuse garen lassen.

Süße Börekstangen auf Gurkensalat

KH 12g | EW 13g | F 16g | kcal 243

Zubereitungszeit:	*30 min*
Portionen:	*4*
Schwierigkeit:	*leicht*

Zutaten

- 250g Naturjoghurt (3,5% Fett)
- 200g Fetakäse
- 150g Gurke
- 10g Honig
- 6 Yufka Teigblätter
- 2 Knoblauchzehen
- 2 Stiele Minze
- 2 Stiele Petersilie
- 1 EL Schwarzkümmel
- etwas Olivenöl
- Salz und Pfeffer

Zubereitung

1) Die Yufka Teigblätter auf einer leicht bemehlten Arbeitsfläche ausrollen. Den Fetakäse klein bröseln und auf die unteren Enden der
   Yufka Teigblätter geben. Die Minze und die Petersilie waschen, trocken schütteln, klein hacken und darüber streuen. Nach Belieben
   können auch noch Chili oder Peperoni ergänzt werden.

2) Die Ecken der Teigblätter ein wenig befeuchten und an den Seiten
   einschlagen. Zu fingerdicken Röllchen ausrollen. Öl auf alle Seiten
   pinseln und auf die Oberseite Schwarzkümmel streuen. Nun die
   Rollen bei 180°C für etwa 8 Minuten in die Heißluftfritteuse geben.

3) Die Gurke abwaschen und mit einer Reibe fein raspeln und etwas
   Salz darüber streuen. Den Knoblauch schälen, klein hacken und mit
   dem Joghurt und einem Schuss Olivenöl vermengen. Zu den Gurken
   geben und mit Salz und Pfeffer abschmecken.

4) Sobald die Rollen fertig sind, abkühlen lassen. Mit dem Honig be-
   tröpfeln und gemeinsam mit dem Gurkensalat servieren.

Kürbisraspeln mit Mandeln

KH 31g | EW 7g | F 12g | kcal 253

Zubereitungszeit: *40 min*
Portionen: 2
Schwierigkeit: *leicht*

Zutaten

- 450g Hokkaido Kürbis
- 240ml Hühnerbrühe
- 20g Mandeln
- 10g Schlagsahne
- 10g Butter
- Salz und Pfeffer

Zubereitung

1) Die Schale des Kürbis entfernen. Die Kerne herauslösen und dann das Fruchtfleisch mithilfe einer Reibe klein raspeln. In den Frittierbehälter geben und mit der Brühe übergießen.

2) Für etwa 10 Minuten bei 180°C in der Heißluftfritteuse frittieren. In einem kleinen Topf die Butter zerlassen und dann die Sahne hinzufügen. Mit Salz und Pfeffer abschmecken. Die Mandeln klein hacken und gemeinsam der Sahnemischung nach den 10 Minuten über den Kürbis geben.

3) Bei 150°C für weitere 5 Minuten garen lassen.

Tofu-Paprika

KH 15g | EW 20g | F 15g | kcal 271

Zubereitungszeit:	*40 min*
Portionen:	*2*
Schwierigkeit:	*leicht*

Zutaten

- 300g Paprika (rot)
- 200g Tofu
- 100g Mozzarella
- 100g Tomaten (gehackt)
- 3 Stiele Thymian
- 3 Stiele Petersilie
- 1 Schalotte
- 1 Knoblauchzehe
- 1 EL Tomatenmark
- Salz und Pfeffer

Zubereitung

1) Zunächst die Paprikas gründlich abwaschen. Anschließend den Deckel abschneiden und die Kerne entfernen. Die Schale von der Schalotte und der Knoblauchzehe entfernen und beides klein hacken.

2) Den Tofu und den Mozzarella abgießen und dann in kleine Stücke schneiden. Gemeinsam mit der Schalotte und der Knoblauchzehe in einer Schüssel vermengen. Mit dem Tomatenmark, Salz und Pfeffer abschmecken. Danach die Paprikas damit füllen.

3) Nun die gehackten Tomaten in eine Schüssel geben und mit Salz und Pfeffer abschmecken. Den Thymian und die Petersilie waschen, trocken schütteln und klein hacken. Zu den Tomaten geben.

4) Die Paprikas in den Frittierbehälter geben und mit der Soße übergießen. Dann für etwa 25 Minuten bei 180°C frittieren.

Halloumi auf Gemüse

KH 8g | EW 13g | F 26g | kcal 323

Zubereitungszeit:	*45 min*
Portionen:	*4*
Schwierigkeit:	*leicht*

Zutaten

- 360g Zucchini
- 300g Paprika (rot)
- 200g Halloumi
- 50g Zwiebel
- 3 EL Ajvar (Gewürzmischung vom Balkan)
- 1 EL Olivenöl
- 1 Tasse Wasser oder Gemüsebrühe
- Salz und Gewürze nach Geschmack

Zubereitung

1) Die Paprika und die Zucchini waschen. Die Paprika in der Mitte durchschneiden, die Kerne entfernen und klein würfeln. Die Zucchini ebenfalls in kleine Würfel schneiden.

2) Die Schale der Zwiebel entfernen und die Zwiebel fein hacken. Das Gemüse in den Fritteuseeinsatz der Heißluftfritteuse geben. Mit dem Ajvar, dem Olivenöl und dem Wasser ergänzen.

3) Den Halloumi in Scheiben schneiden und diese auf das Gemüse geben. Dann alles bei 180°C für etwa 30 Minuten frittieren. Nach der Hälfte der Zeit das Gemüse durchrühren und den Käse wenden.

Zucchiniauflauf mit Fetakäse

KH 12g | EW 19g | F 27g | kcal 365

Zubereitungszeit:	*60 min*
Portionen:	*2*
Schwierigkeit:	*leicht*

Zutaten

- 500g Zucchini
- 100g Fetakäse
- 2 Eier
- 1 EL Milch
- etwas Olivenöl
- Salz und Pfeffer

Zubereitung

1) Die Zucchini heiß abspülen und anschließend mit einer Reibe grob raspeln. Die Raspeln auf ein Küchentuch geben, darin ausdrücken, sodass nur noch wenig Flüssigkeit zurückbleibt.

2) Die Eier in eine Schüssel geben und mit der Milch verquirlen. Die Zucchini in eine Schüssel geben und den Fetakäse darüber bröseln. Etwas Olivenöl hinzufügen und alles miteinander vermengen. Mit Salz und Pfeffer würzen.

3) Die Fetakäse-Zucchini Mischung in den Fritteuseeinsatz geben. Mit der Eiermilch begießen. Nun den Auflauf für etwa 35 Minuten bei 180°C in der Heißluftfritteuse backen.

Strudel mit Kürbis-Kraut-Füllung

KH 51g | EW 10g | F 14g | kcal 382

Zubereitungszeit:	*60 min*
Portionen:	*4*
Schwierigkeit:	*leicht*

Zutaten

- 400g Hokkaidokürbis
- 300g Weißkraut
- 200g Weizenmehl
- 125ml Wasser (lauwarm)
- 100g Zwiebeln
- 50g Butter
- 2 Stiele Petersilie
- 1 Ei
- ½ TL Kümmel
- Muskatnuss
- Salz und Pfeffer

Zubereitung

1) Das Ei verquirlen und mit dem Mehl, lauwarmen Wasser und etwas Salz zu einem glatten Teig verkneten. Etwas Öl darüber streichen, zudecken und für 20 Minuten beiseite stellen.

2) Währenddessen den Kürbis schälen, halbieren und die Kerne entfernen. Danach grob mit einer Reibe in eine Schüssel reiben. Die äußeren Blätter des Weißkrauts entfernen, gründlich waschen, in schmale Streifen schneiden und zu dem Kürbis geben. Beide Zutaten mit Salz würzen, verrühren und für 10 Minuten ziehen lassen.

3) Die Zwiebel schälen und in feine Streifen schneiden. Die Petersilie waschen, trocken schütteln und klein hacken. Den Kürbis und das Weißkraut in einer Schüssel mit den Zwiebeln, der Petersilie und den anderen Gewürzen vermengen.

4) Ein sauberes Tuch bemehlen und den Strudelteig darauf mit einem Nudelholz zu einem Rechteck ausrollen. In einem Topf Butter zerlassen und dann damit den Teig bestreichen. Die Kürbis-Weißkraut-Füllung auf die untere Hälfte des Teiges geben, vom Rand etwa 3 cm freilassen. Einmal einschlagen, die Enden einschlagen und so aufrollen, dass ein Strudel entsteht.

5) Die Heißluftfritteuse auf 180°C vorheizen. In den Grilleinsatz geben und mit der übrigen Butter bestreichen. In der Heißluftfritteuse für etwa 25 Minuten bei 180°C backen.

Kartoffelstreifen mit Tortilla-Fisch

KH 43g | EW 25g | F 15g | kcal 401

Zubereitungszeit: *40 min*
Portionen: *2*
Schwierigkeit: *leicht*

Zutaten

- 300g Kartoffeln (festkochend)
- 200g Seelachsfilet
- 30g Tortilla Chips (gesalzen)
- 1 Ei
- 1 Zitrone
- etwas Walnussöl
- Meersalz und Pfeffer

Zubereitung

1) Das Filet vierteln. Die Zitrone heiß abwaschen. Etwas Schale abreiben und den Saft auspressen. Damit das Filet einreiben. Anschließend mit den Zesten, Salz und Pfeffer würzen. Zur Seite stellen und ziehen lassen.

2) Die Tortilla Chips in einer Schüssel zerbröseln. Das Ei in einen tiefen Teller schlagen und verquirlen. Die Fischstücke nun nacheinander zunächst in dem verquirlten Ei wenden und danach in den Tortilla Chips wenden, bis der Fisch von allen Seiten paniert ist.

3) Die Kartoffeln mit etwas Wasser säubern und danach mit einem Küchenpapier abtrocknen. Das Öl in eine Schüssel füllen. Nun die Kartoffeln in dünne Streifen schneiden und im Öl wenden. Mit dem Meersalz und Pfeffer würzen.

4) Den Trenneinsatz in die Heißluftfritteuse setzen, die Kartoffeln und den Fisch jeweils auf eine Seite geben. Bei 180°C für etwa 15 Minuten knusprig braun backen. Anschließend herausnehmen und gemeinsam servieren. Falls keine Trennwand vorhanden sein sollte, das Ganze einfach in zwei Durchgängen machen.

Curry-Hähnchen mit Gemüse

KH 22g | EW 43g | F 16g | kcal 410

Zubereitungszeit:	*40 min*
Portionen:	*2*
Schwierigkeit:	*leicht*

Zutaten

- 300g Hähnchenfilet
- 250g Paprika (rot)
- 200g Pfirsiche
- 100g Frischkäse
- 100ml Wasser
- 100g Cocktailtomaten
- 50g Zwiebel
- 25ml Pfirsichsaft
- 10g Currypulver
- 2 TL Sojasoße
- etwas Olivenöl
- Salz und Pfeffer

Zubereitung

1) Zunächst die Schale der Zwiebel entfernen. Anschließend in Würfel schneiden. Die Pfirsiche gründlich waschen, halbieren und die Kerne entfernen. Dann das Fruchtfleisch würfeln.

2) Die Paprikaschoten und die Tomaten ebenfalls heiß abwaschen. Die Tomaten vierteln. Die Paprikaschoten halbieren, den Strunk und die Kerne entfernen. Danach würfeln.

3) Das Wasser in die Heißluftfritteuse geben. Die Tomaten, Paprika, Zwiebeln und Pfirsiche hinzufügen. Die Hähnchenfilets mit Öl bestreichen und dann Currypulver, Salz und Pfeffer darüber verteilen. Nun ebenfalls in den Fritteuseeinsatz geben.

4) Die Sojasoße mit dem Frischkäse verrühren und dann über das Fleisch und Gemüse geben. Bei 180°C für etwa 25 Minuten frittieren.

Lasagne mit Spargel und Parmesan

KH 50g | EW 25g | F 12g | kcal 411

Zubereitungszeit:	*40 min*
Portionen:	*4*
Schwierigkeit:	*leicht*

Zutaten

- 500g Spargel (grün)
- 500g Spargel (weiß)
- 500ml Milch (1,5% Fett)
- 200g Lasagne Platten
- 100g Parmesan
- 2 EL Butter
- 2 Stiele Oregano
- Muskatnuss
- Salz und Pfeffer

Zubereitung

1) Den weißen Spargel schälen und 2-3 cm vom unteren Ende ab-schneiden. Vom grünen Spargel ebenfalls 2-3 cm unten abschnei-den. In einen Topf Wasser füllen und mit etwas Butter den Spargel darin bissfest kochen.

2) In einem Topf die Butter zerlassen und das Mehl einrühren. Dann die Milch hinzugießen und verrühren, bis eine cremige Sauce ent-steht. Den Oregano waschen, trocken schütteln und klein hacken. Gemeinsam mit dem Muskat, Salz und Pfeffer die Soße würzen.

3) Den Parmesan mithilfe einer Reibe fein reiben. Den Boden des Frit-teuseeinsatzes fetten und dann mit einer Schicht Lasagneplatten auslegen. Den Spargel gleichmäßig darauf verteilen und dann mit etwas Soße begießen. Diese Schichtung wiederholen bis alle Zuta-ten aufgebraucht sind.

4) Die letzte Schicht Spargel mit der restlichen Soße begießen und dann den geriebenen Parmesan darüber streuen. In der Heißluft-fritteuse für etwa 25 Minuten bei 200°C backen.

Spätzle-Kraut Auflauf

KH 42g | EW 18g | F 20g | kcal 413

Zubereitungszeit:	*45 min*
Portionen:	*2*
Schwierigkeit:	*leicht*

Zutaten

- 200g Sauerkraut
- 100g Weizenmehl
- 70ml Wasser
- 50g Emmentaler
- 10g Kümmel
- 1 Ei
- etwas Olivenöl
- Salz und Pfeffer

Zubereitung

1) Das Ei in einer Schüssel verquirlen. Mit dem Weizenmehl und einer Prise Salz verrühren. Kurz aufquellen lassen.

2) Den Käse mithilfe einer Reibe fein reiben. Die Schale der Zwiebel entfernen und dann in feine Stücke schneiden. In einem Topf etwas Olivenöl erhitzen und die Zwiebel darin anschwitzen. Nachdem die Zwiebeln etwa 3 Minuten braten, das Sauerkraut und etwas Wasser hinzugeben. Mit Kümmel, Salz und Pfeffer würzen. Für etwa 12 Minuten köcheln lassen.

3) In einen Topf leicht gesalzenes Wasser aufkochen lassen. Mit einem Hobel für Spätzle den zuvor gefertigten Teig in das Wasser reiben. Solange köcheln, bis die Spätzle obenauf schwimmen. Durch ein Sieb abgießen, abschrecken und kurz abkühlen lassen.

4) In eine Backform die Spätzle mit der Sauerkrautmischung schichten bis alle Zutaten aufgebraucht sind. Die oberste Schicht mit dem Emmentaler bestreuen und dann für etwa 10 Minuten bei 180°C in der Heißluftfritteuse backen.

Pulled Pork pikant

KH 1g | EW 54g | F 21g | kcal 413

Zubereitungszeit:	*40 min*
Portionen:	*2*
Schwierigkeit:	*leicht*

Zutaten

- 960ml Hühnerbrühe
- 450g Schweinefilet
- 75ml Sahne
- 10g Butter
- 2 Stiele Thymian
- 2 Stiele Rosmarin
- 1 EL Chiliflocken
- 1 EL Paprikapulver (edelsüß)
- etwas Olivenöl
- Salz und Pfeffer

Zubereitung

1) Zunächst das Schweinefilet mit Olivenöl einreiben und anschlie-ßend mit Salz, Pfeffer, Chiliflocken und Paprikapulver gleichmäßig bestreuen. In den Fritteuseeinsatz geben und mit der Hühnerbrühe begießen.

2) Den Thymian und Rosmarin waschen, trocken schütteln, klein ha-cken und zu dem Fleisch geben. Dann bei 190°C für etwa 25 Minu-ten in der Heißluftfritteuse frittieren.

3) Währenddessen die Butter in einem Topf zerlassen. Die Sahne hin-zufügen. Nach den 25 Minuten die Flüssigkeit abgießen und das Fleisch nun zerpflücken. Die Buttermischung über das Fleisch gie-ßen und dann für weitere 5 Minuten bei 150°C garen lassen.

Kokos Nuggets mit Zucchiniraspeln

KH 30g | EW 44g | F 22g | kcal 460

Zubereitungszeit:	*40 min*
Portionen:	*4*
Schwierigkeit:	*leicht*

Zutaten
- 600g Hühnerfilet
- 200g Zucchini
- 100g Weizenmehl
- 100g Kokosraspeln
- 40g Minze
- 2 Eier
- 1 Limette
- Salz und Pfeffer

Zubereitung

1) Die Hühnerfilets unter Wasser abspülen und mit einem Küchentuch trocken tupfen. In kleine Stücke schneiden. Die Eier in einen tiefen Teller schlagen und miteinander verquirlen. Mit Salz und Pfeffer würzen.

2) In zwei weitere tiefe Teller jeweils Mehl und Kokosraspeln geben. Die Hühnerfilets erst in dem Ei wenden, dann in das Mehl geben, sodass sie komplett bemehlt sind. Zu guter Letzt mit den Kokosraspeln überziehen.

3) Die Zucchini waschen und anschließend mithilfe einer Reibe klein hobeln. Die Limette heiß waschen, etwas Schale abreiben und gemeinsam mit dem Saft der Limette über die Zucchini geben. Mit Salz und Pfeffer würzen. Die Minze waschen, trocken schütteln, klein hacken und dann ebenfalls über die Zucchini geben.

4) Zunächst die Zucchini in den Fritteuseeinsatz geben und dann die Kokos Nuggets darauf geben. Bei 180 °C für etwa 15 Minuten zubereiten.

Speck-Rouladen

KH 22g | EW 20g | F 35g | kcal 484

Zubereitungszeit:	*40 min*
Portionen:	*4*
Schwierigkeit:	*leicht*

Zutaten

- 600g Rinderrouladen (4 à 150g)
- 300g Frischkäse
- 200g Essiggurken (à 4 Gurken)
- 100g Speck
- 100g Lauchzwiebeln
- 100ml Fleischbrühe
- 20g Senf
- 10g Kapern
- etwas Olivenöl
- Meersalz und Pfeffer

Zubereitung

1) Zunächst den Lauch gründlich waschen und anschließend in feine Ringe schneiden. Die Essiggurken in Scheiben schneiden. Den Speck ebenfalls in kleine Stücke schneiden.

2) Die Roulade mit dem Senf großzügig bestreichen und dann mit Meersalz und Pfeffer würzen. Nun die Lauchzwiebelringe darüber geben. Mit Der Essiggurke und dem Speck ergänzen und dann aufrollen.

3) Den Frischkäse in eine Schüssel geben und mit der Brühe verrühren. Dann die Kapern dazu mischen. Die Rouladen in den Fritteuseeinsatz geben und die Soße darüber verteilen. Bei 180°C für etwa 20 Minuten frittieren.

Lachsfilet auf Vollkornreis mit Nüssen

KH 17g | EW 28g | F 35g | kcal 489

Zubereitungszeit:	*40 min*
Portionen:	*4*
Schwierigkeit:	*leicht*

Zutaten

- 400g Lachsfilet
- 100g Vollkornreis
- 100g Pistazien
- 50g Mandelblätter
- 2 Stiele Thymian
- 2 Stiele Rosmarin
- 1 Zitrone
- etwas Olivenöl
- Salz und Pfeffer

Zubereitung

1) Zunächst den Reis mit etwas Wasser in die Heißluftfritteuse bei 100°C für etwa 10 Minuten kochen lassen. Währenddessen die Kräuter waschen, trocken schütteln und klein hacken.

2) Die Pistazien und Mandeln klein hacken. Die Zitrone heiß abwaschen. Sobald der Reis fertig ist, das Lachsfilet darauf legen. Mit etwas Olivenöl bestreichen. Dann mit den gehackten Nüssen bestreuen. Nun mit den Kräutern, Salz und Pfeffer würzen.

3) Die Schale der Zitrone darüber reiben und den Saft ebenfalls darüber pressen. Dann bei 120°C für etwa 15 Minuten garen lassen.

Spanische Teigtaschen mit Chorizo

KH 57g | EW 17g | F 22g | kcal 489

Zubereitungszeit:	*60 min*
Portionen:	*4*
Schwierigkeit:	*leicht*

Zutaten

- 250g Weizenmehl
- 200g Paprika (grün)
- 100g Chorizo
- 100ml Wasser
- 50g Schalotten
- 50g Butter
- 50g Tomaten
- 1 Ei
- 1 Knoblauchzehe
- 1 EL Chilisauce
- 1 EL Honig
- 1 Prise Salz

Zubereitung

1) Die Butter würfeln und mit dem Mehl in eine Schüssel geben. Mit den Händen verkneten. Das Ei aufschlagen und dazugeben. Wasser mithilfe eines Wasserkochers erwärmen und dann das warme Wasser nach und nach zu dem Teig geben. Zu einem glatten Teig verkneten. Den Teig luftdicht in Klarsichtfolie einwickeln und für eine halbe Stunde in den Kühlschrank stellen.

2) Die Chorizo klein würfeln und in einer Pfanne anbraten. Die Tomaten waschen und klein würfeln. Den Knoblauch und die Zwiebeln schälen und klein hacken. Die Paprika waschen, halbieren, die Kerne entfernen und ebenfalls klein schneiden. Alle Zutaten mit in die Pfanne geben und auf mittlerer Stufe für 10 Minuten dünsten. Mit dem Honig, der Chilisauce und Salz würzen, dann abkühlen lassen.

3) Etwas Mehl auf eine Arbeitsfläche geben und den Teig noch einmal kneten. 2mm dünn ausrollen und gleich große Kreise ausstechen. 1 EL Chorizofüllung auf die Kreise geben und zu einem Halbmond falten. Die Ränder mit einer Gabel zusammen drücken. Für etwa 12 Minuten bei 175°C in der Heißluftfritteuse goldgelb backen.

Hähnchen mit Gemüse und Parmesan

KH 21g | EW 48g | F 25g | kcal 491

Zubereitungszeit:	*40 min*
Portionen:	*2*
Schwierigkeit:	*leicht*

Zutaten

- 300g Hähnchenbrustfilet (2 à 150g)
- 300g Aubergine
- 200g Paprika (rot)
- 40g Parmesan (gerieben)
- 30g Pinienkerne
- 2 Stiele Rosmarin
- 2 Stiele Basilikum
- 2 Stiele Petersilie
- 1 Knoblauchzehe
- 1 Schalotte
- etwas Olivenöl
- Salz und Pfeffer

Zubereitung

1) Die Schale der Schalotte und der Knoblauchzehe entfernen und anschließend beides klein hacken. Die Paprika und die Aubergine heiß waschen. Die Paprika halbieren und das Kerngehäuse entfernen. Beides in kleine Würfel schneiden.

2) Die Hähnchenbrustfilets kurz waschen, mit einem Küchentuch abtupfen und dann mit Olivenöl bestreichen. Mit Salz und Pfeffer würzen und dann für etwa 10 Minuten bei 160°C in die Heißluftfritteuse geben.

3) Die Kräuter abwaschen, trocken schütteln und klein hacken. Nach den 10 Minuten das Gemüse mit in die Heißluftfriteuse geben. Etwas Olivenöl und die Kräuter darüber geben. Mit Salz und Pfeffer würzen.

4) Die Pinienkerne klein hacken und gemeinsam mit dem Parmesan damit die Hähnchen bedecken. Für weitere 10 Minuten bei gleichbleibender Temperatur frittieren.

Lasagne mit Rote Bete und Fischfilet

KH 58g | EW 32g | F 31g | kcal 498

Zubereitungszeit:	*50 min*
Portionen:	*4*
Schwierigkeit:	*leicht*

Zutaten

- 300g Barschfilet
- 250g Lasagneplatten
- 250ml Milch (1,5% Fett)
- 150g Rote Bete
- 50g Parmesan (gerieben)
- 30g Weizenmehl

- 25g Butter
- 3 Stiele Dill
- 1 Zitrone
- etwas Olivenöl
- Meersalz und Pfeffer

Zubereitung

1) Zunächst einen Topf mit leicht gesalzenem Wasser zum Kochen bringen. Darin die Lasagneblätter weich werden lassen für einige Minuten. Danach herausnehmen und abtropfen lassen. In einem weiteren Topf die Butter zerlassen. Anschließend das Mehl einrühren. Dann die Milch mit Salz und Pfeffer einrühren und kurz köcheln lassen.

2) Die Rote Bete schälen und dann in schmale Scheiben schneiden. Die Zitrone heiß waschen, etwas Schale abreiben und zur Seite stellen. Den Saft der Zitrone über die Rote Bete Scheiben geben.

3) Die Gräten und die Haut des Fischfilets entfernen und in Streifen schneiden. Nun geht es an das Schichten. Zunächst etwas Soße in den Frittiereinsatz geben. Dann die erste Schicht Lasagneplatten mit Olivenöl bestreichen und auf die Soße geben. Darauf das Filet und die Rote Bete geben. Soße darüber geben und dann kommt die nächste Schicht Lasagneplatten bis alle Zutaten verbraucht sind.

4) Den Dill waschen, trocken schütteln und klein hacken. Über die oberste Schicht Lasagne geben, gemeinsam mit den Zitronenzesten. Mit Parmesan bestreuen und bei 180°C für etwa 25 Minuten backen.

Lachs-Spargel-Rolle

KH 26g | EW 23g | F 34g | kcal 500

Zubereitungszeit:	*40 min*
Portionen:	*4*
Schwierigkeit:	*leicht*

Zutaten

- 300g Lachsfilet
- 270g Blätterteig
- 250g Spargel (grün)
- 30g Parmesan (gerieben)
- 1 Eigelb
- 1 Zitrone
- etwas Olivenöl
- Salz und Pfeffer

Zubereitung

1) Den Spargel putzen, schälen und die Enden entfernen. Bei dicken Spargelstangen diese einmal längs halbieren. Die Haut von dem Lachs mit einem Messer entfernen, unter Wasser abspülen und mit einem Küchentuch trocken tupfen.

2) Auf einer bemehlten Arbeitsfläche den Blätterteig ausrollen und den Spargel darauf verteilen. Mit Parmesan bestreuen und den Lachs darauf platzieren. Den Lachs salzen und pfeffern. Die Zitrone heiß abwaschen. Etwas Schale abreiben und gemeinsam mit etwas Zitronensaft über den Lachs geben. Nun 2 EL Olivenöl darüber träufeln.

3) Das Eigelb in einer Schüssel verquirlen. Damit die Ränder bestreichen und dann den Blätterteig zusammenklappen. Die Ränder mit einer Gabel fest verschließen und danach von allen Seiten den Blätterteig mit dem übrigen Eigelb bepinseln. Mit einem Messer einige Male einschneiden und bei 180°C für etwa 12 Minuten in die Heißluftfritteuse geben.

Schollenrollen

KH 55g | EW 31g | F 19g | kcal 517

Zubereitungszeit: *30 min*
Portionen: *1*
Schwierigkeit: *mittel*

Zutaten
- 150g Schollenfilet
- 4 Frühlingsrollenblätter
- 1 Ei
- 1 Zitrone
- 1 EL Butter
- Salz und Pfeffer

Zubereitung

1) Das Fischfilet abspülen, auf einem Küchenpapier trocknen und dann klein würfeln. Die Zitrone heiß waschen. Etwas Schale in eine Schüssel reiben und anschließend den Saft hinein pressen. Mit Pfeffer und Salz vermengen und die Fischwürfel darin wenden.

2) Die Frühlingsrollenblätter ausbreiten und die Fischwürfel in der Mitte platzieren. Das Ei trennen. Die Ränder der Frühlingsrollenblätter dünn mit dem Eiweiß bestreichen, danach die Blätter von links und rechts einschlagen und stramm aufrollen.

3) Die Butter schmelzen lassen und mit dem Eigelb in einer Schüssel verquirlen. Mit der Mischung die Rolle von beiden Seiten bestreichen. Nun die Fischrollen bei 180°C für etwa 12 Minuten in der Heißluftfritteuse backen.

Camembert in Brot mit Honig

KH 69g | EW 21g | F 20g | kcal 522

Zubereitungszeit: 30 min
Portionen: 2
Schwierigkeit: leicht

Zutaten

- 250g Graubrot (1 Laib, rund)
- 100g Camembert
- 20g Honig
- 1 Bund Schnittlauch
- etwas Butter
- Meersalz und Pfeffer

Zubereitung

1) Von dem Brotlaib den Deckel abschneiden. Soweit aushöhlen, sodass der Camembert hineinpasst.

2) In einem Topf die Butter zerlassen und mit Salz verrühren. Die Reste des Brotes in grobe Stücke zerteilen. Die Butter über die Brotstücken träufeln.

3) Den Camembert in das Brot stecken und den Deckel wieder aufsetzen. In der Heißluftfritteuse für etwa 20 Minuten bei 180°C backen. Nach 15 Minuten die Brotwürfel dazugeben.

4) Währenddessen den Schnittlauch waschen, trocken schütteln und klein hacken. Den Brotlaib herausnehmen, den Deckel entfernen, Honig darüber träufeln und mit dem Schnittlauch bestreuen. Zusammen mit den Brotwürfeln servieren.

Kartoffelpizza

KH 46g | EW 17g | F 32g | kcal 533

Zubereitungszeit:	*40 min*
Portionen:	*4*
Schwierigkeit:	*leicht*

Zutaten

- 700g Kartoffeln (mehlig kochend)
- 100g Gouda (gerieben)
- 100g Speck (gewürfelt)
- 50g Weizenmehl
- 50g Zwiebel
- 20ml Milch (1,5% Fett)
- 2 Eier
- 2 Stiele Rosmarin
- etwas Olivenöl
- Salz und Pfeffer

Zubereitung

1) Zunächst in einem Topf gesalzenes Wasser zum Kochen bringen. Die Kartoffeln darin bissfest kochen. Anschließend abkühlen lassen und durch eine Kartoffelpresse in eine Schüssel geben. Mit dem Mehl und der Mich zu einem Teig verkneten.

2) Die Eier verquirlen und ebenfalls mit in den Teig mischen. Mit Salz, Pfeffer und etwas Olivenöl abschmecken. Die Zwiebel schälen und klein hacken.

3) Den fertigen Teig auf einer leicht bemehlten Arbeitsfläche ausrollen. Mit den Zwiebeln, den Speckstücken und dem Gouda belegen. Den Rosmarin waschen, trocken schütteln und klein hacken. Dann ebenfalls über den Boden geben.

4) Nun für etwa 20 Minuten bei 180°C in der Heißluftfritteuse backen lassen.

Kleine Fladen mit Joghurtcrème und Kräutern

KH 95g | EW 19g | F 11g | kcal 550

Zubereitungszeit:	*90 min*
Portionen:	*4*
Schwierigkeit:	*mittel*

Zutaten

- 500g Weizenmehl
- 250ml Wasser
- 200g Frischkäse
- 2 EL Naturjoghurt
  (3,5% Fett)
- 2 Stiele Petersilie
- 2 Stiele Schnittlauch
- 2 Stiele Dill

- 1 Knoblauchzehe
- 1 EL Trockenhefe
- 1 EL Zucker
- 1 EL Olivenöl
- Sesam
- Salz

Zubereitung

1) In einem Topf das Wasser erwärmen, sodass es lauwarm wird. Dann den Zucker und die Trockenhefe darin auflösen lassen. Die Hälfte des Mehls hinzugeben und alles miteinander vermengen. Zugedeckt für 30 Minuten an einem warmen Ort quellen lassen.

2) Nach den 30 Minuten 1 TL Salz und das übrige Mehl zu dem Teig hinzufügen, mit den Händen gut durchkneten und für weitere 25 Minuten an einen warmen Ort aufgehen lassen.

3) Anschließend den Teig in gleich große Portionen aufteilen und in dünne, runde Fladen ausrollen. Erneut für 10 Minuten gehen lassen. Mit etwas Olivenöl bestreichen und Sesam darüber streuen. Danach bei 200°C für etwa 10 Minuten in der Heißluftfritteuse backen lassen.

4) Währenddessen den Naturjoghurt mit den Frischkäse in eine Schüssel geben und glatt rühren. Die Schale der Knoblauchzehe entfernen und dann durch eine Knoblauchpresse geben. Die Kräuter waschen, trocken schütteln und klein hacken. Gemeinsam mit dem Knoblauch, Salz und Pfeffer zu der Joghurt Mischung geben. Sobald die Fladenbrote fertig gebacken sind, diese mit der Joghurtcrème bestreichen und servieren.

Russische Taschen

KH 95g | EW 22g | F 10g | kcal 558

Zubereitungszeit: *100 min*
Portionen: *5*
Schwierigkeit: *leicht*

Zutaten

- 500g Kartoffeln
  (mehlig kochend)
- 500g Weizenmehl
- 250ml Milch (1,5% Fett)
- 4 Eier
- 3 Stiele Petersilie

- 1 Packung Trockenhefe
- 1 EL Butter
- 1 TL Zucker
- 1 TL Muskat
- Salz und Pfeffer

Zubereitung

1) Zunächst 200ml Milch in einem Topf erwärmen. Bei mittlerer Hitze die Hefe und den Zucker darin auflösen lassen. Die Mischung zugedeckt für etwa 10 Minuten quellen lassen. Währenddessen in einem weiteren Topf 2 Eier hart kochen und danach abschrecken.

2) In einer Schüssel Mehl, das Ei und etwas Salz vermengen. In der Mitte eine Mulde bilden und die Hefemischung hinein geben. Zu einem glatten Teig verkneten, abgedeckt für 1 Stunde gehen lassen.

3) Nun leicht gesalzenes Wasser zum Kochen bringen und darin die geschälten Kartoffeln gar kochen. Danach abgießen, abtropfen lassen und durch eine Kartoffelpresse in eine Schüssel geben. 50ml Milch, 1 EL Butter und etwas Salz dazugeben. Die Schale der Eier entfernen und zerkleinern. Die Petersilie waschen, trocken schütteln und klein hacken. Gemeinsam mit den Eiern, der Kartoffelmasse, Salz, Pfeffer zu der Kartoffelmasse zu einem Teig verkneten.

4) Aus dem Teig 10 Kugeln formen. Eine Arbeitsfläche bemehlen und die Kugeln mit dem Handballen flach drücken. Mithilfe eines Nudelholzes ausrollen und mit einem Glas runde Teigfladen ausstechen. Das letzte Ei trennen und dann die Ränder der Kreise mit dem Eigelb bepinseln. Das Eiweiß für ein anderes Rezept verwenden. Die Kartoffelmasse auf die Hälfte des Teiges geben, zuklappen und die Ränder mithilfe einer Gabel zusammendrücken. In der Heißluftfritteuse bei 180°C für etwa 15 Minuten frittieren.

Nudelauflauf mit Zitrone

KH 92g | EW 33g | F 10g | kcal 594

Zubereitungszeit:	*40 min*
Portionen:	*4*
Schwierigkeit:	*leicht*

Zutaten

- 500g Penne
- 200g Schinken
- 100g Mozzarella
- 50ml Milch (1,5% Fett)
- 50ml Sahne
- 1 Zitrone
- 1 Prise Chili
- Meersalz und Pfeffer

Zubereitung

1) Zuerst in einen Topf gesalzenes Wasser zum Kochen bringen. Darin die Nudeln bissfest kochen, abgießen und in den Frittierbehälter geben. In einer Schüssel die Sahne mit der Milch vermischen.

2) Die Zitrone heiß abwaschen etwas Schale in die Milchmischung reiben und dann noch den Saft einer Hälfte hinzufügen. Mit etwas Meersalz, Pfeffer und Chili würzen.

3) Den Schinken und den Mozzarella in kleine Würfel schneiden. Anschließend die Hälfte über die Nudeln geben. Mit der Soße begießen und dann erneut mit Mozzarella und Schinken bestreuen. Mit dem Zitronensaft der anderen Hälfte beträufeln.

4) Für etwa 20 Minuten bei 180°C in der Heißluftfritteuse backen lassen.

Strudel mit Kartoffel-Lauchfüllung

KH 68g | EW 28g | F 27g | kcal 624

Zubereitungszeit: *60 min*
Portionen: *4*
Schwierigkeit: *leicht*

Zutaten

- 300g Kartoffeln
  (mehlig kochend)
- 300g Brokkoli
- 250g Strudelteig
- 200g Lauchzwiebel
- 200ml Sahne
- 200g Magerquark

- 200g Schafskäse
- 30g Butter
- 3 Stiele Rosmarin
- 2 Knoblauchzehen
- 2 Eier
- Salz und Pfeffer

Zubereitung

1) In einem Topf mit gesalzenem Wasser den Brokkoli bissfest garen. Die Kartoffeln gründlich waschen und dann ebenfalls gar kochen in einem weiteren Topf.

2) Währenddessen die Lauchzwiebeln waschen und in schmale Ringe schneiden. Sobald die Kartoffeln fertig sind, abgießen, abtupfen und dann durch eine Kartoffelpresse geben. Den Brokkoli ebenfalls abgießen und in kleine Stücke schneiden.

3) Die Kartoffelmasse mit dem Brokkoli und den Lauchzwiebeln mischen. Den Rosmarin waschen, trocken schütteln und klein hacken. Rosmarin, Salz und Pfeffer zu der Kartoffelmasse geben.

4) Den Strudelteig ausrollen und halbieren jeweils in die Mitte die Kartoffelmasse geben, zusammenklappen und mit einer Gabel festdrücken. Die Butter zerlassen und damit bestreichen. Bei 180°C in der Heißluftfritteuse für etwa 15 Minuten frittieren.

5) Die Sahne in einen Topf geben und den Schafskäse hineinbröseln. Die Schale des Knoblauchs entfernen und durch eine Presse geben. Dann zu der Soße hinzufügen. Mit Salz und Pfeffer abschmecken und nach den 15 Minuten über die Strudel geben. Danach für weitere 15 Minuten garen lassen.

Hähnchen mit Spinat –Mozzarella überbacken

KH 8g | EW 57g | F 43g | kcal 633

Zubereitungszeit:	*45 min*
Portionen:	*4*
Schwierigkeit:	*leicht*

Zutaten

- 750g Hähnchenbrüste (5 à 150g)
- 250g Blattspinat
- 250g Champignons
- 125g Butter
- 125g Schmelzkäse
- 50g Mozzarella
- 50g Gemüsezwiebel

- 4 Knoblauchzehen
- 2 Stiele Thymian
- 2 Stiele Rosmarin
- 1 Zitrone
- etwas Olivenöl
- Salz und Pfeffer

Zubereitung

1) Zuerst die Knoblauchzehen schälen und dann durch eine Knoblauchpresse geben. Die Schale der Gemüsezwiebel ebenfalls entfernen und klein hacken. Die Hähnchenbrüste kurz abspülen, mit einem Küchentuch abtupfen und dann mit etwas Olivenöl bestreichen. Mit Salz und Pfeffer würzen und gemeinsam mit den Zwiebeln und dem Knoblauch in den Frittiereinsatz geben.

2) Die Butter in einem Topf zerlassen und dann gemeinsam mit dem Schmelzkäse verrühren. Die Zitrone heiß waschen und etwas Schale in die Soße reiben. Dann die Zitrone ebenfalls in die Soße pressen. Den Thymian und Rosmarin waschen, trocken schütteln, klein hacken und ebenfalls in die Soße mischen. Nach Belieben mit Salz und Pfeffer abschmecken.

3) Die Champignons und den Spinat gründlich waschen. Dann die Champignons in kleine Würfel und den Spinat in schmale Streifen schneiden. Beides zu den Hähnchenbrüsten geben. Nun die Soße darüber geben. Den Mozzarella abgießen und in kleine Würfel schneiden. Damit alles bedecken und dann bei 150°C für etwa 25 Minuten frittieren.

Pilzrisotto

KH 48g | EW 8g | F 45g | kcal 635

Zubereitungszeit: *60 min*
Portionen: *4*
Schwierigkeit: *mittel*

Zutaten

- 1000ml Gemüsebrühe
- 440g Vollkornreis
- 200g Champignons (Hälfte braun, Hälfte weiß)
- 125ml Weißwein (trocken)
- 100ml Olivenöl
- 80g Butter
- 50g Petersilie
- 40g Salbei
- 3 Knoblauchzehen
- 1 Zwiebel
- 1 Zitrone
- Salz und Pfeffer

Zubereitung

1) Die Schale des Knoblauchs entfernen und anschließend durch eine Presse geben. Die Zwiebel ebenfalls schälen und klein hacken. Beides in den Fritteuseeinsatz geben. Etwas Öl darüber geben.

2) Den Salbei waschen, trocken schütteln, klein hacken und darüber geben. Die Zitrone heiß abwaschen, die Schale etwas abreiben und den Saft über die Zwiebeln geben. Für etwa 10 Minuten bei 180°C in der Heißluftfritteuse garen.

3) Die Champignons gründlich abwaschen und würfeln. Den Reis zu den Zwiebeln geben und mit dem Weißwein begießen. Etwas einkochen lassen und dann die Pilze hinzugeben. Die Butter zerlassen und gemeinsam mit der Brühe über die Pilze gießen.

4) Die Petersilie waschen, trocken schütteln, klein hacken und dann zu dem Reis geben. Nun für etwa 25 Minuten bei 170°C garen lassen, bis die ganze Flüssigkeit aufgesogen ist.

Teigtaschen mit Hack-Kartoffelfüllung

KH 72g | EW 31g | F 25g | kcal 637

Zubereitungszeit:	*40 min*
Portionen:	*4*
Schwierigkeit:	*leicht*

Zutaten

- 450g Rinderhack
- 300g Weizenmehl
- 200g Kartoffeln
  (mehlig kochend)
- 150g Zwiebeln
- 150g Erbsen
- 145ml Wasser
- 5g Ingwer (frisch)
- 5g Kurkuma (frisch)

- 4 Knoblauchzehen
- 3 Lorbeerblätter
- 2 Stile Koriander
- 1 Chilischote (rot)
- 1 TL Kardamom
  (gemahlen)
- etwas Walnussöl
- Meersalz und Pfeffer

Zubereitung

1) Die Kartoffeln schälen. Anschließend mit den Erbsen in einem Topf kochen. Währenddessen in einer Schüssel Mehl, Wasser, Salz und Öl miteinander zu einem glatten Teig verkneten. Den Teig abdecken und für etwa eine halbe Stunde stehen lassen. Nun die Kartoffeln und Erbsen abgießen, kurz abkühlen und abtropfen lassen und dann mit einem Kartoffelstampfer stampfen bis ein Brei entsteht.

2) Die Zwiebeln und den Knoblauch schälen und beides fein hacken. Beide Zutaten mit dem Rinderhack in die Heißluftfritteuse geben und bei 180°C für etwa 7 Minuten braten. Die Lorbeerblätter und den Koriander waschen, trocken schütteln und klein hacken. Den Ingwer und den Kurkuma schälen und klein hacken. Die Chili waschen, die Kerne entfernen und ebenfalls klein hacken. Alle Gewürze mit Meersalz, Pfeffer und Kardamom vermischen.

3) Die Kartoffelmasse in einer großen Schüssel mit der Hackfleisch- und Gewürzmischung, vermengen. Den vorbereiteten Teig in 8 Teile teilen und auf einer bemehlten Arbeitsfläche ausrollen. In die Mitte des Teiges jeweils etwas Kartoffelmasse geben. Den Rand mit Wasser bestreichen, dann einschlagen und mit einer Gabel fest drücken. Zu guter Letzt die Taschen in der Heißluftfritteuse für etwa 15 Minuten bei 180°C frittieren.

Süßkartoffel aus dem Ofen mit Schinken

KH 34g | EW 20g | F 47g | kcal 640

Zubereitungszeit:	*60 min*
Portionen:	*3*
Schwierigkeit:	*leicht*

Zutaten

- 450g Süßkartoffeln (3 à 150g)
- 250g Schmand
- 200g Beinschinken (dünn geschnitten)
- 50ml Kürbiskern Öl
- 50g Kürbiskerne
- 10g Meerrettich
- 1 Bund Schnittlauch
- Salz und Pfeffer

Zubereitung

1) Die Süßkartoffeln waschen, mit einem Küchentuch abtrocknen und dann in Alufolie einwickeln. Im Grilleinsatz der Heißluftfritteuse bei 190°C für etwa 40 Minuten weich garen lassen.

2) Währenddessen den Schmand mit dem Salz, Pfeffer und Kürbiskern Öl glatt rühren, abschmecken und gegebenenfalls nachwürzen. Den Meerrettich mithilfe einer Reibe fein reiben und zur Seite stellen. Den Schnittlauch gründlich waschen, trocken schütteln und in dünnen Röllchen schneiden. Die Kürbiskerne klein hacken.

3) Sobald die Kartoffeln fertig vorgegart sind. Die Alufolie öffnen und dann mit einem Messer die Süßkartoffeln etwa 5 cm tief einschneiden. An den Seiten etwas andrücken und somit die Süßkartoffeln leichter öffnen.

4) Den vorbereiteten Schmand darüber verteilen. Den Beinschinken klein würfeln. Dann gemeinsam mit dem Meerrettich, den Kürbiskernen und dem Schnittlauch über die Schmandcrème geben.

Zwiebeln gefüllt im Speckmantel

KH 14g | EW 30g | F 55g | kcal 670

Zubereitungszeit: *30 min*
Portionen: *4*
Schwierigkeit: *leicht*

Zutaten

- 400g Rinderhack
- 200g Speck
- 30g Weizenmehl
- 30g Semmelbrösel
- 6 kleine Zwiebeln
- 3 Stiele Petersilie
- 2 Eier
- Salz und Pfeffer

Zubereitung

1) Das Hackfleisch in eine Schüssel geben, mit Salz und Pfeffer würzen. Die Petersilie waschen, trocken schütteln und klein hacken. Zu dem Hackfleisch geben. Alles miteinander vermischen und beiseite stellen.

2) Die äußere Schale von den Zwiebeln entfernen. Das obere Ende und die Wurzel abschneiden. Die Zwiebel längs mit einen scharfen Messer einschneiden. Den Inhalt der Zwiebeln entfernen, da nur die beiden äußeren Zwiebelschalen verwendet werden.

3) Das Hackfleisch in die Zwiebelschalen füllen und mit einem Speckstreifen umwickeln. Jeweils in eine Schüssel die Semmelbrösel und das Mehl geben. In einer dritten Schüssel die Eier miteinander verquirlen. Die Zwiebeln nacheinander zunächst in dem Mehl, dann in dem Ei und zu guter Letzt in den Semmelbröseln wenden. In den Fritteuseeinsatz geben und dann bei 180°C für etwa 12 Minuten frittieren.

Kartoffel-Zucchini-Kugeln

KH 83g | EW 27g | F 27g | kcal 675

Zubereitungszeit:	*45 min*
Portionen:	*4*
Schwierigkeit:	*leicht*

Zutaten

- 500g Kartoffeln (mehlig kochend)
- 350g Zucchini
- 300g Fetakäse
- 200g Weizenmehl
- 100g Semmelbrösel
- 2 Eier
- 1 Bund Dill
- etwas Olivenöl
- Salz und Pfeffer

Zubereitung

1) Zunächst die Schale der Kartoffeln entfernen und dann in einem Topf gar kochen. Währenddessen die Zucchini waschen, die Enden entfernen und mit einer Reibe zu Raspeln verarbeiten. Auf ein Küchentuch geben und darin ausdrücken.

2) Sobald die Kartoffeln fertig sind, abgießen und dann durch eine Kartoffelpresse geben. Die Zucchiniraspeln dazu mischen. Den Fetakäse hineinbröseln und 100g Mehl mit einrühren. Den Dill waschen, trocken schütteln und klein hacken. Gemeinsam mit Salz und Pfeffer in die Masse geben.

3) Nun aus dem Teig gleich große Kugeln formen. In eine Schüssel das restliche Mehl geben, in einer anderen die Eier verquirlen und in einer weiteren die Semmelbrösel bereit stellen. Die Kugeln nun zuerst im Mehl wenden, dann durch die Eimasse ziehen und zu guter Letzt in den Semmelbröseln wenden.

4) In den Frittierbehälter mit etwas Öl geben und dann bei 180°C für etwa 10 Minuten frittieren.

Pikante Tortilla mit Weißkraut und Fisch

KH 96g | EW 41g | F 17g | kcal 716

Zubereitungszeit:	*45 min*
Portionen:	*2*
Schwierigkeit:	*leicht*

Zutaten

- 200g Weißkraut
- 200g Barschfilet
- 100g Semmelbrösel
- 100g Karotten
- 50g Weizenmehl
- 10g Kurkuma
- 3 Frühlingszwiebeln
- 2 Tortillas aus Maismehl

- 1 Limette
- 1 Ei
- 1 TL Weißweinessig
- 1 TL Chillipulver
- etwas Zucker
- etwas Olivenöl
- Meersalz und Pfeffer

Zubereitung

1) Zunächst den Weißweinessig in eine Schüssel geben. 1 TL Zucker und das Chilipulver hinzufügen. Den Kurkuma schälen, fein hacken und ebenfalls dazu geben. Die Karotten schälen und dann mit einer Reibe fein raspeln. Das Weißkraut ebenfalls klein reiben. Anschließend die beiden Zutaten in eine Schüssel geben und mit der zuvor hergestellten Soße übergießen. Mit Salz und Pfeffer würzen.

2) Das Barschfilet waschen, trocknen und dann in gleichmäßige Streifen schneiden, die etwa 2 Finger breit sind. Dann 3 Schüsseln vorbereiten. In die erste Schüssel das Mehl geben, in der Zweiten die Eier miteinander verquirlen und in die Dritte die Semmelbrösel geben.

3) Das Filet zuerst im Mehl wenden, dann vollständig mit dem Ei und zu guter Letzt mit den Semmelbröseln bedecken. Nun mit Olivenöl bestreichen und bei 180°C für etwa 10 Minuten in der Heißluftfritteuse frittieren.

4) Die Limette heiß waschen. Etwas Schale abreiben und gemeinsam mit dem Saft über die Weißkrautmischung geben. Sobald der Fisch fertig ist. Das Kraut auf die Tortillas verteilen, das Filet hinzufügen und dann noch für weitere 5 Minuten in der Heißluftfritteuse garen.

Oliven-Pesto Pizzateigtasche

KH 50g | EW 22g | F 50g | kcal 746

Zubereitungszeit:	*40 min*
Portionen:	*2*
Schwierigkeit:	*leicht*

Zutaten
- 270g Pizzateig
- 150g Pesto (grün)
- 50g Mozzarella
- 20g Oliven (grün)
- 20g Oliven (schwarz)
- 1 Ei

Zubereitung

1) Eine Arbeitsfläche bemehlen und den Pizzateig darauf ausrollen. Das Ei in eine Schüssel schlagen und verquirlen. Mit einem Teller 2 gleich große Kreise aus dem Pizzasteig ausstechen. Etwa 1 cm vom Rand mit dem Ei bestreichen.

2) Jeweils eine Hälfte des Pizzabodens mit dem Pesto bestreichen. Den Mozzarella zupfen und über den Teig geben. Die Oliven abtropfen lassen, in Ringe schneiden und dann ebenfalls über dem Teig verteilen.

3) Die andere Teighälfte über die Füllung legen und an den Rändern mithilfe einer Gabel zusammendrücken. Die Calzone in der Heißluftfritteuse bei 180°C für etwa 18 Minuten goldgelb backen.

Schinken-Rucola-Pizzen

KH 137g | EW 33g | F 13g | kcal 791

Zubereitungszeit:	*90 min*
Portionen:	*4*
Schwierigkeit:	*leicht*

Zutaten

- 750g Weizenmehl
- 500ml Wasser
- 100g Prosciutto
- 50g Mozzarella
- 50g Rucola
- 50g Parmesan (gerieben)

- 10g Paprikapulver
- 3 Stiele Oregano
- 3 EL Tomatenpüree
- 1 Packung Trockenhefe
- etwas Olivenöl
- Salz und Pfeffer

Zubereitung

1) Das Wasser zunächst in einem Topf erwärmen und dann darin die Hefe komplett auflösen. In einer Schüssel das Mehl mit etwa 25g Salz vermengen. Die aufgelöste Hefe und etwas Olivenöl in die Mitte geben und alles zu einem glatten Teig verkneten. Ein Küchentuch über die Schüssel legen und dann an einem warmen Ort für etwa 1 Stunde gehen lassen.

2) Währenddessen das Tomatenpüree in eine Schüssel geben. Den Oregano waschen, trocken schütteln und klein hacken. Gemeinsam mit dem Paprikapulver zu dem Püree geben. Den Mozzarella abtropfen lassen und dann in kleine Würfel schneiden. Den Rucola waschen und klein schneiden.

3) Sobald der Teig fertig ist auf einer bemehlten Arbeitsfläche ausrollen und dann in 4 gleich große Stücke schneiden. Mit dem Tomatenmark bestreichen und dann bei 180°C für etwa 15 Minuten in die Heißluftfritteuse geben.

4) Anschließend den Schinken, Rucola und Mozzarella auf die Pizza geben und dann mit dem Parmesan bedecken. Für weitere 5 Minuten garen lassen.

Nuss-Barschfilet auf Reis

KH 52g | EW 31g | F 55g | kcal 799

Zubereitungszeit: *40 min*
Portionen: *3*
Schwierigkeit: *leicht*

Zutaten

- 200g Barschfilet
- 200g Vollkornreis
- 100g Paranüsse
- 100ml Gemüsebrühe
- 50g Walnüsse
- 50g Haselnüsse
- 50g Weizenmehl
- 3 Frühlingszwiebeln
- 1 Limette
- 1 Ei
- etwas Olivenöl
- Meersalz und Pfeffer

Zubereitung

1) Zunächst den Reis in die Heißluftfritteuse geben, mit der Brühe übergießen und dann bei 150°C für etwa 10 Minuten garen lassen, sodass die Flüssigkeit vom Reis aufgesogen wird.

2) Die Nüsse in einen Mixer geben und klein hacken. Das Filet in gleichmäßige etwa 2 Finger breite Streifen schneiden. Das Mehl in eine Schüssel geben und darin die Filetstreifen wenden. Die Frühlingszwiebeln waschen und dann in schmale Ringe schneiden. Zur Seite stellen.

3) Nun die Filets in einer weiteren Schüssel, in der das Ei verquirlt ist wenden und dann mit etwas Olivenöl, den Nüssen, Salz und Pfeffer bestreichen. Gemeinsam mit den Frühlingszwiebeln zu dem Reis geben.

4) Die Limette heiß waschen, etwas Schale abreiben und mit dem Saft der Limette über die Filets geben. Das Ganze nun für etwa 15 Minuten bei 160°C in der Heißluftfritteuse garen lassen.

Pulled Pork Nudelauflauf mit würzigem Gu-Sa

KH 48g | EW 42g | F 57g | kcal 872

Zubereitungszeit:	*50 min*
Portionen:	*4*
Schwierigkeit:	*leicht*

Zutaten

- 400g Gurken
- 300g Pulled Pork Fleisch
- 250g Schmand
- 200g Penne
- 200ml Schlagsahne
- 150g Gouda (gerieben)
- 150ml Milch (1,5% Fett)

- 50g Zwiebel
- 7 Knoblauchzehen
- 4 Eier
- 1 TL Majoran
- ½ TL Kümmel
- etwas Sonnenblumenöl
- Salz und Pfeffer

Zubereitung

1) In einem Topf mit gesalzenem Wasser die Penne bissfest kochen. Anschließend in ein Sieb abgießen, abschrecken und abtropfen lassen. Nun 4 Knoblauchzehen und die Zwiebel schälen und beides in feine Würfel schneiden. In einen Topf etwas Öl geben und die Zwiebel- und Knoblauchwürfel darin anschwitzen, bis sie glasig sind und danach die Penne hinzugeben.

2) Das Pulled Pork zuerst in schmale Streifen und danach in Würfel, die etwa 1x1 cm groß sind, schneiden. Ebenfalls zu den Nudeln geben und mit Majoran, Kümmel, Salz und Pfeffer würzen. Alle Zutaten gut miteinander vermengen und in eine Backform füllen.

3) Die Eier in einer Schüssel verquirlen. Mit der Schlagsahne und der Milch verrühren. Über den Auflauf gießen. Den geriebenen Gouda darüber streuen. Dann bei 175°C für etwa 25 Minuten backen lassen.

4) Die Gurke heiß abwaschen und dann mithilfe einer Reibe in dünne Scheiben hobeln. Mit Salz würzen und etwa 10 Minuten zur Seite stellen und ziehen lassen. Danach gut mit einem Küchentuch ausdrücken. Die übrigen Knoblauchzehen schälen und fein hacken. Gurken mit dem Schmand, dem Salz und Pfeffer sowie dem Knoblauch verrühren. Gemeinsam servieren.

Avocado-Lachsburger

KH 108g | EW 34g | F 34g | kcal 880

Zubereitungszeit: 60 min
Portionen: 3
Schwierigkeit: leicht

Zutaten

- 300g Burgerbrötchen (3 à 100g)
- 250g Avocado
- 200g Lachsfilet
- 120g Tomaten
- 100g Weizenmehl
- 100g Semmelbrösel
- 50g Zwiebel
- 1 Ei
- 1 Knoblauchzehe
- 1 Limette
- etwas Olivenöl
- Meersalz und Pfeffer

Zubereitung

1) Das Mehl in eine Schüssel geben und darin anschließend die Lachsfilets wenden. Die Schale des Knoblauchs entfernen und dann durch eine Knoblauchpresse geben. Die Zwiebel ebenfalls schälen und klein hacken. Die Tomate waschen, den Strunk entfernen und dann klein hacken.

2) In einer weiteren Schüssel das Ei verquirlen und dann das Lachsfilet damit bestreichen. Anschließend in einer weiteren Schüssel mit den Semmelbröseln wenden. Nun mit einer Schicht Olivenöl bestreichen.

3) Den Lachs in den Frittierbehälter geben und mit dem Knoblauch, der Zwiebel und der Tomate bedecken. Für etwa 20 Minuten bei 150°C frittieren. Dabei einmal wenden.

4) Währenddessen die Avocado waschen, halbieren, den Kern entfernen und das Fruchtfleisch lösen. In einer Schüssel mit einer Gabel zerdrücken. Die Limette heiß waschen und dann den Saft in das Avocadomus pressen. Nach Belieben einen Schuss Olivenöl, Salz und Pfeffer hinzufügen.

5) Die Bürgerbrötchen aufschneiden, mit der Avocadocreme bestreichen und dann das Lachsfilet und die anderen Zutaten aus der Heißluftfritteuse darauf verteilen.

Heißluftfritteuse
BEILAGEN

Rezept Welt

Herbstlicher Gemüseauflauf

KH 25g | EW 4g | F 4g | kcal 150

Zubereitungszeit:	*60 min*
Portionen:	*4*
Schwierigkeit:	*leicht*

Zutaten

- 400g Tomaten (aus der Dose)
- 200g Aubergine
- 150g Zucchini (grün)
- 150g Zucchini (gelb)
- 150g Paprika (rot)
- 150g Paprika (gelb)
- 50g Zucker
- 2 Stängel Basilikum
- 1 Knoblauchzehe
- etwas Olivenöl
- Salz und Pfeffer

Zubereitung

1) Die beiden Paprikas heiß abwaschen und dann bei 200°C für etwa 9 Minuten in der Heißluftfritteuse backen, bis die Haut schwarz ist. Danach herausnehmen und abkühlen lassen.

2) Zwischenzeitlich die Schale der Knoblauchzehe entfernen und dann klein hacken. Das Basilikum waschen, trocken schütteln und fein hacken. Gemeinsam mit den Tomaten in den Fritteuseeinsatz geben. Die Zutaten vermischen und mit Salz, Pfeffer etwas Zucker und Olivenöl abschmecken. Anschließend die Tomatensoße bei 180°C für etwa 10 Minuten in der Heißluftfritteuse kochen lassen.

3) Die gelbe und grüne Zucchini, sowie die Aubergine, gründlich abwaschen und alles in dünne Streifen schneiden. Mit Salz, Pfeffer und Olivenöl abschmecken. Von den abgekühlten Paprikas die Haut abtrennen und die Paprika in Streifen schneiden.

4) Nun das Gemüse abwechselnd in der Tomatensoße schichten. Mit den Paprikastreifen abschließen und dann bei 200°C für etwa 22 Minuten in der Heißluftfritteuse kochen lassen.

Pikante Fleischwürfel

KH 13g | EW 13g | F 10g | kcal 191

Zubereitungszeit:	*45 min*
Portionen:	*4*
Schwierigkeit:	*leicht*

Zutaten

- 250g Hühnerbrustfilet
- 10g Petersilie
- 2 Scheiben Weißbrot (vom Vortag)
- 1 TL Pesto rosso
- 1 EL Paprikapulver (scharf)
- 1 Ei
- 1 Knoblauchzehe
- etwas Olivenöl
- Salz und Pfeffer

Zubereitung

1) Zunächst das Weißbrot etwas zerkleinern und gemeinsam mit dem Paprikapulver in einem Mixbehälter klein mahlen. Einen EL Olivenöl hinzufügen und zur Seite stellen.

2) Währenddessen das Ei trennen. Die Knoblauchzehe schälen und klein hacken. Die Petersilie waschen, trocken schütteln und ebenfalls klein hacken. Gemeinsam mit dem Eigelb und dem Pesto gründlich vermengen. Mit Salz und Pfeffer abschmecken.

3) Das Fleisch kurz abwaschen, mit einem Küchentuch abtupfen und dann in grobe Stücke schneiden. Nun in einen Mixer geben und fein pürieren. Das pürierte Fleisch zunächst in dem Eiweiß wenden und anschließend in der Brotmischung.

4) Zu guter Letzt gründlich mit der Pestomischung ummanteln. Für etwa 15 Minuten in die Heißluftfritteuse geben und bei 180°C frittieren.

Parmesan-Kroketten

KH 26g | EW 9g | F 8g | kcal 209

Zubereitungszeit:	*45 min*
Portionen:	*4*
Schwierigkeit:	*leicht*

Zutaten

- 300g Kartoffeln (mehlig kochend)
- 50g Parmesan
- 50g Semmelbrösel
- 10g Weizenmehl
- 10g Schnittlauch
- 1 Eigelb
- etwas Olivenöl
- Salz und Pfeffer

Zubereitung

1) Zunächst die Schale der Kartoffeln entfernen, die Kartoffeln in einen Topf geben, mit Wasser bedecken und dann gar kochen lassen. Währenddessen das Mehl in eine Schüssel geben. Das Eigelb hinzufügen.

2) Den Parmesan reiben. Den Schnittlauch waschen, trocken schütteln und fein hacken. Beides ebenfalls zum Mehl hinzugeben und alles gründlich miteinander vermengen. Mit Salz und Pfeffer abschmecken.

3) Die Kartoffeln aus dem Topf nehmen, kurz abkühlen lassen und durch eine Presse geben. Mit der Mehlmischung verkneten. Aus den Semmelbröseln und etwas Olivenöl eine Mischung zubereiten und zur Seite stellen.

4) Aus der Kartoffelmasse einzelne Kroketten herstellen, diese dann jeweils gründlich in der Semmelbröselmasse wenden und für etwa 10 Minuten bei 180°C in der Heißluftfritteuse frittieren.

Kräuter-Ricotta-Kugeln

KH 20g | EW 13g | F 11g | kcal 226

Zubereitungszeit:	*30 min*
Portionen:	*4*
Schwierigkeit:	*leicht*

Zutaten

- 250g Ricottakäse
- 15g Basilikum (frisch)
- 15g Schnittlauch (frisch)
- 3 Scheiben Weißbrot (vom Vortag)
- 2 EL Weizenvollkornmehl
- 1 Ei
- 1 EL Orangenschale (frisch)
- etwas Olivenöl
- Salz und Pfeffer

Zubereitung

1) Den Ricotta in eine Schüssel geben. Das Ei trennen und das Eigelb mit dem Mehl, 1 Teelöffel Salz und Pfeffer vermengen. Basilikum und Schnittlauch waschen, trocken schütteln und sehr fein hacken. Die Orange heiß abwaschen und dann etwa 1 Teelöffel Schale abreiben und in die Schüssel geben. Zu einer glatten Masse verkneten.

2) Nun die Hände anfeuchten und die Mischung zu 20 gleich großen Bällchen formen. Die Bällchen zur Seite stellen und dann die Brotscheiben zu Semmelbröseln verarbeiten. Mit dem Olivenöl vermengen und gemeinsam in einen tiefen Teller geben. In eine weitere Schüssel das Eiweiß geben und kurz cremig schlagen.

3) Die Bällchen als erstes in dem Eiweiß und danach in den Semmelbröseln wenden. Je nach Größe des Frittiereinsatzes die Bällchen alle auf einmal oder in zwei Portionen garen. Bei 200°C für etwa 9 Minuten goldbraun backen. Dazu kann man nach Belieben einen Dip oder Gemüse zubereiten.

Kartoffelwürfel mit Zucchininudeln und Jo-Creme

KH 45g | EW 5g | F 7g | kcal 258

Zubereitungszeit:	*40 min*
Portionen:	*4*
Schwierigkeit:	*leicht*

Zutaten

- 800g Kartoffeln (mehlig kochend)
- 250g Zucchini
- 150ml Joghurt (griechisch)
- 2 EL Olivenöl
- 1 EL Paprikapulver (scharf)
- Pfeffer (schwarz, frisch gemahlen)

Zubereitung

1) Die Kartoffeln schälen und in Würfel schneiden. Die Würfel unter Wasser abspülen, abtropfen lassen und mit einem Küchenpapier trocknen.

2) In eine mittelgroße Schüssel 1 EL Olivenöl geben und mit dem Paprikapulver vermischen. Mit Pfeffer abschmecken. Die Kartoffelwürfel darin wenden und in den Frittiereinsatz legen. Nun für etwa 20 Minuten bei 180°C backen, bis sie gar und goldbraun sind.

3) Währenddessen die Zucchini heiß abwaschen und anschließend in schmale Streifen schneiden oder mithilfe eines Spiralschneiders zerkleinern. Nach 10 Minuten zu den Kartoffelwürfeln geben. Dabei die Würfel einmal wenden.

4) Nun den griechischen Joghurt in eine Schüssel geben und mit dem Olivenöl verrühren. Salzen und pfeffern und das Paprikapulver darüber geben. Sobald die Kartoffeln und Zucchini fertig sind, auf einem Teller anrichten. Den Joghurtdip darüber geben.

Schinken-Muffins mit Käsefüllung

KH 8g | EW 23g | F 16g | kcal 265

Zubereitungszeit:	*40 min*
Portionen:	*4*
Schwierigkeit:	*leicht*

Zutaten

- 100ml Milch (1,5% Fett)
- 100g Schinken (etwa 8 Scheiben)
- 80g Greyerzer Käse
- 70g Schalotten
- 10g Petersilie
- 4 Eier
- Salz und Pfeffer
- Silikon Muffinformen

Zubereitung

1) Die Schale der Schalotten entfernen und anschließend fein würfeln. Den Käse mithilfe einer Reibe komplett fein reiben. Mit der Milch in einer Schüssel vermengen. Die Eier hinzufügen.

2) Nun mit Salz und Pfeffer abschmecken und alles gründlich miteinander vermengen. Die Petersilie waschen, trocken schütteln und klein hacken. Ebenfalls mit in die Masse geben.

3) Die Muffins mit je einer Scheibe Schinken auslegen und anschließend die Eimasse hineingeben. Bei 160°C in der Heißluftfritteuse für etwa 20 Minuten frittieren.

Ravioli im Parmesanmantel

KH 31g | EW 13g | F 14g | kcal 267

Zubereitungszeit: *30 min*
Portionen: *4*
Schwierigkeit: *leicht*

Zutaten

- 400g Ravioli
- 200g Tomatensoße (Napoletana)
- 50g Semmelbrösel
- 50g Parmesan
- 10g Schnittlauch
- 10g Basilikum
- 1 Ei
- etwas Olivenöl
- Meersalz und Pfeffer

Zubereitung

1) Zunächst den Schnittlauch waschen, trocken schütteln und fein hacken. Das Ei in einer Schüssel verquirlen und den Schnittlauch hinzufügen. Mit Salz und Pfeffer würzen.

2) Den Parmesan mithilfe einer Reibe reiben und gemeinsam mit den Semmelbröseln in eine weitere Schüssel geben. Nun die Ravioli nacheinander zunächst in der Eimischung und anschließend in der Semmelbröselmischung wenden.

3) Alle Ravioli mit dem Olivenöl bestreichen und dann bei 180°C für etwa 10 Minuten in der Heißluftfriteuse frittieren.

4) Währenddessen das Basilikum waschen, trocken schütteln und fein hacken. Nach den 10 Minuten nun die Tomatensoße und das Basilikum über die Ravioli geben, mit Salz und Pfeffer abschmecken. Dann für weitere 5 Minuten garen.

5) Anschließend gemeinsam servieren. Nach Bedarf mit Parmesan garnieren.

Tintenfische gefüllt

KH 12g | EW 11g | F 22g | kcal 291

Zubereitungszeit:	*40 min*
Portionen:	*4*
Schwierigkeit:	*leicht*

Zutaten

- 250g Tintenfische (klein)
- 50g Semmelbrösel
- 2 Knoblauchzehen
- 10g Petersilie
- 1 Ei
- etwas Olivenöl
- Salz und Pfeffer

Zubereitung

1) Zunächst die Tintenfische kurz abspülen. Die Tentakeln entfernen und anschließend beide Komponenten noch einmal gründlich waschen.

2) Die Petersilie waschen, trocken schütteln und grob hacken. Gemeinsam mit den Tentakeln in einen Mixbehälter geben. Die Knoblauchzehen schälen und klein hacken. Gemeinsam mit den Semmelbröseln in das Mixbehältnis geben. Mit dem Ei, etwas Öl, Salz und Pfeffer ergänzen. Nun alles gründlich miteinander vermengen.

3) Anschließend die gefertigte Masse in die Tintenfische füllen. Diese dann in ein Frittierbehältnis geben und für etwa 20 Minuten bei 180°C frittieren.

Lachscrunchwürfel auf Fenchelstreifen

KH 36g | EW 20g | F 12g | kcal 337

Zubereitungszeit: *40 min*
Portionen: *3*
Schwierigkeit: *leicht*

Zutaten

- 200g Lachsfilet
- 100g Cornflakes
- 10g Vollkornweizenmehl
- 5ml Balsamico Essig
- 1 Fenchelknolle
- 1 Prise Zucker
- 1 Zitrone
- 1 Ei
- etwas Olivenöl
- Salz und Pfeffer

Zubereitung

1) Die Zitrone heiß waschen, etwas Schale in eine Schüssel reiben und dann den Saft ebenfalls dazu pressen. Das Lachsfilet in kleine Würfel schneiden. Zu dem Zitronensaft Salz und Pfeffer geben und darin die Lachswürfel für etwa 10 Minuten einlegen.

2) Währenddessen das Ei in eine Schüssel geben und verquirlen. Die Cornflakes in einer weiteren Schüssel zerbröseln. In eine dritte Schüssel das Mehl geben. Die Lachswürfel zunächst in dem Ei, dann in dem Mehl und zu guter Letzt in den Cornflakes wenden. Danach in der Heißluftfritteuse für etwa 7 Minuten bei 190°C backen.

3) In der Zwischenzeit den Fenchel waschen, halbieren und den Strunk herausschneiden. Anschließend in schmale Streifen schneiden. Mit dem restlichen Zitronensaft, Pfeffer, Salz und Olivenöl vermischen und abschmecken. Etwa 10 Minuten darin einlegen.

4) Sobald die beide Komponenten fertig sind, die Lachswürfel auf dem Fenchel anrichten und den Balsamico darüber träufeln.

Gemüse-Couscous Snackball

KH 36g | EW 18g | F 13g | kcal 338

Zubereitungszeit:	*30 min*
Portionen:	*4*
Schwierigkeit:	*leicht*

Zutaten

- 250ml Gemüsebrühe
- 150g Frischkäse
- 125g Couscous
- 100g Schinken
- 50g Karotten
- 50g Haferflocken
- 50g saure Sahne

- 10g Kräuter (gehackt)
- 1 Frühlingszwiebel
- 1 Ei
- 1 Zitrone
- etwas Olivenöl
- Salz und Pfeffer

Zubereitung

1) Zunächst den Couscous in den Frittiereinsatz geben und mit der Brühe bedecken. Bei etwa 100°C für etwa 10 Minuten garen lassen.

2) Die Schale der Karotten entfernen und anschließend die Karotten in feine Scheiben schneiden. Die Frühlingszwiebel heiß abwaschen und dann in Ringe schneiden. Den Schinken klein würfeln. Alle Zutaten in eine Schüssel geben.

3) Das Ei und die Haferflocken ebenfalls hineingeben. Alles gründlich miteinander vermengen. Mit den Kräutern, dem Salz und Pfeffer abrunden. Sobald der Couscous einigermaßen abgekühlt ist, diesen ebenfalls in die Masse geben.

4) Aus der Masse nun gleichmäßige Kugeln formen. Etwa einen Esslöffel Olivenöl in die Heißluftfriteuse geben, die Bälle hineingeben und für etwa 8 Minuten bei 180°C frittieren.

5) Währenddessen die Zitrone heiß abwaschen. Etwas Schale abreiben und anschließend gemeinsam mit dem Saft der Zitrone in eine Schüssel geben. Gemeinsam mit dem Frischkäse und der sauren Sahne zu einem Dip verrühren. Mit Salz, Pfeffer und nach Belieben noch mit einigen Kräutern garnieren.

Würzige Hackbällchen

KH 11g | EW 25g | F 23g | kcal 350

Zubereitungszeit: *30 min*
Portionen: 6
Schwierigkeit: *leicht*

Zutaten

- 750g Rinderhack
- 100g Zwiebeln
- 30g Semmelbrösel
- 3 Stiele Petersilie
- 1 Weizenbrötchen (vom Vortag)
- etwas Olivenöl
- Salz und Pfeffer

Zubereitung

1) Das Weizenbrötchen in etwas Wasser einweichen und anschließend ausdrücken. Die Schale der Zwiebeln entfernen, dann die Zwiebel fein hacken und in eine Schüssel geben. Das Rinderhack und das eingeweichte Brötchen dazu geben.

2) Die Petersilie waschen, trocken schütteln und klein hacken. Gemeinsam mit 2 Esslöffeln Olivenöl in die Schüssel geben und dann alles zu einem einheitlichen Teig verkneten. Mit Salz und Pfeffer würzen.

3) Aus dem Teig nun kleine Bällchen formen. Die Semmelbrösel in einen tiefen Teller geben und die Bällchen darin nacheinander wälzen. In den Fritteuseeinsatz geben und dann für etwa 20 Minuten bei 200°C frittieren.

Säckchen mit Fetakäse

KH 38g | EW 15g | F 17g | kcal 360

Zubereitungszeit: *30 min*
Portionen: *2*
Schwierigkeit: *leicht*

Zutaten

- 100g Fetakäse
- 70g Frühlingszwiebel
- 5 Platten Filo Teig
- 2 Stiele Petersilie
- 1 Eigelb
- etwas Olivenöl
- Pfeffer (schwarz, frisch gemahlen)

Zubereitung

1) Das Ei aufschlagen, trennen und das Eigelb in einer Schüssel verquirlen. Das Eiweiß für ein anderes Rezept verwenden. Den Fetakäse klein schneiden und ebenfalls in eine Schüssel geben. Die Petersilie waschen, trocken schütteln und klein hacken. Die Frühlingszwiebel waschen und in dünne Ringe schneiden. Alle Zutaten zu dem Ei geben, miteinander vermengen und mit dem Pfeffer abschmecken.

2) Die Filo-Teigplatten auf einer bemehlten Arbeitsfläche ausbreiten und in jeweils drei Streifen schneiden. Einen Teelöffel der Fetamischung in die Mitte der Teigstreifen geben. Die Ecken des Teiges einschlagen, bis ein Säckchen entsteht.

3) Die Säckchen mit etwas Olivenöl bestreichen und dann in den Frittiereinsatz geben. Dann in der Heißluftfritteuse bei 200°C für etwa 5 Minuten goldbraun backen. Sollten bei dem ersten Durchgang nicht alle Säckchen hineingepasst haben, diesen Vorgang wiederholen.

Bälle aus Kürbis

KH 50g | EW 20g | F 10g | kcal 387

Zubereitungszeit:	*30 min*
Portionen:	*2*
Schwierigkeit:	*leicht*

Zutaten

- 450g Hokkaido Kürbis
- 100g Frischkäse
- 100g Semmelbrösel
- 1 Ei
- 1 Bund Schnittlauch
- 1 Bund Petersilie
- Salz und Pfeffer

Zubereitung

1) Zunächst die Schale des Kürbisses entfernen. Entkernen und dann das Kürbisfleisch mithilfe einer Reibe fein raspeln. Auf ein Küchentuch geben und damit die Flüssigkeit aus den Raspeln nehmen.

2) In einer Schüssel den Frischkäse mit den Semmelbröseln vermengen. Das Ei aufschlagen und ebenfalls in die Schüssel geben. Gründlich miteinander vermengen. Die Kürbisraspeln ebenfalls hineingeben.

3) Währenddessen die Heißluftfriteuse auf 180°C vorheizen.

4) Den Schnittlauch und die Petersilie waschen, trocken schütteln und fein hacken. Mit dem Salz in die Masse geben und alles gründlich miteinander verkneten. Mithilfe eines Löffels portionieren und zu gleichmäßigen Bällen formen.

5) Die Bällchen in den Fritteuseeinsatz geben und von beiden Seiten für jeweils 5 Minuten frittieren.

Zucchini Blätterteigrosen mit Parmesan

KH 24g | EW 12g | F 30g | kcal 411

Zubereitungszeit: *30 min*
Portionen: *4*
Schwierigkeit: *leicht*

Zutaten

- 250g Blätterteig
- 150g Weichkäse
- 150g Zucchini
- 6 TL Parmesan
- Salz und Pfeffer
- 6 Muffinformen aus Silikon

Zubereitung

1) Zunächst den Weichkäse und den Parmesan fein reiben. Die Zucchini mit heißem Wasser abspülen und die Enden abtrennen. Die Zucchini längs halbieren und in sehr dünne Scheiben schneiden.

2) Den Blätterteig ausrollen und in 6 gleichgroße Streifen der Länge nach schneiden. An den oberen Rand die Zucchinischeiben dicht aneinander legen. Mit Parmesan und Weichkäse bestreuen und mit Pfeffer und Salz würzen. Die Blätterteigstreifen von unten über die Zucchinischeiben klappen. Den Streifen zu einer Rose einrollen.

3) Die Muffinformen leicht einfetten und dann die Blätterteig-Rosen hineinsetzen. In der Heißluftfritteuse bei 200°C für etwa 20 Minuten backen.

Kartoffel-Blumenkohlauflauf in Käse-Sahnesoße

KH 24ag | EW 18g | F 29g | kcal 431

Zubereitungszeit:	*50 min*
Portionen:	*4*
Schwierigkeit:	*leicht*

Zutaten

- 250g Kartoffeln (mehlig-kochend)
- 200g Blumenkohl
- 125g Schmand
- 100ml Schlagsahne
- 100g Emmentaler
- 80g Frühlingszwiebeln
- 3 Eier
- 2 Knoblauchzehen
- 1 Prise Kümmel
- ½ Bund Petersilie
- ½ Bund Schnittlauch
- Salz und Pfeffer

Zubereitung

1) Zuerst leicht gesalzenes Wasser in einem großen Topf zum Kochen bringen. Die Kartoffeln schälen und würfeln. Den Blumenkohl gründlich waschen. Die Röschen entfernen und kleiner schneiden oder im Ganzen lassen. Beides in dem gesalzenen Wasser für etwa 10 Minuten bissfest garen. Dann abgießen und abtropfen lassen.

2) Den Emmentaler mit einer Reibe fein reiben. Die Petersilie waschen, trocken schütteln und fein hacken. Die Lauchzwiebeln waschen und in feine Ringe schneiden. Den Knoblauch schälen und durch eine Knoblauchpresse geben. Die Kartoffeln, den Blumenkohl und die Lauchzwiebelringe in die Heißluftfritteuse geben. Mit dem Knoblauch, der Petersilie, Salz, Pfeffer und dem Kümmel ergänzen.

3) Danach 3 Eier miteinander verquirlen. Den Schmand, die Schlagsahne und den Emmentaler hinzugeben und glatt rühren. Den Schnittlauch waschen, trocken schütteln, klein hacken und dann in die Soße mischen. Über die Kartoffelmischung geben und dann in der Heißluftfritteuse für etwa 30 Minuten bei 175°C backen.

Wintergemüse

KH 42g | EW 16g | F 25g | kcal 462

Zubereitungszeit: *40 min*
Portionen: *2*
Schwierigkeit: *leicht*

Zutaten
- 250g Kartoffeln (mehlig kochend)
- 250g Karotten
- 150g Fetakäse
- 70g Sellerie
- 5g Ingwer
- ½ Fenchelknolle
- etwas Sonnenblumenöl
- Salz und Pfeffer

Zubereitung

1) Die Kartoffeln und die Karotten schälen. Den Sellerie und die Fenchelknolle putzen. Vom Fenchel die Außenblätter entfernen und den Strunk herausschneiden. Den Fenchel und den Sellerie klein würfeln.

2) Etwas Öl in eine Schüssel geben. Mit dem Salz und Pfeffer vermengen. Die Schale des Ingwers entfernen, klein hobeln und in das Öl mischen. Das Gemüse in den Fritteuseeinsatz geben und dann mit der Ölmischung übergießen. Bei 200°C für etwa 20 Minuten garen lassen.

3) Währenddessen den Fetakäse würfeln. Nach der Hälfte der Zeit das Gemüse einmal durchmischen. Den Fetakäse darüber geben und für weitere 10 Minuten garen lassen. Nach Belieben kann auch noch mit etwas Zimt gewürzt werden.

Marinierter Ziegenkäse auf Feldsalat

KH 18g | EW 20g | F 35g | kcal 465

Zubereitungszeit: *30 min*
Portionen: *2*
Schwierigkeit: *leicht*

Zutaten

- 200g Feldsalat
- 200g Ziegenkäse
- 20g Pinienkerne
- 10g Honig
- 1 Zitrone
- etwas Olivenöl
- Meersalz und Pfeffer

Zubereitung

1) Zuerst die Pinienkerne klein hacken. In eine Schüssel geben und mit dem Olivenöl vermischen. Mit Salz und Pfeffer würzen.

2) Den Ziegenkäse währenddessen halbieren und mit dem Honig gründlich einstreichen. Anschließend die Öl Mischung darüber geben. Nun für etwa 10 Minuten bei 180°C in die Heißluftfritteuse geben.

3) In der Zwischenzeit den Feldsalat in ein Sieb geben und gründlich abspülen. Anschließend klein schneiden. Die Zitrone heiß abwaschen und etwas Schale abreiben. Nun die abgeriebene Zitronenschale und etwas Zitronensaft über den Feldsalat geben und den frittierten Ziegenkäse darauf servieren.

Spinatdreiecke

KH 35g | EW 19g | F 32g | kcal 491

Zubereitungszeit:	*50 min*
Portionen:	*4*
Schwierigkeit:	*leicht*

Zutaten

- 750g Blattspinat
- 250g Blätterteig
- 250g Schafskäse
- 50g Zwiebel
- 50g Frühlingszwiebel
- 10g Dill
- 2 Knoblauchzehen
- 2 EL Butter
- Salz und Pfeffer

Zubereitung

1) Den Blattspinat in ein Sieb geben und gründlich unter kaltem Wasser auswaschen. In einem Topf Wasser zum Kochen bringen. Etwas Salz hinein geben und darin dann den Spinat blanchieren lassen. Sobald der Spinat fertig ist in Eiswasser geben.

2) Währenddessen in einem kleinen Topf die Butter schmelzen lassen. Die Frühlingszwiebeln waschen. Die Schale der Zwiebel entfernen und beides fein hacken. Nun den Spinat ebenfalls fein hacken und gemeinsam mit der Zwiebel und den Frühlingszwiebeln in einer Schüssel vermischen.

3) Die Schale des Knoblauchs entfernen und durch eine Knoblauchpresse geben. Den Schafskäse in die Spinatmischung bröseln und den Knoblauch hinzugeben. Mit Salz und Pfeffer würzen.

4) Den Blätterteig ausrollen und in gleichmäßige Quadrate schneiden, sodass insgesamt 12 Teigquadrate entstehen. In die Mitte jedes Quadrates nun etwas Spinatmischung geben, zusammenklappen, sodass ein Dreieck entsteht und mithilfe einer Gabel festdrücken. Die Dreiecke mit der zerlassenen Butter bestreichen und dann bei 180°C für etwa 25 Minuten in der Heißluftfritteuse frittieren.

Mediterrane Spieße

KH 57g | EW 4g | F 20g | kcal 406

Zubereitungszeit: *30 min*
Portionen: *4*
Schwierigkeit: *leicht*

Zutaten

- 150g Trockenpflaumen
- 150g Aprikosen
- 150g Datteln
- 100g Speck (durchwachsen)
- 50 g Halloumi
- 10g Honig
- etwas mediterrane Kräuter
- etwas Olivenöl
- Holzspieße

Zubereitung

1) Zunächst die Trockenpflaumen halbieren. Die Aprikosen gründlich waschen, halbieren und den Kern entfernen. Den Halloumi in grobe Würfel schneiden.

2) Nun abwechselnd auf einen Holzspieß aufspießen: eine halbe Pflaume, einen Halloumiwürfel, eine Aprikosenhälfte, eine Dattel, eine Aprikosenhälfte, einen Halloumiwürfel und mit einer Pflaumenhälfte abschließen. So lange wiederholen bis alle Zutaten aufgebraucht sind.

3) In einer Schüssel etwas Olivenöl mit Honig vermengen. Die Mediterranen Kräuter hineinmischen. Damit die Spieße gründlich einreiben. Zu guter Letzt mit dem Speck ummanteln.

4) Für etwa 10 Minuten bei 180°C, am besten auf einem Grillrost, in die Heißluftfritteuse geben.

Baguette mit Champignon-Topping

KH 32g | EW 9g | F 41g | kcal 523

Zubereitungszeit:	*60 min*
Portionen:	*4*
Schwierigkeit:	*leicht*

Zutaten

- 400g Champignons (frisch)
- 200g Baguette
- 150g Margarine
- 70g Schalotte
- 40g Walnusskerne
- 10g Petersilie
- etwas Olivenöl
- Salz und Pfeffer

Zubereitung

1) Zuerst die Schale der Schalotte entfernen und diese anschließend in feine Würfel schneiden. Etwas Olivenöl in den Frittierbehälter geben und dann die Schalotten darin bei 180°C für etwa 20 Minuten frittieren.

2) Die Champignons gründlich waschen, in schmale Scheiben schneiden und nach etwa 3 Minuten mit in die Heißluftfritteuse geben. Gemeinsam für die restliche Zeit frittieren.

3) Anschließend beides aus der Fritteuse nehmen und in einen Mixer geben. Die Margarine und die Walnüsse hinzufügen. Die Petersilie waschen, trocken schütteln, halbieren und ebenfalls in den Behälter geben. Mit Salz und Pfeffer abschmecken. Dann so lange mixen bis eine einheitliche Masse entstanden ist. Nun im Kühlschrank abkühlen lassen.

4) Das Baguette in etwa 2 Finger breite Scheiben schneiden. In die Heißluftfriteuse geben und dort für 15 Minuten rösten. Dabei einmal wenden. Danach die zuvor gefertigte Masse auf den Baguettescheiben verteilen und genießen. Nach Belieben noch mit etwas Petersilie garnieren.

Blätterteigkringel mit Schinken und Käse

KH 28g | EW 24g | F 41g | kcal 571

Zubereitungszeit: 40 min
Portionen: 4
Schwierigkeit: leicht

Zutaten

- 250g Blätterteig
- 150g Emmentaler
- 75g Schinken
- 75g Speck
- 70g Frühlingszwiebeln
- 5 EL Frischkäse
- 3 Stiele Schnittlauch
- 3 Stiele Dill
- 1 Eiweiß
- Salz und Pfeffer

Zubereitung

1) Die Frühlingszwiebeln waschen und klein hacken. Den Käse mithilfe einer Reibe klein reiben. Den Schinken und den Speck klein würfeln. Das Ei trennen. Das Eigelb für ein anderes Rezept nutzen und das Eiweiß in eine mittlere Schüssel geben.

2) Den Frischkäse mit den Frühlingszwiebeln, dem Käse, dem Schinken und dem Speck zu dem Eiweiß geben und alles gut miteinander vermischen. Mit Salz und Pfeffer würzen. Den Blätterteig auf einer leicht bemehlten Arbeitsfläche ausrollen. Die Masse gleichmäßig darauf verstreichen und den Rand freilassen. Fest einrollen und für 15 Minuten einfrieren.

3) Danach die Teigrolle in 2 Finger breite Scheiben schneiden. Die Grillplatte der Heißluftfritteuse nutzen, darauf die Schnecken platzieren und dann bei 200°C für etwa 15 Minuten backen.

Heißluftfritteuse
Nachspeisen

Rezept Welt

Apfelbeutel

KH 24g | EW 4g | F 13g | kcal 227

Zubereitungszeit:	*30 min*
Portionen:	*6*
Schwierigkeit:	*leicht*

Zutaten

- 270g Blätterteig
- 200g Äpfel
- 30g Apfelmus
- 10ml Milch (1,5% Fett)
- 10g Zucker
- 5g Zimt
- 1 Ei

Zubereitung

1) Zunächst die Schale der Äpfel entfernen. Anschließend vierteln und das Kerngehäuse ebenfalls entfernen. Nun in kleine Würfel schneiden. In eine Schüssel geben und das Apfelmus hinzufügen. Mit Zimt und Zucker süßen.

2) Den Blätterteig auf einer leicht bemehlten Arbeitsfläche ausrollen und in gleich große Quadrate teilen, sodass es am Ende etwa 12 sind. In die Mitte jedes Quadrates die soeben hergestellte Füllung geben. Anschließend zuklappen und mit einer Gabel die Ränder verschließen.

3) Das Ei in ein Schüssel geben und darin mit der Milch verquirlen. Damit die Apfelbeutel bestreichen und dann in der Heißluftfritteuse bei 180°C für etwa 10 Minuten frittieren.

Frucht-Chips

KH 40g | EW 2g | F 9g | kcal 243

Zubereitungszeit: *30 min*
Portionen: *6*
Schwierigkeit: *leicht*

Zutaten

- 550g Birnen
- 400g Apfel
- 300g Aprikosen
- 300g Bananen
- 40g Walnussöl
- 20g Mandeln (gehackt)
- 10g Zucker
- 10g Zimt

Zubereitung

1) Zunächst die Birnen, die Aprikosen und die Äpfel gründlich waschen. Anschließend die Birnen und die Äpfel halbieren, das Kerngehäuse entfernen und nach Belieben die Schalen entfernen. Dann in kleine Würfel schneiden.

2) Die Aprikosen ebenfalls halbieren, den Kern entfernen und in kleine Würfel schneiden. Die Bananen schälen und dann in schmale Scheiben schneiden.

3) Alle Fruchtstücke in den Frittiereinsatz geben. In einer Schüssel den Zimt mit dem Zucker vermischen. Das Öl über die Früchte geben und dann mit der Zimt-Zucker Mischung und den Mandeln gleichmäßig bedecken.

4) Für etwa 20 Minuten bei 180°C in der Heißluftfritteuse zubereiten.

Zitronige Muffins mit Blaubeeren

KH 40g | EW 8g | F 7g | kcal 265

Zubereitungszeit:	*30 min*
Portionen:	*10*
Schwierigkeit:	*leicht*

Zutaten

- 500g Vollkornweizenmehl
- 200g Blaubeeren
- 100g Zucker
- 100ml Schlagsahne
- 2 Eier
- 1 Zitrone
- 1 EL Avocado Öl
- 1 TL Vanillezucker
- 10 Muffinformen aus Silikon

Zubereitung

1) Zunächst in einer Schüssel das Mehl mit dem Zucker vermischen. Die Zitrone heiß abwaschen. Die Schale etwas in die Schüssel hineinreiben und den Saft der Zitrone ebenfalls in die Schüssel geben.

2) Die Eier in einer Schüssel miteinander verquirlen. Gemeinsam dem Öl, dem Vanillezucker und der Sahne zu der Mehl Mischung geben und alles gründlich miteinander zu einem glatten Teig verkneten.

3) Die Blaubeeren in eine Schüssel geben und mit lauwarmen Wasser abwaschen. Gegebenenfalls Stiele entfernen oder halbieren und dann 2/3 mit in den Teig mischen. Anschließend den Teig auf die Formen aufteilen, die restlichen Blaubeeren darüber geben und dann bei 180°C für etwa 8 Minuten backen lassen.

Schokoschnitten

KH 24g | EW 4g | F 19g | kcal 282

Zubereitungszeit:	*40 min*
Portionen:	*6*
Schwierigkeit:	*leicht*

Zutaten

- 75g Zartbitterschokolade
- 75g Butter
- 60g Zucker
- 40g Weizenmehl
- 25g Walnüsse
- 1 Ei
- 1 Päckchen Vanillezucker
- 1 Prise Backpulver
- 1 Prise Salz

Zubereitung

1) Die Butter in einem kleinen Topf bei mittlerer Hitze zerlassen. Die Schokolade klein hacken und dann in der zerlassenen Butter auflösen. Danach abkühlen lassen.

2) Das Ei in einer Schüssel verquirlen. Den Vanillezucker, eine Prise Salz und Zucker dazu geben. Zu einer leichten und cremigen Masse aufschlagen. Anschließend die Schokoladenmischung unterheben. Das Mehl und das Backpulver in einer Schüssel vermengen. Die Nüsse klein hacken und dann alles zusammen unter die Masse heben.

3) Einen Streifen Backpapier in den Fritteuseeinsatz legen und dann den Teig darauf verteilen. Nun für etwa 20 Minuten bei 180°C in der Heißluftfritteuse backen lassen. Nach den 20 Minuten mithilfe eines Stabes testen, ob die Brownies schon durch sind. Die Oberfläche sollte knusprig und das Innere schön weich sein. Dann die Brownies abkühlen lassen und anschließend in 12 Stücke schneiden.

Soufflé

KH 35g | EW 15g | F 10g | kcal 290

Zubereitungszeit:	*40 min*
Portionen:	*4*
Schwierigkeit:	*leicht*

Zutaten

- 250g Magerquark
- 75g Zucker
- 50g Weizenmehl
- 50ml Milch (1,5% Fett)
- 25g Grieß
- 25g Butter
- 2 Eier
- 1 Prise Salz
- ½ Päckchen Vanillezucker

Zubereitung

1) Die Eier in zwei Schüsseln trennen. Danach das Eigelb zusammen mit dem Zucker schaumig schlagen. Den Magerquark unterheben. Anschließend das Mehl, den Grieß und den Vanillezucker hinzufügen. Mit einer Prise Salz abschmecken und dann alle Zutaten miteinander verrühren.

2) Nun das Eiweiß in der zweiten Schüssel zu Eischnee schlagen und locker unter den Teig heben. Zu einer glatten Masse vermischen.

3) Die Milch in eine Schüssel geben. Die Butter in kleine Flocken teilen und in die Milch geben. Danach die Milchmischung in den Frittiereinsatz geben. Nun den zuvor hergestellten Teig darüber gießen und dann in der Heißluftfritteuse bei 180°C für etwa 15 Minuten backen.

Hawaii Streifen

KH 45g | EW 6g | F 17g | kcal 346

Zubereitungszeit:	*20 min*
Portionen:	*4*
Schwierigkeit:	*leicht*

Zutaten

- 800g Ananas
- 100g Kokosnussraspeln
- 100g Vollkornweizenmehl
- 10g Honig
- 1 Zitrone

Zubereitung

1) Zunächst die Schale und den Strunk der Ananas entfernen. Anschließend das Fruchtfleisch in schmale Streifen schneiden. Das Mehl in eine breite Schale geben und darin die Ananasstreifen wenden.

2) In eine Schüssel den Honig geben. Die Zitrone heiß abwaschen. Etwas Schale abreiben und gemeinsam mit dem Saft zu dem Honig geben. Nun die Ananasstreifen in der Zitronenmischung kurz einlegen.

3) In eine dritte Schüssel die Kokosraspeln geben und darin nun zum Schluss die Streifen wenden. Sobald diese Schritte mit alle Streifen vollzogen wurden, für etwa 6 Minuten bei 180°C in die Heißluftfritteuse geben.

Granatapfelpäckchen

KH 64g | EW 12g | F 4g | kcal 351

Zubereitungszeit:	*30 min*
Portionen:	*6*
Schwierigkeit:	*leicht*

Zutaten

- 400g Vollkornweizenmehl
- 300g Granatapfel
- 200ml Milch (1,5% Fett)
- 100g Zucker
- 100g Naturjoghurt (3,5% Fett)
- 1 Ei
- 1 EL Backpulver
- etwas Salz

Zubereitung

1) Zunächst die Granatäpfel vorbereiten. Dafür kurz abspülen und anschließend etwas rollen, sodass sich die Kerne etwas lösen. Dann die Granatäpfel halbieren und die Kerne in eine Schüssel geben.

2) In einer Schüssel den Zucker, mit dem Backpulver und 300g Mehl vermengen. Eine Prise Salz hinzufügen. Nun den Naturjoghurt und die Milch mit hineinrühren. In einer weiteren Schüssel das Ei verquirlen und ebenfalls in die Mischung geben. Alles gründlich zu einem glatten Teig verkneten.

3) Danach eine Arbeitsplatte bemehlen und darauf den Teig schmal ausrollen. Anschließend den Teig in gleichmäßige Quadrate schneiden von etwa 4cm Länge. In die Mitte der Quadrate je einen TL Granatapfelkerne geben. Den Teig zu einem Päckchen verschließen und dann bei 180°C für etwa 10 Minuten in die Heißluftfritteuse geben.

Apfel-Reis Kuchen

KH 46g | EW 9g | F 18g | kcal 374

Zubereitungszeit:	*60 min*
Portionen:	*4*
Schwierigkeit:	*leicht*

Zutaten

- 500ml Milch (1,5% Fett)
- 200g Äpfel
- 100g Rundkornreis
- 65g Butter
- 40g Zucker
- 10g Zimt
- 1 Zitrone
- 1 Ei
- etwas Salz

Zubereitung

1) Zunächst in einem Topf die Milch erwärmen. Anschließend den Reis hinzufügen. Mit etwas Salz abschmecken. Sobald der Reis weich geworden ist, den Zimt hinzufügen und alles gründlich miteinander vermischen. Danach vom Herd nehmen und abkühlen lassen.

2) Währenddessen die Äpfel und die Zitrone heiß abwaschen. Die Äpfel halbieren, das Kerngehäuse entfernen und anschließend in kleine Würfel schneiden. In eine Schüssel geben und mit dem Zitronensaft beträufeln. Mithilfe einer Reibe noch etwas Schale der Zitrone darüber reiben.

3) Das Ei trennen und dann das Eiweiß mit etwas Zucker steif schlagen. Die Butter in einem Topf zerlassen und dann mit dem Zucker cremig rühren. Das Eigelb und den Reis zu der Masse geben.

4) Nun das geschlagene Eiweiß und die Apfelstücke unterheben. Alles gründlich miteinander vermischen und dann in den Fritteuseeinsatz geben. Bei 180°C für etwa 35 Minuten backen.

Luftige Bällchen aus Quark

KH 64g | EW 18g | F 5g | kcal 382

Zubereitungszeit:	*30 min*
Portionen:	*4*
Schwierigkeit:	*leicht*

Zutaten

- 250g Magerquark
- 250g Weizenmehl
- 50g Zucker
- 2 Eier
- 2 Packungen Vanillezucker
- 2 TL Backpulver
- 1 TL Vanille Aroma
- 1 Vanilleschote
- etwas Butter

Zubereitung

1) Die Eier in einer Schüssel verquirlen. Mit dem Mehl, dem Quark und dem Zucker vermengen. Den Vanillezucker und das Backpulver untermischen. Die Vanilleschote längs aufschneiden und das Mark mit dem Vanille Aroma und der Butter in den Teig geben.

2) Alle Zutaten gründlich miteinander verkneten. Den Fritteuseeinsatz mit Backpapier auslegen. Den Teig in gleich große Kugeln teilen und dann auf dem Backpapier platzieren.

3) Anschließend die Quarkbällchen in der Heißluftfritteuse bei 190°C für etwa 12 Minuten backen. Nach etwa 8 Minuten vorsichtig mit einem Löffel wenden. Danach aus der Heißluftfritteuse nehmen, mit etwas Butter bestreichen und noch etwas Zucker darüber streuen. Nach Belieben können die Quarkbällchen auch mit etwas Puderzucker bestäubt werden.

Schmarrn mit Puderzucker

KH 37g | EW 19g | F 17g | kcal 384

Zubereitungszeit:	*30 min*
Portionen:	*2*
Schwierigkeit:	*leicht*

Zutaten

- 125ml Milch (1,5% Fett)
- 65g Weizenmehl
- 10g Zucker
- 10g Vanillezucker
- 10g Butter
- 3 Eier
- 1 Schuss Rum(-aroma)
- etwas Puderzucker
- etwas Salz

Zubereitung

1) In einer Schüssel die Milch mit dem Mehl vermischen. Mit dem Rum(-aroma) und dem Vanillezucker ergänzen. Die Eier in zwei verschieden Gefäße trennen. Das Eigelb direkt in die Schüssel mit hinein rühren.

2) Das Eiweiß in eine Schüssel geben und darin mit dem Zucker steif schlagen. Anschließend ebenfalls unter den Teig heben und alles zu einem gleichmäßigen Teig vermischen.

3) In die Heißluftfritteuse geben und mit etwas Butter bestreichen. Dann bei 180°C für etwa 10 Minuten in der Heißluftfritteuse backen lassen. Anschließend herausnehmen, etwas abkühlen lassen und mit dem Puderzucker garnieren. Nach Belieben in kleine Stücke zupfen.

Gebackene Apfelscheiben mit Zimt

KH 52g | EW 8g | F 19g | kcal 398

Zubereitungszeit:	*30 min*
Portionen:	*4*
Schwierigkeit:	*leicht*

Zutaten
- 550g Äpfel
- 270g Plunderteig
- 20g Haselnüsse (gehackt)
- 10g Zucker
- 1 Ei
- 1 TL Zimt

Zubereitung

1) Die Äpfel heiß waschen. Anschließend die Schale entfernen und die Kerngehäuse ausstechen. Nun in etwa 1cm breite Ringe schneiden. Den Zucker und den Zimt in eine Schüssel geben und miteinander vermengen. Die Apfelscheiben darin wenden.

2) Den Plunderteig in schmale Streifen schneiden. Die Apfelringe mit den Teigstreifen umwickeln. Das Ei aufschlagen und in einer Schüssel verquirlen. Die umwickelten Apfelscheiben mit dem Ei bepinseln und die gehackten Haselnüsse darüber streuen.

3) Dann in der Heißluftfritteuse die Apfelringe bei 180°C für etwa 12 Minuten backen. Herausnehmen, kurz abkühlen lassen und dann erneut mit etwas Zimt bestreuen und servieren. Nach Belieben kann auch noch etwas Orangen- oder Zitronensaft, inklusiver etwas abgeriebener Schale, für die Marinade der Apfelscheiben verwendet werden.

Küchlein mit Johannisbeeren

KH 50g | EW 9g | F 18g | kcal 406

Zubereitungszeit:	*30 min*
Portionen:	*4*
Schwierigkeit:	*leicht*

Zutaten

- 125g Vollkornweizenmehl
- 115g Zucker
- 100g Johannisbeeren (rot)
- 65g Butter
- 10g Backpulver
- 2 Eier
- etwas Milch

Zubereitung

1) Zunächst die Butter in einem kleinen Topf zerlassen. Währenddessen in einer Schüssel das Mehl mit dem Backpulver vermischen. Die Eier trennen, das Eigelb kurz verquirlen und dann zu dem Mehl geben.

2) Nun die Butter mit dem Zucker vermischen und dann zu der Mehl Mischung geben. Alles gründlich miteinander verrühren. Sollte der Teig zu fest sein etwas Milch einrühren.

3) Das Eiweiß mit etwas Zucker steif schlagen. Die Johannisbeeren in ein Sieb geben und gründlich abspülen. Die Stiele entfernen und dann unter das Eiweiß heben. Die Eiweißmasse unter die Mehlmasse heben und alles zu einem glatten Teig vermischen.

4) In den Frittiereinsatz geben und dann bei 180°C etwa für 15 Minuten backen.

Karotten-Nusskuchen mit Zitrone

KH 36g | EW 8g | F 26g | kcal 410

Zubereitungszeit:	*50 min*
Portionen:	*6*
Schwierigkeit:	*leicht*

Zutaten

- 125g Vollkornmehl
- 125g Karotten
- 100g Rohrzucker
- 90ml Olivenöl
- 75g Walnüsse
- 15g Zimt
- 15g Naturjoghurt (3,5% Fett)
- 2 Eier
- 1 Zitrone
- ½ Päckchen Backpulver
- etwas Salz

Zubereitung

1) In einer Schüssel das Vollkornmehl mit dem Olivenöl vermischen. Den Rohrzucker und den Zimt ebenfalls mit hinein mischen. Die Zitrone heiß abwaschen. Etwas Schale in den Teig reiben. Anschließend die Zitrone halbieren und ebenfalls in den Teig pressen.

2) Die Eier in einer Schüssel verquirlen und gemeinsam mit dem Naturjoghurt und dem Backpulver in den Teig geben.

3) Die Karotten schälen und anschließend in kleine Würfel schneiden. Die Nüsse ebenfalls in kleine Würfel hacken. Beides zu dem Teig geben und gleichmäßig mit einkneten.

4) Den Teig nun in den Frittierbehälter geben und dann bei 160°C für etwa 25 Minuten backen lassen.

Muffins mit Schokotopping

KH 34g | EW 5g | F 31g | kcal 438

Zubereitungszeit: *35 min*
Portionen: *10*
Schwierigkeit: *leicht*

Zutaten

- 325g Butter
- 250g Vanillepudding
- 125g Zucker
- 125g Weizenmehl
- 50g Puderzucker
- 50g Vollmilchschokolade
- 10g Kakaopulver
- 10ml Milch (1,5% Fett)
- 2 Eier
- 1 TL Backpulver
- etwas Salz
- 10 Muffin Silikonformen

Zubereitung

1) Zuerst 125g Butter in einem Topf zerlassen. Dann das Mehl in eine Schüssel geben. Das Kakaopulver und das Backpulver hinzufügen. In einer weiteren Schüssel die zerlassene Butter mit dem Zucker und dem Salz verrühren.

2) Die Eier miteinander verquirlen und gemeinsam mit der Milch in den Teig einrühren. Anschließend gleichmäßig auf die Silikonformen verteilen. Für etwa 15 Minuten bei 170°C in der Heißluftfritteuse backen lassen.

3) Währenddessen den Vanillepudding zubereiten. Die Schokolade klein hacken und unter den Pudding mischen und so zum Schmelzen bringen. Die restliche Butter ebenfalls in Stücke schneiden und zu einer schaumigen Masse verrühren.

4) Die Creme in einen Spritzbeutel geben und sobald die Muffins fertig sind als Topping darüber geben, sodass eine Haube entsteht. Nach Belieben etwas gehackte Schokolade darüber verteilen.

Zimtschnecken mit Beerenfüllung

KH 79g | EW 12g | F 10g | kcal 448

Zubereitungszeit:	*100 min*
Portionen:	*6*
Schwierigkeit:	*mittel*

Zutaten

- 500g Weizenmehl
- 200ml Milch (1,5% Fett)
- 100g Himbeeren
- 100g Erdbeeren
- 70g Zucker
- 50g Butter
- 25g Hefe
- 15g Zimt
- 1 Ei
- 1 Limette
- 1 Prise Salz
- Zimt und Zucker zum Bestreuen

Zubereitung

1) Zuerst die Butter in einem Topf zerlassen. Die Milch hinzufügen und anschließend die Hefe darin auflösen lassen. Zu guter Letzt noch 50g Zucker ebenfalls auflösen lassen. Abkühlen lassen.

2) In einer Schüssel das Ei verquirlen und mit dem Mehl vermengen. Die Hefemischung hinzugeben und dann zu einem glatten Teig verkneten. Zugedeckt für etwa 1 Stunde quellen lassen.

3) Währenddessen die Beeren gründlich waschen, klein würfeln und in einer Schüssel mit dem restlichen Zucker und dem Zimt vermengen. Die Limette heiß abwaschen. Etwas Schale abreiben und gemeinsam mit dem Saft der halben Limette über die Beeren geben.

4) Sobald der Teig fertig gequollen ist, erneut kneten und dann auf einer bemehlten Arbeitsfläche ausrollen. Nun einmal quer halbieren, anschließend in etwa 3 Finger breite Streifen schneiden. Die Beeren-Mischung gelichmäßig auf den Streifen verteilen und aufrollen. In den Frittiereinsatz geben und dann bei 180°C für etwa 18 Minuten backen lassen. Nach der Hälfte der Zeit einmal wenden.

Teigkugeln mit Marmeladenfüllung

KH 92g | EW 11g | F 4g | kcal 455

Zubereitungszeit:	*150 min*
Portionen:	*6*
Schwierigkeit:	*mittel*

Zutaten

- 500g Weizenmehl
- 200g Erdbeermarmelade
- 250ml Milch (1,5% Fett)
- 100g Zucker
- 10g Butter
- 3 Eigelb
- 1 Würfel Hefe
- 1 Prise Zucker
- etwas Puderzucker
- 1 große Backspritze für die Füllung

Zubereitung

1) In einem kleinen Topf 150ml Milch erwärmen. Die Hefe hineinbröseln und auflösen lassen. Nun 3 Esslöffel Mehl und eine Prise Zucker einrühren. Danach für einige Minuten quellen lassen.

2) Den Zucker und das Eigelb in eine Schüssel geben und miteinander verrühren, bis sich der Zucker aufgelöst hat. Das Mehl hinzufügen und unterrühren, bis ein trockener Teig entsteht. Die restliche Milch nach und nach unterrühren und alle Zutaten zu einem glatten Teig mixen. Die Hefe zufügen und mit unterrühren. Mit einem Tuch bedecken und für etwa 1 Stunde quellen lassen.

3) Anschließend den Hefeteig auf einer bemehlten Arbeitsfläche ausrollen. Den Teig in zwölf gleich große Kugeln formen. Mit einem sauberen Handtuch bedecken und für weitere 15 Minuten quellen lassen. Mit der Butter bestreichen. Dann in die Heißluftfritteuse für etwa 10 Minuten bei 190°C backen.

4) Die Marmelade in einer Schale geben und dann in die Spritze geben. Auf die leicht abgekühlten Teigbälle geben. Danach den Puderzucker darüber streuen und komplett auskühlen lassen.

Käsekuchen

KH 46g | EW 21g | F 22g | kcal 473

Zubereitungszeit: *40 min*
Portionen: *4*
Schwierigkeit: *leicht*

Zutaten

- 500g Ricotta
- 150g Zucker
- 3 Eier
- 3 EL Maisstärke
- 1 Zitrone
- 1 Vanilleschote

Zubereitung

1) Zunächst die Eier in eine Schüssel geben. Den Zucker hineingeben und beides gründlich miteinander vermischen. Die Maisstärke ebenfalls einrühren.

2) Den Ricotta hinzufügen und einen glatten Teig kneten. Die Vanilleschote einschneiden und das Mark untermischen. Die Zitrone heiß abwaschen und anschließend, sowohl etwas Schale hineinreiben als auch den Saft der Zitrone mit hineinmischen.

3) Sobald ein glatter Teig entstanden ist, in die Heißluftfritteuse geben. Darin bei 180°C für etwa 25 Minuten backen. Anschließend herausnehmen, etwas abkühlen lassen und dann genießen.

Lavamuffins

KH 36g | EW 13g | F 32g | kcal 486

Zubereitungszeit:	*30 min*
Portionen:	*4*
Schwierigkeit:	*leicht*

Zutaten

- 90g Weizenmehl
- 80g Zartbitterschokolade
- 80g Butter
- 70g Zucker
- 4 Eier
- 2 TL Kakaopulver
- 1 Päckchen Vanillezucker
- 1 Prise Salz
- 4 Muffinformen aus Silikon

Zubereitung

1) In einem kleinen Topf die Butter zerlassen. Die Schokolade klein hacken und dann in der Butter auflösen. Danach etwas abkühlen lassen.

2) Die Eier aufschlagen und in einer Schüssel miteinander verquirlen. Gemeinsam mit dem Zucker, Mehl, Salz und Vanillezucker in eine Schüssel geben. Die Zutaten gründlich verrühren. Anschließend die Schokoladenmasse einrühren und alle Zutaten zu einem glatten Teig vermengen.

3) Die Silikonformen einfetten. Mit Kakaopulver bestäuben und darauf dann den Teig gleichmäßig verteilen. In der Heißluftfritteuse bei 180°C für etwa 8 Minuten backen. Danach herausnehmen, abkühlen lassen und nach Belieben noch mit etwas Puderzucker bestäuben.

Kokoskuppeln

KH 71g | EW 7g | F 24g | kcal 537

Zubereitungszeit: 40 min
Portionen: 8
Schwierigkeit: leicht

Zutaten
- 250ml Schlagsahne
- 180g Puderzucker
- 140g Kokosflocken
- 100g Zucker
- 80g Vollmilchschokolade
- 50g Zartbitterschokolade
- 3 Eiweiß + 2 Eier
- 1 Packung Vanillepuddingpulver
- 1 Prise Salz
- 1 Packung Waffelblätter

Zubereitung

1) Das Puddingpulver in eine Schüssel geben und mit den Kokos-flocken mischen. Zunächst 3 Eier trennen und das Eiweiß mit dem Puderzucker und einer Prise Salz steif schlagen. Das Eigelb kann für ein anderes Rezept verwendet werden. Das geschlagene Eiweiß unter die Puddingmischung geben und dann in den Fritteuseein-satz der Heißluftfritteuse geben und bei 140°C für etwa 15 Minuten backen.

2) Währenddessen in einem Wasserbad die Schokolade zum Schmel-zen bringen. Anschließend ein wenig abkühlen lassen. Die weiteren 2 Eier in einer Schüssel mit dem Zucker schaumig rühren und mit der Schokolade vermischen. Die Schlagsahne steif schlagen und unter die Masse heben. Gründlich miteinander vermischen, bis ein glatter Teig entstanden ist.

3) Die Waffelblätter mit der Schokocreme bestreichen. Danach aus der Kokosmasse gleich große Kreise ausstechen und auf die Schoko-creme geben. Anschließend noch etwas Schokocreme oben auf die Kokoskuppeln geben.

Orangen-Birnenkuchen mit Mohn

KH 51g | EW 14g | F 31g | kcal 541

Zubereitungszeit:	*50 min*
Portionen:	*6*
Schwierigkeit:	*leicht*

Zutaten

- 550g Birne
- 300g Orange
- 250g Mascarpone
- 120g Weizenmehl
- 80g Mohn
- 60g Zucker
- 30g Speisestärke
- 10g Zimt
- 10g Vanillezucker
- 4 Eier
- etwas Salz

Zubereitung

1) Zunächst die Birnen gründlich waschen, halbieren, das Kerngehäuse entfernen und nach Belieben auch die Schale und dann in kleine Würfel schneiden. In einer Schüssel die Mascarpone mit dem Vanillezucker und Zimt vermischen. Eine Prise Salz hinzufügen.

2) Die Orange heiß abwaschen und die Schale in den Teig reiben. Dann halbieren und noch den Saft der halben Orange in den Teig geben. Die Eier trennen und das Eigelb ebenfalls direkt in den Teig mischen.

3) Das Eiweiß mit etwas Zucker steif schlagen. In einer Schüssel das Mehl mit der Speisestärke mischen und den Mohn hinzufügen. Den Eischnee und die Mohnmischung unter die Mascarpone Mischung heben und alles zu einem gleichmäßigen Teig vermischen.

4) In den Frittierbehälter geben und dann bei 180°C für etwa 30 Minuten backen lassen.

Kakao-Cookies mit Haselnüssen

KH 55g | EW 12g | F 31g | kcal 543

Zubereitungszeit:	*30 min*
Portionen:	*4*
Schwierigkeit:	*leicht*

Zutaten

- 200g Weizenmehl
- 100g Haselnüsse (gehackt)
- 60g Butter
- 60g Zucker
- 20g Kakaopulver
- 1 TL Backpulver
- 1 Ei
- etwas Salz

Zubereitung

1) Zunächst die Butter in einem kleinen Topf zerlassen. Währenddessen in einer Schüssel das Mehl mit dem Zucker vermischen. Das Backpulver und das Kakaopulver ebenfalls mit untermischen. Dann noch etwas Salz hinzugeben.

2) Das Ei in einer Schüssel verquirlen und dann mit der Butter darin vermengen. Anschließend zu der Mehlmischung geben und alles zu einem gleichmäßigen Teig verkneten. Nun die Haselnüsse zu dem Teig geben und ebenfalls mit einkneten.

3) Auf einer bemehlten Arbeitsfläche schmal ausrollen und dann mithilfe einer runden Form gleich große Kreise ausstechen. Sobald der ganze Teig verarbeitet wurde bei 180°C für etwa 6 Minuten in der Heißluftfritteuse zubereiten.

Apfel-Zimt Auflauf mit Vanillesauce

KH 87g | EW 19g | F 13g | kcal 547

Zubereitungszeit:	*20 min*
Portionen:	*6*
Schwierigkeit:	*leicht*

Zutaten

- 650ml Milch (1,5% Fett)
- 400g Äpfel
- 110g Zucker
- 30g Maisstärke
- 10g Butter
- 3 Eier + 1 Eigelb

- 3 Weizenbrötchen
- 1 Päckchen Vanillezucker
- 1 Prise Zimt
- 1 Prise Salz
- ½ Vanilleschote

Zubereitung

1) Die Brötchen klein würfeln. Die Äpfel heiß waschen, halbieren, die Kerngehäuse entfernen und in schmale Streifen schneiden. In eine Schüssel geben und mit dem Zimt bestreuen.

2) Nun 3 Eier trennen und danach 500ml Milch mit dem Eigelb verquirlen. Die Brotwürfel in der Eiermilch wenden, dann die Hälfte in den Fritteuseeinsatz geben. Die Apfelscheiben darüber verteilen. Mit der anderen Hälfte der Brotwürfel bedecken und das Ganze mit der übrigen Eiermilch begießen. In der Heißluftfritteuse für etwa 30 Minuten bei 165°C backen.

3) Währenddessen das Eiweiß mit einer Prise Salz zu Eischnee schlagen. Dabei den Zucker hineinstreuen. Sobald die Apfel-Brot-Mischung fertig gebacken ist, mit dem Eischnee bestreichen und für weitere 5 Minuten bei 175°C fertig backen.

4) Die übrige Milch in einem Topf aufkochen lassen. Die Vanilleschote aufschneiden und sowohl das Mark als auch die Schote selbst in die Milch geben. Das letzte Ei trennen und dann das Eigelb in einer Schüssel mit der Maisstärke und etwas Milch glatt rühren. Zügig in die Milch einrühren. Danach von der Kochplatte nehmen, die Vanilleschote entfernen und zusammen mit der Vanillecreme servieren.

Schokoladen-Erdnuss-Brezeln

KH 66g | EW 12g | F 26g | kcal 554

Zubereitungszeit:	*20 min*
Portionen:	*6*
Schwierigkeit:	*leicht*

Zutaten

- 200g Erdnussbutter
- 150g Rohrzucker
- 100g Salzbrezeln
- 100g Puderzucker
- 100g Vollmilchschokolade
- 20g Butter

Zubereitung

1) In einem Topf die Butter zerlassen. Die Erdnussbutter in eine Schüssel geben und mit der zerlassenen Butter vermischen bis eine gleichmäßig, cremige Konsistenz entstanden ist.

2) Den Zucker hinzufügen und mit den anderen beiden Zutaten vermixen. Nun den Teig immer zwischen zwei Salzbrezeln verteilen bis alles aufgebraucht ist. In die Heißluftfritteuse geben.

3) Die Vollmilchschokolade klein hacken und über den Brezeln verteilen. Für etwa 10 Minuten bei 100°C frittieren. Anschließend entweder im Kühlschrank abkühlen lassen oder warm genießen.

Winterliche Berge mit Lebkuchencreme

KH 27g | EW 11g | F 45g | kcal 557

Zubereitungszeit:	*40 min*
Portionen:	*6*
Schwierigkeit:	*leicht*

Zutaten

- 350g Mascarpone
- 200g Orange
- 125ml Milch (1,5% Fett)
- 100g Lebkuchen
- 80g Butter
- 80g Weizenmehl
- 3 Eier
- 1 TL Vanillezucker
- 1 Prise Zimt
- 1 Prise Salz

Zubereitung

1) Die Milch in einen Topf geben, eine Prise Salz hinzugeben und aufkochen lassen. Nun das Mehl Stück für Stück hineingeben unter ständigem Rühren, bis sich der Teig vom Rand löst. Vom Herd nehmen und etwas abkühlen lassen.

2) Die Eier aufschlagen und zügig in den Topf einrühren. Sobald alles gründlich miteinander vermengt ist, diesen in einen Spritzbeutel mit Sterntülle geben. Ein Backpapier in den Frittiereinsatz der Heißluftfritteuse legen. Mit der Spritztüte kleine Häufchen mit etwas Abstand aufspritzen. Dann bei 175°C für etwa 20 Minuten backen und danach abkühlen lassen.

3) Währenddessen den Lebkuchen mithilfe einer Reibe fein reiben. Die Orange heiß abwaschen, etwas Schale abreiben und anschließend auspressen. Zusammen mit der Mascarpone, den Lebkuchenbröseln, dem Vanillezucker und dem Zimt in einer Schüssel verrühren.

4) Die Creme für etwa 15 Minuten kalt stellen. Die Häufchen aufschneiden und mit der Lebkuchencreme füllen. Falls diese zu klein geraten sein sollten, die Häufchen mit der Creme bedecken.

Apfelrollen

KH 67g | EW 26g | F 32g | kcal 672

Zubereitungszeit:	*70 min*
Portionen:	*6*
Schwierigkeit:	*leicht*

Zutaten

- 250g Strudelteigblätter
- 250ml Milch (1,5% Fett)
- 250ml Sahne
- 250g Magerquark
- 100g Butter
- 80g Puderzucker
- 55g Vanillezucker
- 8 Eier
- 6 Scheiben Toastbrot (Vollkorn)
- 1 Zitrone
- etwas Salz

Zubereitung

1) Zunächst 4 Eier trennen. Anschließend in einem kleinen Topf die Butter zerlassen. Das Eiweiß mit etwas Salz steif schlagen und zur Seite stellen. In einer Schüssel den Quark mit der Hälfte der Butter vermengen. Die Zitrone heiß abwaschen und etwas Schale in die Mischung reiben. Anschließend eine Hälfte auspressen und hinzugeben. Nun noch den Puderzucker und das Eigelb untermischen.

2) Das Toastbrot in kleine Würfel schneiden und anschließend unter das geschlagene Eiweiß heben. Die Masse nun unter die Teigmasse heben und alles gründlich miteinander vermischen. Den Strudelteig auf einer bemehlten Arbeitsfläche ausrollen. Mit der restlichen Butter bestreichen und dann halbieren. Nun die Füllung auf beiden Hälften verteilen, einrollen und mit einer Gabel verschließen.

3) In einer Schüssel die restlichen Eier miteinander verquirlen. Die Sahne, den Vanillezucker und der Milch vermischen. Anschließend über die Teigrollen geben und bei 180°C für etwa 30 Minuten in der Heißluftfritteuse zubereiten. Sollte nicht alles beim ersten Mal in die Fritteuse passen, einfach in zwei Durchgängen zubereiten.

BONUS 1: Ein Special Rezept

Frittiertes Snickers

KH 53g | EW 10g | F 19g | kcal 419

Zubereitungszeit:	*30 min*
Portionen:	*10*
Schwierigkeit:	*leicht*

Zutaten
- 275g Weizenmehl
- 200ml Wasser
- 10g Zucker
- 10 Snickers Riegel
- 2 Eier
- ½ TL Backpulver
- 1 Prise Salz
- etwas Sonnenblumenöl

Zubereitung

1) Die Snickers Riegel entweder für etwa 15 Minuten in den Tiefkühler geben oder bereits einige Tage vorher in den Kühlschrank legen, sodass die Riegel kalt werden.

2) Das Mehl in eine Schüssel geben. Mit dem Wasser und dem Zucker vermengen. Die Eier in eine weitere Schüssel geben und miteinander verquirlen. Dann in die Mischung einrühren. Nun mit dem Backpulver und dem Salz ergänzen und alles zu einem klebrigen Teig verkneten.

3) Die Heißluftfritteuse auf 200°C vorheizen. Die Snickers Riegel auspacken und dann in dem Teig von allen Seiten wenden. Alle Riegel sollten gründlich bedeckt sein.

4) Den Frittiereinsatz der Heißluftfritteuse mit etwas Sonnenblumenöl bestreichen und dann die Teigriegel hineingeben. Bei 200°C für etwa 10 Minuten frittieren. Anschließend aus dem Einsatz nehmen und auf einem Küchentuch abkühlen lassen.

BONUS 2: Tipps für die optimalen Süßkartoffel-pommes

Immer wieder hat man das gleiche Problem: die leckeren Süßkartoffelpommes, die man eben noch in einem Restaurant genossen hat, möchte man genauso knusprig in dem eigenen Ofen zubereiten. Doch am Ende kommen meist zwar dennoch leckere Pommes heraus, aber knusprig sind sie meist leider nicht. Deswegen haben wir dir hier einmal einige Tipps zusammengestellt, damit du zu Hause nicht nur gesunde Süßkartoffelpommes zubereiten kannst, sondern welche, die zusätzlich auch noch knusprig sind.

1. Die Süßkartoffeln einen Tag vorher vorbereiten. Die Schale gründlich entfernen.

2. Nicht in zu große Stücke schneiden. Am besten entweder in eine Pommesform oder aber in kleine Würfel schneiden.

3. Eine Schüssel mit kaltem Wasser befüllen und die geschnittenen Süßkartoffeln hineingeben.

4. Über Nacht darin die Stärke aus den Süßkartoffeln entweichen kann.

5. Am nächsten Tag ein sauberes Küchentuch auslegen. Die Süßkartoffelstücke aus dem Wasser nehmen und auf das Tuch geben.

6. Speisestärke in eine Schüssel geben und dann die Süßkartoffeln hineingeben.

7. Gründlich von allen Seiten in der Stärke wenden.

8. In den Frittierbehälter der Heißluftfritteuse geben und dann bei 200°C für etwa 20 Minuten frittieren.

9. Dabei darauf achten, dass es nicht zu viele Pommes auf einmal sind, sonst kann das die Knusprigkeit beeinträchtigen. Anschließend aus der Fritteuse entnehmen und mit Meersalz abschmecken.

-

Dampfgaren

REZEPT WELT

Einführung

Die Geschichte:

Dampfgaren existiert genau genommen schon seit Jahrtausenden, jedoch ist diese schonende Art des Zubereitens von Lebensmitteln in Deutschland nach wie vor noch recht unbekannt.

Vor allem im asiatischen Raum, beispielsweise in China, Japan oder auch Indien, existiert diese Art des Zubereitens schon sehr lange. Da es schwer zu rekonstruieren ist, wer wann das erste Mal diese Form genutzt hat, kann man es nicht eindeutig zuordnen, jedoch kann man davon ausgehen, dass die Ursprünge in China liegen - und das schon vor Jahrtausenden. Im fernen Osten wurden die meisten Gerichte mit den damaligen Möglichkeiten des Dampfgarens schonend zubereitet.

Im Jahre 1674 wurde der Dampfgarprozess durch die Erfindung des Franzosen Denis Papin und seinem sogenannten „Papinschen Topf" etwas bekannter. Bei dieser Erfindung handelte es sich um den Vorgänger des heutigen Schnellkochtopfes. Mithilfe dieses Topfes konnte man unter starkem Druck Lebensmittel im Dampf garen. Allerdings stieß dieser Topf nicht auf die erhoffte Begeisterung bei privaten Haushalten, obwohl er die Zubereitungszeit eines Gerichts nahezu halbierte.

Am Anfang des 20. Jahrhunderts, genauer im Jahre 1927, kam mit dem sogenannten „Siko", der erste Dampfdruckkochtopf auf den Markt, doch auch dieser schaffte es nicht die Mehrheit der Leute zu überzeugen.

So dauerte es noch bis 1980 bis das Interesse am Dampfgaren in Westeuropa und Amerika wuchs. Zu dieser Zeit erkannte vor allem die professionelle Gastronomie welche Vorteile die Möglichkeit des Dampfgarens ihnen bot. Sie konnten mithilfe der Dampfgar-Methode größere Mengen an Speisen warm halten ohne, dass diese währenddessen austrockneten.

In den 90er Jahren begann in Europa allmählich das Interesse chinesische Speisen in der heimischen Küche zubereiten zu können. Man wollte nicht nur in chinesischen Restaurants die asiatische Küche genießen können. So kam es zu den ersten richtigen Dampfgarern. Damals handelte es sich noch um stapelbare Kunststoffeinsätze, unter denen sich ein beheizbarer Wassertank befand, mit denen man erstmals seine Lebensmittel getrennt von der Flüssigkeit zubereiten konnte.

Mittlerweile ist die Entwicklung des Dampfgarers fortgeschritten. Es begann mit dem Vorläufer des Schnellkochtopfs, dann kam der erste Schnellkochtopf und einige Jahre später der erste Dampfgarer aus Kunststoffeinsätzen. Heutzutage gibt es entweder die Möglichkeit eines direkt in der Küche integrierten Gerätes, mit dem man seine Speisen dämpfen kann oder man kauft sich einen elektri-

schen Dampfgarer. Selbstverständlich kann man zum Dampfgaren auch die all-
zeit bewährte Methode unserer Großeltern nehmen und einfach den Ofen zum
Dampfgarer umfunktionieren. Vor allem die vielen verschiedenen Modelle, die
es heutzutage zu kaufen gibt, geben eine große Auswahl vor, um das Dämpfen
zu sich nach Hause zu holen.

Welche Arten des Dampfgarens gibt es?

Traditioneller Dampfgarer:

Im asiatischen Raum wurde und wird auch überwiegend nach wie vor ein Bam-
busgarer benutzt. Es ist eine Bambusschale, auf deren Unterseite sich einige
Schlitze befinden. Dann erwärmt man Wasser in einem Wok und setzt auf diesen Wok ein Gestell auf dem man den Bambuseinsatz platziert und somit seine
Speisen dampfgaren kann. Dabei kann man die einzelnen Bambusschalen nahezu beliebig übereinander stapeln.

Elektrische Dampfgarer:

Stapelbare Kunststoffschalen, die man übereinander platzieren konnte und dadurch die Möglichkeit hatte mehrere Zutaten gleichzeitig zubereiten zu können.
Unter den Einsätzen befindet sich ein beheizbarer Wassertank. Dieser wird erwärmt, sodass das darin enthaltende Wasser zu dämpfen beginnt und die Speisen werden schonend gedämpft.

Systemdampfgarer:

Es gibt mittlerweile die Möglichkeit mit nachrüstbaren Dämpfeinsätzen für den
Backofen diesen optimal für das Dampfgaren zu nutzen. Dafür wählt man einfach das Programm Unterhitze aus und kann damit in dem heimischen Backofen
seine Speisen dämpfen. Die weiteren Einsätze sind meist jedoch nicht ganz kos-
tengünstig.

Dampfbackofen:

Mit diesen Geräten kann man größere Mengen von Speisen zubereiten und dabei verschiedene Methoden wählen. Meistens kann man mit einem Dampfback-
ofen seine Lebensmittel sowohl dämpfen, als auch dünsten, blanchieren, auftau-
en und erwärmen. Darüber hinaus gibt es bei einigen Geräten die Möglichkeit
der genauen Temperatureinstellung oder Anpassung an verschiedene Lebens-
umstände, wie zum Beispiel das Anpassen der Siedetemperatur an die Höhenla-
ge des jeweiligen Wohnortes.

Kombidampfgarer:

Diese Geräte bieten die Möglichkeit des Dampfgarens und zusätzlich dazu die
des Sous-vide Kochens. Beim Sous-vide Kochen kommen alle Lebensmittel in

Beutel und werden anschließend vakuumiert, dadurch gibt es einige Unterschiede zwischen den beiden Zubereitungsmethoden, aber dazu im folgenden Teil mehr. Die Kombidampfgarer sind preislich etwas höher angesiedelt. Sie verfügen entweder über einen mobilen Wasserbehälter, den man vor jeder Zubereitung auffüllen muss oder aber sie benötigen einen Zugang zu einem Wasseranschluss.

Dampfgaren vs. Sous-vide Garen: Der Unterschied

Dampfgaren:

Beim Dampfgaren wird Wasser erhitzt und anschließend werden die Lebensmittel in dem aufsteigenden Wasserdampf schonend zubereitet. Über das erhitze Wasser setzt man, je nach Lebensmittel, einen ungelochten oder einen gelochten Dämpfeinsatz, in dem man zuvor die Speisen platziert hat. Das Wasser kommt mit den Einsätzen nicht in Berührung, da ansonsten der Wasserdampf nicht einwandfrei um die Lebensmittel zirkulieren kann. Stattdessen geht der Wasserdampf an die Perforation, der sich an der Unterseite jedes Einsatzes befindet, sodass der Dampf die Lebensmittel von allen Seiten umgibt. Die generelle Temperatur, mit der gedämpft wird beträgt 100°C. Bei einigen Gerichten, kann die Temperatur unter Umständen auch davon abweichen. Durch die Möglichkeit mehrere Einsätze übereinander platzieren zu können, hat man die Möglichkeit alle Komponenten gleichzeitig zuzubereiten. Die Lebensmittel werden schonend gedämpft und dadurch, dass sie nicht mit Wasser im direkten Kontakt stehen, behalten sie ihre natürliche Farbe, aber vor allem bleiben die Vitamine, Mineralstoffe und Spurenelemente erhalten. Der Preis für einen Dampfgarer liegt, je nach Modell, in etwa bei 30€ bis 200€. Man hat dementsprechend genug Spielraum, um diese Methode des Kochens auszuprobieren, aber vor allem um für sich das richtige Modell zu finden.

Sous-vide Garen:

Das Sous-vide Garen unterscheidet sich vom Dampfgaren vor allem in zwei Punkten. Zum einen werden die Speisen bevor sie zubereitet werden vakuumiert und zum anderen werden die Lebensmittel anschließend vakuumiert im Wasser zubereitet. Dabei unterscheidet sich die Temperatur des Wassers von der herkömmlich genutzten Temperatur des Wassers beim Kochen. Sie beträgt beim Sous-vide Garen nämlich überwiegend zwischen 49°C bis 70°C. So kann die schonende Zubereitung gewährleistet werden. Außerdem ist es sehr wichtig, dass eine konstante Temperatur gewährleistet werden kann. Durch das Vakuumieren der Lebensmittel, bleiben alle Spurenelemente, Mineralstoffe und Vitamine erhalten und die Lebensmittel werden in ihrem eigenen Saft zubereitet, da nichts davon an das Wasser oder den Wasserdampf abgegeben werden kann. Allerdings ist es vor allem bei der Zubereitung gewisser Fleischsorten ratsam, nachdem dieses Sous-vide gegart wurde, noch einmal in einer Pfanne anzubra ten, da ansonsten die Möglichkeit besteht, aufgrund der niedrigen Temperaturen bei der Zubereitung, dass eventuelle Bakterien und Keime auf dem Fleisch nicht vollkommen abgestorben sind. Allerdings ist ein großer Vorteil des Sous-vide Garens, dass man die Lebensmittel nach dem Zubereiten nicht direkt konsumieren muss. Man kann sie auch anschließend vakuumiert kalt abspülen und dann entweder einige Tage im Kühlschrank aufbewahren oder einfach einfrieren. Wenn man die Lebensmittel dann konsumieren möchte, muss man diese einfach nur aufwärmen. Preislich liegt ein Sous-vide Garer zwischen etwa 60€ bis 300€. Dabei kommt es natürlich auf die unterschiedlichen Modelle und deren Funktionen an. Hier kommt jedoch auch noch das Vakuumiergerät hinzu, ohne das Sous-vide Garen schließlich nur kochen wäre. Dieses liegt preislich zwischen etwa 30€ bis knapp 400€. Dementsprechend ist diese Möglichkeit des Zubereitens etwas teurer in der Anschaffung.

Eine gute Alternative hierzu wäre ein Kombidampfgarer, in dem Sous-vide Garen als Programm bereits enthalten ist, so müsste man sich nicht zwischen den beiden Zubereitungsarten entscheiden, sondern müsste sich lediglich Gedanken über die Anschaffung des Vakuumiergerätes machen.

Welche Unterschiede gibt es bei der Gerätewahl?

Im Allgemeinen kann man sagen, dass es bei der Wahl des Gerätes zunächst auf deine individuellen Bedürfnisse ankommt. Im Voraus wäre wichtig zu entscheiden, wie viele Portionen du in etwa damit auf einmal zubereiten möchtest, wie viele Lebensmittel in etwa auf einmal zubereitet werden sollen, wie oft du das Gerät nutzen möchtest, wie hoch der Energieverbrauch sein soll, soll es ein Kombigerät sein oder nicht, welche Programme benötigst du und soll es überhaupt ein eigenständiges Gerät sein oder möchtest du doch stattdessen lieber auf Alternativen zurückgreifen?
Das sind nur einige Fragen, die du dir im Vorfeld stellen, beziehungsweise Dinge, mit denen du dich befassen solltest, damit du die für dich optimale Wahl treffen kannst. Im Folgenden findest du einige Wahlmöglichkeiten, auf die du generell achten kannst.

- **Platz**
  Der wohl wichtigste Faktor bei der Entscheidung für ein Gerät ist der zur Verfügung stehende Platz. Hast du die Möglichkeit einen Dampfgarer in deiner Küche fest zu integrieren oder musst du eher auf einen mobilen Dampfgarer zurückgreifen? Wenn du dich für Letzteres entscheidest, wäre auch da wieder die Frage wie viel Platz vorhanden ist. Reicht der Platz für ein größeres oder doch eher nur für ein kleineres Gerät?

- **Anschluss**
Wie bereits erwähnt gibt es einige Geräte, die einen integrierten Wassertank haben, den du vor jedem Kochvorgang auffüllen solltest. Allerdings gibt es auch Geräte, die einen direkten Wasseranschluss benötigen. Darauf solltest du im Vorfeld achten und schauen, was für dich eher möglich ist.

- **Anzahl der Portionen**
Je nach Größe des Dampfgarers kannst du darin mehrere Portionen gleichzeitig zubereiten oder auch nur Einzelne. Unabhängig von der tatsächlichen Größe des Gerätes ist vor allem die Menge des Wassers wichtig, mit der man den Dampfgarer befüllen kann, denn auch diese entscheidet über die mögliche Portionsanzahl.

- **Häufigkeit der Nutzung**
Wenn du über die Anschaffung eines solchen Gerätes nachdenkst und dieses mehrmals die Woche nutzen möchtest, ist es sinnvoller sich Gedanken zu machen in ein zwar hochpreisiges, aber dafür auch langlebigeres Gerät zu investieren. Neben der Qualität bietet es sich außerdem an auf die Reinigung zu achten. Wenn das Gerät mehrmals die Woche zum Einsatz kommt, die Reinigung aber sehr aufwendig ist, wird dir die Freude an dem Gerät schnell vergehen. Deswegen ist es absolut sinnvoll darauf zu achten, dass die Reinigung schnell und unkompliziert funktioniert.

- **Energieverbrauch**
Der Energieverbrauch beim Dampfgaren ist von verschiedenen Faktoren abhängig, aber zunächst einmal ist es so, dass du schon dadurch Energie sparst, dass du nicht mehr, wie beim herkömmlichen Kochen, für die verschiedenen Lebensmittel verschiedene Pfannen und Töpfe benötigst und somit 3-4 Herdplatten gleichzeitig in Benutzung sind. Stattdessen werden alle Lebensmittel gleichzeitig über einer Wärmequelle zubereitet. Darüber hinaus ist es wichtig darauf zu achten, dass die einzelnen Einsätze so voll wie möglich sind und zwischen den verschiedenen Einsätzen sollte ebenfalls nicht zu viel Abstand sein, da sich in zu großen Zwischenräumen der Dampf wieder abkühlt und somit mehr Energie für das erneute Erwärmen gebraucht wird. Wenn du planst mehrere Gänge im Dampfgarer zuzubereiten, bietet es sich zudem an, nachdem ein Gericht fertig zubereitet ist, das nächste Gericht einfach mit dem noch übrigen Dampf zu dämpfen. Generell gilt, wenn du ein recht altes Gerät hast, solltest du dir überlegen auf ein neueres Modell umzusteigen, da alte Geräte in der Regel immer mehr Energie verbrauchen als die neueren Modelle.

- ## Reinigung
  An sich ist ein Dampfgarer deutlich einfacher und vor allem mit geringerem zeitlichen Aufwand zu reinigen. Dadurch, dass du für die wenigsten Rezepte die Lebensmittel mit Öl zubereitest, musst du nach dem Zubereiten lediglich das Kondenswasser abwischen, um Kalk oder Schimmel generell zu vermeiden und das Gerät ist prinzipiell wieder sauber. Dabei aber vor allem keine chemischen Reinigungsmittel benutzen, da sicherlich niemand gerne Chemie mit seinen Lebensmitteln verspeisen möchte. Darüber hinaus gibt es viele Dampfgarer, bei denen du die einzelnen Komponenten in die Spülmaschine geben kannst, sodass die Reinigung extrem unkompliziert ist. Des Weiteren verfügen mittlerweile viele Geräte über eine Entkalkungs- und Reinigungsfunktion, sodass du dir auch darüber keine Gedanken mehr machen musst. Je nachdem wie oft du deinen Dampfgarer nutzt oder wie viel Lust du auf das Abwaschen hast, solltest du darauf achten. Aber generell ist das Abwaschen deutlich schneller als wenn du verschiedenste Töpfe und Pfannen nach dem Kochen abwaschen müsstest.

- ## Dämpfeinsätze
  Die Einsätze können teilweise eine große Auswirkung auf die optimale Zubereitung eines Lebensmittels haben. Entweder aufgrund der Tatsache, dass der zur Verfügung stehende Einsatz nicht optimal für das Lebensmittel geeignet ist oder aber weil dadurch die Garzeit verlängert wird. Dementsprechend solltest du dich vorher informieren, welche Einsätze du vermutlich für deine Gerichte brauchen wirst und ob diese bei dem von dir gewählten Gerät enthalten sind.

- ## Programme
  Viele Modelle haben mittlerweile die verschiedensten Programme, mit denen es noch leichter ist die Gerichte zuzubereiten. Je nachdem welche Lebensmittel du zubereiten möchtest, kannst du verschiedene Programme einstellen. Dementsprechend kommt es ganz darauf an wie einfach du es dir machen möchtest und wie schnell teilweise deine Gerichte zubereitet sein sollen. Durch einige Programme kann nämlich die Garzeit beschleunigt werden.

- ## Extras
  Neben den Programmen gibt es auch noch einige weitere Extras, die du bei einigen Geräten findest. Beispielsweise gibt es ein Display, der wichtige Informationen verrät, wie die Temperatur, die Tageszeit, das Datum oder über den du auch einen Wecker einstellen kannst. Außerdem gibt es unterschiedliche Einsätze, die entweder direkt mit bei dem Gerät sind oder dazu erworben werden können. Darüber hinaus gibt es noch diverse weitere Extras, die je nach Modell variieren.

- **Garzeiten**

  Die Garzeiten können, je nach Funktionsumfang des Gerätes, stark variieren. Generell kommt die Garzeit darauf an wie viel Wasserdampf sich um die Lebensmittel bilden kann. Außerdem ist es abhängig von dem Abstand zwischen den verschiedenen Einsätzen oder auch wie voll die einzelnen Einsätze sind. Du solltest in der jeweiligen Anleitung des Gerätes nachschauen, ob darin einige Hinweise diesbezüglich, bezogen auf das jeweilige Gerät, geschildert sind. Du solltest stets darauf achten, die möglichst schnellste Garzeit für dein Modell und die zuzubereitenden Lebensmittel, herauszubekommen. Generelle Informationen über die Garzeiten der Lebensmittel erhältst du im folgenden Abschnitt.

Garzeiten

Die generelle Temperatur beim Dampfgaren beträgt 100°C. Damit wird gewährleistet, dass die Lebensmittel möglichst schonend gegart werden können. Je nachdem um welches Lebensmittel es sich nun handelt, dauert die Garzeit länger oder kürzer. Wir haben dir hier eine Übersicht gemacht, die generell zutreffend ist, aber dennoch je nach Modell und Programmen variieren kann. Du kannst dich aber daran orientieren.

Gemüse:

Aubergine	100°C	40 - 50 min
Blumenkohl	100°C	15 - 20 min
Bohnen	100°C	30 - 40 min
Brokkoli	100°C	15 - 20 min
Chicorée	100°C	20 - 25 min
Erbsen	100°C	10 - 15 min
Karotten	100°C	10 - 20 min
Kohlrabi	100°C	20 - 25 min
Kohl	100°C	40 - 50 min
Kürbis	100°C	25 - 30 min
Lauch	100°C	25 - 30 min
Mangold	100°C	15 - 20 min
Paprika	100°C	10 - 15 min
Rote Bete	100°C	70 - 75 min
Rosenkohl	100°C	25 - 30 min
Spargel	100°C	20 - 25 min
Spinat	100°C	05 - 10 min
Süßkartoffel	100°C	40 - 45 min
Tomaten	100°C	10 - 15 min
Zucchini	100°C	10 - 15 min

Beilagen:

Bulgur	100°C	30 - 35 min
Couscous	100°C	10 - 15 min
Grieß	100°C	10 - 15 min
Hirse	100°C	30 - 35 min
Kartoffeln	100°C	30 - 35 min
Knödel	100°C	35 - 40 min
Reis	100°C	20 - 25 min
Risotto	100°C	35 - 40 min
Linsen	100°C	25 - 30 min

Fleisch:

Filet	100°C	25 - 30 min
Geschnetzeltes	100°C	70 - 75 min
Gulasch	170°C	55 - 60 min
Hackbraten	200°C	60 - 70 min
Hühnerfilet	100°C	15 - 20 min
H*- Keulen	100°C	35 - 40 min
P*- Schnitzel	100°C	35 - 40 min
Speck	100°C	20 - 30 min

* H: Hühnchen *P: Pute

Fisch:

Fischfilet	80°C	10 - 20 min
Fisch, ganz	80°C	20 - 30 min
Thunfisch	100°C	20 - 30 min

Vor- & Nachteile

Nachteile

I. *Zeit:* Bei manchen Rezepten kann es durchaus sein, dass eine andere Zubereitungsart schneller wäre, allerdings lohnt es sich etwas mehr Zeit für das schonende Dampfgaren aufzuwenden.

II. *Farbe:* Dadurch, dass die Lebensmittel nicht angebraten werden, bekommen diese auch keine braune Färbung. Das kann im ersten Moment für dich sehr neu sein und du hast auch nach Abschluss der Garzeit das Gefühl, dass deine Lebensmittel noch nicht fertig gegart sind.

III. *Geschmack:* Durch das Dämpfen und das Verzichten auf das Braten der Lebensmittel können keine Röststoffe entstehen. Wer geschmacklich darauf also nicht verzichten möchte, sollte vorher einfach die Lebensmittel anbraten und schon dämpfst du dein Essen schonend und hast dennoch den Geschmack der Röstaromen.

Vorteile

I. *Erhaltung:* Unabhängig von der Länge des Dämpfens, bleiben die Farbe, das Aroma, der Geschmack und alle Nährstoffe erhalten.

II. *Nicht verbrennen:* Durch die geringe Temperatur, kann das Essen auch mal länger gedämpft werden, ohne zu verbrennen.

III. *Kein Austrocknen:* Durch das schonende Dämpfen wir das Essen auch nicht austrocknen, unabhängig von der Dämpfzeit.

IV. *Reinigen:* Du musst nicht mehr diverse Pfannen und Töpfe abwaschen, der Dampfgarer lässt sich unkompliziert und schnell reinigen. Entweder einfach die Einzelteile kurz abwischen oder die Teile in den Geschirrspüler geben.

V. *Zeitersparnis:* Alle Komponenten können gleichzeitig gedämpft werden. Dadurch sparst du generell Zeit, aber wie bereits bei den Nachteilen geschildert, gibt es durchaus auch Gerichte, bei denen das Dämpfen länger dauert.

VI. *Gesund:* Auch Süße Sünden werden durch das schonende Dämpfen gesünder und schmecken dennoch mindestens genauso lecker.

VII. *Würzen:* Durch das Dämpfen können die Lebensmittel ihr natürliches Aroma intensivieren, dementsprechend benötigt es nicht viele Gewürze zum Verfeinern der Speisen.

Tipps & Tricks

1) Weniger Öle und Fett werden benötigt. Dadurch, dass die Lebensmittel gedämpft werden und sich beim Dämpfen der Geschmack auch ohne Öl intensiviert, kannst du darauf weitestgehend verzichten. Allerdings solltest du dennoch bei den meisten Gerichten etwas Öl hinzufügen, da es sehr wichtig für die Nährstoffaufnahme ist.

2) Weniger Salz wird benötigt. Aufgrund der Tatsache, dass die Lebensmittel beim Dämpfen weniger Gewürze ausschwemmen, benötigst du entweder gar keine oder weniger Gewürze.

3) Zum besonderen Verfeinern der Gerichte bietet es sich an verschiedene Kräuter hinzuzufügen, damit diese ihr Aroma und ihren Geschmack noch mehr entfalten und an das Gericht abgeben können.

4) Fleisch oder Fisch unter Umständen vor dem Dämpfen anbraten, damit die Röststoffe sich beim Dämpfen entfalten können.

5) Wenn man Wein oder Brühe zu dem Dämpfwasser hinzufügt, bekommen die Lebensmittel einen besonders aromatischen Geschmack und eine spezielle Note.

6) Damit die Dämpfzeit sich nicht bei den Lebensmitteln unterscheidet, solltest du unbedingt darauf achten, dass die Stücke möglichst gleich groß sind, da die Garzeit sonst stark variieren kann.

7) Wenn du mit TK Lebensmitteln kochen möchtest, musst du die Lebensmittel im Voraus nicht auftauen, sondern kannst sie direkt im Dampfgarer verwenden.

8) Die Tür des Dampfgarers so selten wie möglich öffnen, da der Dampf ansonsten nicht einwandfrei zirkulieren kann. Sonst dauert der Dämpfprozess länger als unbedingt nötig.

9) Wenn ein Dämpfvorgang länger als 60 Minuten dauert, ist es nach den 60 Minuten in der Regel wichtig neues Wasser nachzufüllen.

Dampfgarer
REZEPTE

Rezept Welt

Dampfgarer
HAUPTSPEISEN

Rezept Welt

Kartoffelsuppe mit Blumenkohl

KH 27g | EW 8g | F 2g | kcal 157

Zubereitungszeit:	*50 min*
Portionen:	*4*
Schwierigkeit:	*leicht*

Zutaten

- 900ml Gemüsebrühe
- 500g Erbsen (grün)
- 400g Blumenkohl
- 200g Kartoffeln (mehlig kochend)
- 100ml Sahne
- 50g Zwiebel
- 5g Ingwer
- 2 Stiele Basilikum
- 1 Bund Petersilie
- 1 Knoblauchzehe
- Salz und Pfeffer

Zubereitung

1) Zunächst die Schale der Kartoffeln entfernen und diese dann würfeln. Die Zwiebel schälen und klein hacken. Nun die Erbsen in ein Sieb geben und gründlich ausspülen.

2) Alle Zutaten in einen ungelochten Dämpfbehälter geben. Die Kräuter waschen, trocken schütteln, klein hacken und dann gemeinsam mit Salz und Pfeffer in den Dampfgarer geben. Dann bei 100°C für etwa 10 Minuten dämpfen. Anschließend die Gemüsebrühe über die Zutaten geben. Für weitere 10 Minuten dämpfen.

3) Währenddessen den Blumenkohl gründlich waschen und die Röschen vom Stiel trennen. Den Stiel in kleine Würfel schneiden. Den Knoblauch und den Ingwer schälen und fein hacken. Alle drei Zutaten mit der Sahne in einen weiteren ungelochten Dämpfbehälter geben und bei 100°C für etwa 10 Minuten dämpfen.

4) Sobald die Kartoffelmasse fertig gedämpft ist, herausnehmen und mit einem Pürierstab fein pürieren. Nun gemeinsam mit dem Blumenkohl, Salz und Pfeffer garnieren und gemeinsam servieren.

Pikante Paprikasuppe

KH 13g | EW 9g | F 12g | kcal 200

Zubereitungszeit: *30 min*
Portionen: *4*
Schwierigkeit: *leicht*

Zutaten

- 600ml Gemüsebrühe
- 500g Paprikaschoten (rot)
- 200g Kräuterfrischkäse
- 50g Zwiebel
- 30g Parmesan
- 10g Pinienkerne
- 2 Stiele Petersilie
- 1 Chilischote (rot)
- Salz und Pfeffer

Zubereitung

1) Zunächst die Schale der Zwiebel entfernen und fein hacken. Anschließend die Paprikaschoten abwaschen, entkernen und dann klein hacken. Gemeinsam in einen ungelochten Dämpfbehälter geben. Mit Salz und Pfeffer würzen. Bei 100°C für etwa 10 Minuten dämpfen.

2) Anschließend das fertige Gemüse in eine Schüssel geben und pürieren. Danach zurück in den Dampfbehälter geben und mit der Gemüsebrühe übergießen. Die Chilischote waschen, die Kerne entfernen und klein hacken. Mit Salz und Pfeffer zu dem Gemüse geben. Erneut bei 100°C für etwa 5 Minuten dämpfen.

3) In der Zwischenzeit den Parmesan hobeln. Die Petersilie waschen, trocken schütteln und klein hacken.

4) Den Kräuterfrischkäse auf die Schalen gleichmäßig verteilen. Die Suppe darauf geben und beides miteinander vermischen. Mit den Pinienkernen, der Petersilie und dem Parmesan garnieren und genießen.

Blumenkohl-Linsen-Curry

KH 36g | EW 16g | F 2g | kcal 233

Zubereitungszeit: *60 min*
Portionen: *4*
Schwierigkeit: *leicht*

Zutaten

- 250g Blumenkohl
- 200g Linsen (rot)
- 200g Tomaten
- 150ml Gemüsebrühe
- 150g Paprika (grün)
- 100g Zwiebeln
- 2 Lorbeerblätter

- 1 Chilischote (rot)
- 1 Limette
- 1 TL Kurkuma (gemahlen)
- 1 TL Kreuzkümmel (gemahlen)
- 1 TL Garam Masala
- Salz und Pfeffer

Zubereitung

1) Zunächst die roten Linsen in ein Sieb geben und gut ausspülen. Den Blumenkohl gründlich waschen und die Röschen vom Stiel trennen. Den Stiel würfeln. Die Schale der Zwiebeln entfernen, danach klein würfeln und gemeinsam mit dem Blumenkohl in einen ungelochten Dämpfeinsatz geben. Bei 100°C für etwa 10 Minuten dämpfen.

2) Die Paprika waschen, halbieren, entkernen und in schmale Streifen schneiden. Die Tomaten und die Chilischote ebenfalls waschen. Die Kerne der Chilischote entfernen und dann klein würfeln. Die Tomaten grob hacken.

3) Die Paprika, die Chilischote und die Linsen nach den 10 Minuten zu dem Blumenkohl geben. Das Ganze nun mit der Gemüsebrühe begießen und dann erneut bei 100°C für etwa 10 Minuten dämpfen.

4) Nun die Lorbeerblätter waschen. Die Limette heiß waschen, die Schale etwas abreiben und dann auspressen. Anschließend mit der Limette inklusive der abgeriebenen Schale, den Lorbeerblättern, Kurkuma, Kreuzkümmel, Salz und Pfeffer die Linsen-Blumenkohl Mischung abschmecken. Für weitere 5 Minuten dämpfen.

5) Danach servieren und mit dem Garam Masala und nach Belieben noch etwas Limettenschale garnieren.

Gemüseterrine auf einem Salatbett

KH 20g | EW 14g | F 13g | kcal 241

Zubereitungszeit: 70 min
Portionen: 3
Schwierigkeit: leicht

Zutaten

- 350g Brokkoli
- 150g Karotten
- 100g Erbsen
- 100g Feldsalat
- 50g Zwiebel
- 30g Parmesan

- 30g Walnüsse
- 1 Zitrone
- 1 Knoblauchzehe
- 1 Ei
- etwas Olivenöl
- Meersalz und Pfeffer

Zubereitung

1) Zunächst den Brokkoli gründlich waschen, die Röschen abtrennen und dann klein schneiden. Die Schale des Knoblauchs und der Zwiebel entfernen und beides klein hacken. Die Erbsen in einem Sieb gründlich waschen. Anschließend alle Komponenten in einen gelochten Dämpfbehälter geben und bei 100°C für etwa 15 Minuten dämpfen.

2) In der Zwischenzeit das Ei trennen. Das Eigelb verquirlen und in einer Schüssel mit etwas Olivenöl, Salz und Pfeffer vermischen. Sobald das Gemüse etwas abgekühlt ist die Eimischung dazugeben und dann mit einem Pürierstab alles klein pürieren.

3) Das Eiweiß mit etwas Salz steif schlagen und unter die Masse geben. Nun in einen mit etwas Öl bestrichenen, ungelochten Dämpfbehälter hineingeben. Bei 100°C für etwa 20 Minuten dämpfen.

4) Währenddessen den Feldsalat gründlich waschen. Die Karotten schälen und dann fein reiben. Die Walnusskerne klein hacken und den Parmesan grob hobeln.

5) Den Feldsalat gleichmäßig auf die Teller verteilen. Die Karottenraspel darauf geben. Dann jeweils 1 Stück der Terrine dazu geben. Die Zitrone heiß abwaschen, etwas Schale abreiben und dann auspressen. Etwas Schale und Saft über die Terrine verteilen. Mit dem Parmesan und den Walnusskernen garnieren.

Gratin aus Kartoffeln und Kohlrabi

KH 43g | EW 7g | F 5g | kcal 246

Zubereitungszeit:	*50 min*
Portionen:	*3*
Schwierigkeit:	*leicht*

Zutaten

- 500g Kartoffeln (festkochend)
- 400g Kohlrabi
- 175ml Milch (1,5% Fett)
- 175ml Sahne
- 1 Knoblauchzehe
- Muskat (gerieben)
- Salz und Pfeffer

Zubereitung

1) Zunächst die Schale der Kartoffeln und des Kohlrabis entfernen. Danach waschen, beide Zutaten in dünne Scheiben schneiden. Ein Blatt Backpapier in den ungelochten Dämpfeinsatz legen und darauf abwechselnd Kartoffeln und Kohlrabi schichten.

2) Die Milch und die Sahne in eine Schüssel geben und miteinander verquirlen. Die Schale der Knoblauchzehe entfernen und dann durch eine Knoblauchpresse geben. Zu der Milchmischung geben. Mit Salz, Pfeffer und Muskat würzen. Danach über den Kohlrabi und die Kartoffeln geben.

3) Zu guter Letzt in dem Dampfgarer bei 180°C für etwa 35 Minuten dämpfen. Kurz abkühlen lassen und dann servieren.

Pikantes Curry mit Garnelen

KH 20g | EW 33g | F 4g | kcal 253

Zubereitungszeit: *30 min*
Portionen: *3*
Schwierigkeit: *leicht*

Zutaten

- 450g Garnelen (essfertig)
- 450ml Kokosmilch
- 300g Zucchini
- 150g Chilischoten
- 5 EL Currypaste
- 1 Zitrone
- ½ Bund Schnittlauch
- etwas Fischsauce
- Salz

Zubereitung

1) Zuerst die Kokosmilch und die Currypaste miteinander vermischen. Die Zitrone heiß abwaschen, etwas Schale abreiben und dann auspressen. Den Saft und die abgeriebene Schale, gemeinsam mit etwas Fischsoße, Salz und Pfeffer zu der Currymischung geben und alles gründlich miteinander vermengen.

2) Nun die Zucchini waschen, putzen und in kleine Würfel schneiden. Die Garnelen abspülen und dann mit der Zucchini in einen ungelochten Dämpfeinsatz geben. Die Chilischoten waschen, entkernen, klein hacken und zu den Garnelen geben. Die Currysauce darüber geben und für etwa 10 Minuten bei 100°C im Dampfgarer dämpfen.

3) In der Zwischenzeit den Schnittlauch waschen, trocken schütteln und klein hacken. Nachdem das Curry fertig ist, servieren und mit dem Schnittlauch garnieren.

Kasseler mit Rosenkohl

KH 20g | EW 32g | F 7g | kcal 257

Zubereitungszeit:	*60 min*
Portionen:	*3*
Schwierigkeit:	*leicht*

Zutaten

- 500g Rosenkohl
- 400g Kasseler (am Stück)
- 100ml Sahne
- 50g Schalotte
- 1 Zitrone
- 1 EL Dijon-Senf
- 1 EL Senf (körnig)
- etwas Butter
- Salz und Pfeffer

Zubereitung

1) Zunächst den Rosenkohl gründlich putzen. Anschließend am Strunk kreuzförmig einschneiden. Die Zitrone heiß abwaschen, etwas Schale abreiben und dann auspressen. Nun den Zitronensaft über den Rosenkohl geben.

2) Danach in einen gelochten Dämpfeinsatz geben, etwas Pfeffer dazu geben und bei 100°C für etwa 15 Minuten dämpfen.

3) Den Kasseler ebenfalls bei 100°C in einen ungelochten Dämpfeinsatz geben und für etwa 35 Minuten dämpfen.

4) Für die Soße die Butter im Dampfgarer schmelzen. Die Schalotte schälen, klein hacken und in die Butter geben. Mit Sahne ablöschen und mit Salz und Pfeffer würzen. Zu guter Letzt mit dem Senf abschmecken.

5) Sobald alle Komponenten fertig gedämpft sind, gemeinsam servieren und genießen.

Gefüllte Zucchini auf Mangold

KH 27g | EW 17g | F 12g | kcal 277

Zubereitungszeit:	*50 min*
Portionen:	*4*
Schwierigkeit:	*leicht*

Zutaten

- 500g Zucchini
  (2 à 250g, gelb)
- 250g Hackfleisch
  (gemischt)
- 100g Wildreis
- 50ml Gemüsebrühe
- 50g Schalotte
- 10g Erdnüsse
- 5g Ingwer

- 4 Blatt Mangold
- 2 EL Koriandergrün
- 2 EL Kokoscreme
- 1 Limette
- 1 Knoblauchzehe
- 1 EL Sojasoße
- 1 EL Fischsoße
- Salz und Pfeffer

Zubereitung

1) Zunächst den Reis in einen ungelochten Dämpfbehälter geben und mit der Gemüsebrühe begießen. Bei 100°C etwa 15 Minuten dämpfen.

2) Die Mangoldblätter waschen und in einem gelochten Dämpfbehälter für 2 Minuten im Dampfgarer blanchieren. Nun die Zucchini waschen und in etwa 5cm dicke Scheiben schneiden und das Innere entfernen.

3) Die Schale der Schalotte, der Knoblauchzehe und des Ingwers entfernen und dann klein hacken. In eine Schüssel geben und mit dem Hackfleisch vermengen. Mit der Fischsoße, der Sojasoße, der Kokoscreme, Salz und Pfeffer abschmecken und alles zu einem glatten Teig verkneten.

4) Die Zucchinischeiben mit der Hackfleischmischung füllen. Die Mangoldblätter in einem gelochten Dämpfeinsatz auslegen und darauf die gefüllten Zucchinischeiben geben.

5) Die Limette heiß waschen, die Schale etwas abreiben und dann auspressen. Damit den Mangold und die Zucchinistücke beträufeln. Mit den Erdnüssen bestreuen und dann bei 100°C für etwa 10 Minuten dampfgaren.

Plaschon asiatisch mit Erdnusssoße

KH 29g | EW 33g | F 4g | kcal 289

Zubereitungszeit:	*40 min + 60 min Einlegezeit*
Portionen:	*4*
Schwierigkeit:	*leicht*

Zutaten

- 1 Plaschon (küchenfertig)
- 250g Reisnudeln (schmal)
- 250ml Kokosmilch
- 100g Sataypuver (für die Soße)
- 3 Knoblauchzehen
- 3 Korianderwurzeln
- 2 Stängel Zitronengras
- 1 Kopfsalat
- 1 Bund Minze (frisch)
- 1 Bund Koriandergrün
- Meersalz und Pfeffer

Zubereitung

1) Eine Schüssel mit kaltem Wasser befüllen und darin die Reisnudeln für 1 Stunde einweichen lassen. Währenddessen die Schale des Knoblauchs entfernen und durch eine Knoblauchpresse geben. Das Zitronengras kurz abspülen und dann dritteln. Den weichen Teil klein hacken. Die Korianderwurzeln ebenfalls waschen und dann klein hacken. Nun den Koriander, das zerkleinerte Zitronengras (nicht die großen Stücke) in einen Mörser geben und klein drücken. Salz und Pfeffer dazu geben.

2) Den Fisch gründlich abspülen und mit einem Küchentuch abtupfen. Anschließend mit der Gewürzmischung und dem Knoblauch gründlich einreiben. In einen ungelochten Dämpfbehälter geben und jeweils darunter und darauf 2 große Zitronengrasstücke legen-Bei 100°C für etwa 20 Minuten im Dampfgarer dämpfen.

3) In der Zwischenzeit in einem Topf die Kokosmilch erwärmen. Das Soßenpulver einrühren und köcheln lassen bis eine Soße entstanden ist. Den Kopfsalat gründlich waschen, die Blätter abzupfen und in mundgerechte Stücke teilen. Die Nudeln in einen ungelochten Dämpfbehälter geben und dann bei 100°C für etwa 10 Minuten dämpfen. Danach die Minze und das Koriandergrün waschen, trocken schütteln und klein hacken.

4) Sobald alles fertig ist zunächst den Salat auf einem Teller anrichten, die Nudeln darauf geben und den Fisch oben auf legen. Mit der Soße, Gewürzen und nach Belieben noch etwas Salz und Pfeffer garnieren.

Risotto mit Spargel und Parmesan

KH 45g | EW 17g | F 8g | kcal 333

Zubereitungszeit: *45 min*
Portionen: *4*
Schwierigkeit: *leicht*

Zutaten

- 400ml Gemüsebrühe
- 300g Spargel (weiß)
- 300g Spargel (grün)
- 200g Risottoreis
- 100g Parmesan (gerieben)
- 100ml Weißwein (trocken)
- ½ Bund Bärlauch
- Salz und Pfeffer

Zubereitung

1) Zunächst die Schale der beiden Spargelsorten entfernen. Den Reis in einen ungelochten Dämpfeinsatz geben. Die Gemüsebrühe mit dem Weißwein vermischen und dann über den Reis geben. Mit Salz und Pfeffer würzen. Bei 100°C für etwa 30 Minuten dämpfen.

2) Den Bärlauch waschen, trocken schütteln und klein hacken. Die Spargelstangen in gleichmäßige Scheiben schneiden und in einen gelochten Dämpfbehälter geben.

3) Nachdem der Reis 15 Minuten gedämpft ist, den gelochten Einsatz mit den Spargelscheiben hinzufügen und ebenfalls dämpfen.

4) Nach Ablauf der Dämpfzeit den Spargel, den Bärlauch und den Parmesan unter den Reis mischen und dann noch etwa 10 Minuten gemeinsam ziehen lassen.

Zucchini Risotto mit Mais

KH 67g | EW 10g | F 4g | kcal 334

Zubereitungszeit: *60 min*
Portionen: *3*
Schwierigkeit: *leicht*

Zutaten

- 300ml Wasser
- 250g Zucchini
- 200g Rundkornreis
- 200g Gemüsebrühe
- 150g Mais
- 100g Cocktailtomaten
- 20g Kürbiskerne
- 3 Stiele Basilikum
- Salz und Pfeffer

Zubereitung

1) Zunächst den Reis in einen ungelochten Dämpfeinsatz geben. Die Gemüsebrühe in dem Wasser auflösen und damit den Reis übergießen. Mit Salz und Pfeffer würzen. In den Dampfgarer geben und dort für etwa 20 Minuten bei 100°C dämpfen.

2) In der Zwischenzeit die Zucchini gründlich abwaschen. Nun mithilfe einer Reibe in schmale Streifen hobeln. Den Mais durch ein Sieb abgießen. Sobald die erste Garzeit des Risottos vorbei ist, die Zucchinihobel und den Mais zu dem Risotto mischen und dann für weitere 10 Minuten dämpfen.

3) Die Cocktailtomaten in ein Sieb geben und gründlich abspülen. Anschließend in kleine Würfel schneiden. Das Basilikum gründlich putzen, trocken schütteln und klein hacken. Die Kürbiskerne ebenfalls zerkleinern. Gegebenenfalls können diese auch zuvor in einer Pfanne kurz angeröstet werden.

4) Sobald die zweite Dämpfzeit auch vorbei ist, die letzten Zutaten hinzufügen, untermischen und dann noch für 5 Minuten dämpfen lassen. Danach etwas abkühlen lassen und servieren.

Hähnchenpaella

KH 33g | EW 36g | F 8g | kcal 339

Zubereitungszeit:	*70 min*
Portionen:	*4*
Schwierigkeit:	*leicht*

Zutaten

- 500g Hähnchenfleisch
- 500ml Hühnerbrühe
- 300g Langkornreis
- 200g Erbsen
- 200g Brokkoli
- 150g Paprika
  (rot und gelb)

- 75g Zwiebeln
- 10ml Sojasoße
- etwas Olivenöl
- Salz und Pfeffer

Zubereitung

1) Zunächst den Reis in einen ungelochten Dämpfbehälter geben. Mit etwas Öl beträufeln und noch etwas Wasser hinzugeben. Die Schale der Zwiebel entfernen und anschließend klein hacken. Zu dem Reis geben und dann bei 100°C für etwa 15 Minuten dämpfen.

2) Anschließend den Reis mit der Hühnerbrühe übergießen und für weitere 30 Minuten dämpfen.

3) Währenddessen die Paprika heiß abwaschen, das Kerngehäuse entfernen und würfeln. Die Erbsen durch ein Sieb abgießen. Dann die Brokkoliröschen abtrennen und gemeinsam mit dem Stiel in einem Sieb heiß abwaschen. Die Rösschen und den Stiel klein hacken.

4) Das Hähnchenfleisch von allen Seiten mit der Sojasoße bestreichen und mit Salz und Pfeffer würzen. Anschließend in kleine Würfel schneiden.

5) Das Gemüse in einen gelochten Dämpfbehälter geben. Das Fleisch in einen ungelochten Dämpfbehälter geben. Beide Dämpfbehälter mit in den Dampfgarer geben und bei 100°C für weitere 20 Minuten alle Komponenten garen lassen. Anschließend alles gemeinsam servieren.

Hummer auf Spargelspitzen

KH 10g | EW 48g | F 10g | kcal 339

Zubereitungszeit:	*60 min*
Portionen:	*4*
Schwierigkeit:	*leicht*

Zutaten

- 800g Hummer (gekocht)
- 400g Spargelspitzen (grün)
- 140ml Orangensaft (gepresst, frisch)
- 50ml Fischfond (kräftig)
- 50ml Sahne

- 20g Butter
- 3g Speisestärke
- 2 Eier
- 1 Zitrone
- 1 cl Sherry
- Salz und Pfeffer

Zubereitung

1) Zunächst die Spargelspitzen gründlich abwaschen und anschließend in einen gelochten Dämpfbehälter geben. Gegebenenfalls halbieren. Bei 100°C für 10 Minuten dämpfen.

2) In der Zwischenzeit den Hummer aus der Schale entfernen. Anschließend einen ungelochten Dämpfeinsatz einfetten und darauf zunächst die fertigen Spargelspitzen geben. Mit Salz und Pfeffer abschmecken. Dann den Hummer darauf geben.

3) Nun den Orangensaft in einem Topf zum Kochen bringen. Danach den Fischfond hinzugeben und die Flüssigkeit um die Hälfte des Volumens reduzieren. Die Speisestärke und den Sherry einrühren bis eine Soße entsteht.

4) Die Sahne steif schlagen und die Eier trennen. Das Eiweiß für ein anderes Rezept verwenden und die Eigelbe miteinander verquirlen. Das Ei unter die Sahne heben und dann die Soße ebenfalls hineinmischen.

5) Die Zitrone heiß abwaschen, etwas Schale abreiben und dann auspressen. Beides über den Hummer geben.

6) Die Soße über den Hummer geben und nach Belieben noch etwas mit Salz und Pfeffer nachwürzen und dann bei 200°C für etwa 10 Minuten dämpfen. Sollte eine Grillfunktion vorhanden sein, diese für etwa 5 Minuten nutzen.

Gefüllte Aubergine auf Couscous

KH 57g | EW 10g | F 10g | kcal 346

Zubereitungszeit: *60 min*
Portionen: *3*
Schwierigkeit: *leicht*

Zutaten

- 800g Auberginen (2 à 400g)
- 200g Couscous
- 50g Rosinen
- 50g Aprikosen (getrocknet)
- 50g Mandelblättchen
- 50g Zwiebeln
- 10g Naturjoghurt (3,5% Fett)

- 2 Knoblauchzehen
- 1 TL Kreuzkümmel
- ½ Bund Minze
- ½ TL Zimt
- etwas Olivenöl
- Salz und Pfeffer

Zubereitung

1) Zunächst die Auberginen gründlich waschen und dann der Länge nach halbieren. Den Inhalt herausschaben und dann die Hälften mit Olivenöl bestreichen. Mit Salz und Pfeffer würzen.

2) Den herausgeschabten Inhalt der Aubergine klein schneiden und in eine Schüssel geben. Die Schale der Zwiebel und des Knoblauchs entfernen. Den Knoblauch durch eine Presse geben und die Zwiebel fein hacken. Beides ebenfalls in die Schüssel geben.

3) Die Rosinen und die Aprikosen klein hacken. Die Minze waschen, trocken schütteln und klein hacken. Alle Zutaten in die Schüssel geben. Mit Salz, Pfeffer, Zimt und Kreuzkümmel würzen und dann in die Auberginenhälften füllen. In einen ungelochten Dämpfbehälter geben und dann bei 100°C für etwa 35 Minuten dämpfen.

4) Währenddessen den Couscous in einen ungelochten Dämpfbehälter geben, mit Wasser bedecken und für etwa 10 Minuten mit dämpfen. Zu guter Letzt den Couscous mit den Auberginenhälften, dem Naturjoghurt und den Mandelblättchen servieren.

Lachs mit Mango-Curry-Reis

KH 33g | EW 25g | F 15g | kcal 358

Zubereitungszeit:	*40 min + 60 min Einwirkzeit*
Portionen:	*2*
Schwierigkeit:	*leicht*

Zutaten

- 200g Brokkoli
- 200ml Wasser
- 200g Lachsfilet
- 100g Vollkornreis
- 50g Mango
- 3 EL Curry
- 1 EL Sojasoße
- 1 Bund Dill
- etwas Avocado Öl
- Meersalz und Pfeffer

Zubereitung

1) Zunächst die Haut von dem Lachs trennen, dann unter Wasser abspülen und mit einem Küchentuch trocken tupfen. Die Sojasoße in eine Schüssel geben. Den Dill waschen, trocken schütteln, klein hacken und in die Sojasoße geben. Etwas Salz hinzufügen und dann den Lachs in der Soße für eine Stunde einlegen.

2) Die Mango schälen und danach in schmale Streifen schneiden. Den Reis in einen ungelochten Dämpfeinsatz geben. Die Mango und das Currypulver darüber geben. Mit dem Wasser übergießen und dann für etwa 15 Minuten dämpfen.

3) Sobald der Fisch fertig mariniert ist, in einen ungelochten, mit Öl bestrichenen Dämpfeinsatz geben. Den Brokkoli abwaschen, die Röschen abtrennen und gegebenenfalls halbieren. Ebenfalls in den Einsatz geben und dann für etwa 15 Minuten dämpfen.

4) Nachdem alles fertig gedämpft ist, den Mango-Curry-Reis gemeinsam mit dem Brokkoli und dem Lachs servieren. Mit etwas Avocado Öl beträufeln.

Gefüllte Lachs-Garnelen-Cannelloni

KH 28g | EW 33g | F 13g | kcal 358

Zubereitungszeit:	*40 min*
Portionen:	*3*
Schwierigkeit:	*leicht*

Zutaten

- 200g Garnelen (essfertig)
- 200g Seelachsfilet
- 12 Cannelloni
- 5g Ingwer
- 4 EL Reisessig
- 4 EL Thai-Fischsauce
- 4 TL Zucker

- 2 Frühlingszwiebeln
- 2 Stangen Zitronengras
- 2 EL Sesamöl
- 1 Limette
- ½ grüne Chilischote
- ½ Bund Koriander
- Salz und Pfeffer

Zubereitung

1) Zunächst die Garnelen und das Seelachsfilet abspülen, mit einem Küchentuch trocken tupfen und dann in kleine Stücke schneiden. Die Garnelen und den Seelachs in zwei Portionen im Mixer zerkleinern und in eine Schüssel geben.

2) Die Frühlingszwiebeln putzen, abspülen, mit einem Küchentuch abtupfen und fein hacken. Den Ingwer waschen, schälen und fein reiben. Den Koriander waschen, mit einem Küchentuch trocken tupfen, die Blätter abzupfen und fein hacken. Die Chilischote waschen, mit einem Küchentuch trocken, halbieren, entkernen und fein hacken. Die Frühlingszwiebel, den Ingwer, Koriander und Chili mit der Fisch-Garnelen-Masse vermengen. Mit Salz und Pfeffer würzen. Die Masse in einen Spitzbeutel füllen und gleichmäßig in die Cannelloni füllen.

3) Nun die äußeren Blätter vom Zitronengras lösen. Die Enden der Stangen abschneiden, abspülen, abtropfen lassen und fein hacken. Die Limette waschen und in feine Scheiben schneiden. Die Limettenscheiben und das Zitronengras in einen ungelochten Dampfeinsatz geben.

4) Die Cannelloni nebeneinander auf den Limetten platzieren und dann bei 100°C für etwa 15 Minuten dämpfen. In der Zwischenzeit Zucker, Essig, Fischsauce und Sesamöl verrühren. Zu guter Letzt die Cannelloni mit der Soße und dem Koriander servieren.

Brasse auf Gemüsebett

KH 8g | EW 49g | F 16g | kcal 382

Zubereitungszeit:	*50 min*
Portionen:	*4*
Schwierigkeit:	*leicht*

Zutaten

- 900g Meerbrasse (1 Fisch)
- 100ml Weißwein (trocken)
- 80g Fetakäse
- 3 Tomaten
- 2 Zweige Rosmarin
- 1 Zwiebel
- 1 Knoblauchzehe
- 1 Bund Frühlingszwiebeln
- 1 Limette
- ½ Bund Petersilie
- etwas Olivenöl
- Salz und Pfeffer

Zubereitung

1) Zunächst die Frühlingszwiebeln waschen, trocken tupfen und klein hacken. Die Schale der Zwiebel und des Knoblauchs entfernen und beides ebenfalls fein hacken. Die Tomaten heiß abwaschen und würfeln.

2) Alle Zutaten in einen ungelochten Dämpfbehälter geben. Die Petersilie waschen, trocken schütteln und klein hacken. Gemeinsam mit Salz und Pfeffer hinzugeben. Mit Olivenöl beträufeln und dann bei 100°C für etwa 10 Minuten dämpfen. Anschließend den Weißwein darüber geben und für weitere 4 Minuten dämpfen.

3) Den Fisch waschen und trocken tupfen. Den Rosmarin waschen und dann in die Bauchöffnung geben. Mit Salz und Pfeffer einreiben und 3-4 Mal längs einschneiden. Nun die Limette heiß abwaschen, die Schale abreiben und auspressen. Über den Fisch geben.

4) Den Fisch auf die Gemüsemischung geben. Danach den Fisch mit Olivenöl einreiben. Bei 150°C für etwa 20 Minuten dämpfen. Den Fetakäse in Würfel schneiden und nach 10 Minuten über den Fisch geben.

Kürbisviertel mit Pilzfüllung

KH 83g | EW 11g | F 3g | kcal 388

Zubereitungszeit:	*60 min*
Portionen:	*2*
Schwierigkeit:	*leicht*

Zutaten

- 900g Hokkaidokürbis
- 250g ShiiTake Pilze
- 150g Schalotten
- 5 EL Parmesan (gerieben)
- 4 EL Semmelbrösel
- 1 Knoblauchzehe
- 1 Bund Petersilie
- 1 Zitrone
- etwas Olivenöl
- Salz und Pfeffer

Zubereitung

1) Zunächst die Schale des Kürbisses entfernen und das Kürbisfleisch anschließend vierteln. Dann mit Salz bestreuen, dieses für einige Minuten einziehen lassen und dann mit einem Küchentuch abtupfen. In einen gelochten Dämpfbehälter geben, Öl und Pfeffer darüber geben und dann bei 160°C für etwa 15 Minuten dämpfen.

2) Die Pilze gründlich putzen und dann würfeln. Die Zitrone heiß abwaschen, etwas Schale abreiben und den Saft über die Pilze geben. Die Schale des Knoblauchs und der Schalotten entfernen und beides klein hacken. Die Petersilie waschen, trocken schütteln und klein hacken. Alles gemeinsam in einen ungelochten Dämpfbehälter geben. Mit Salz, Pfeffer und der Zitronenschale würzen und dann für etwa 10 Minuten mit in den Dampfgarer geben.

3) Sobald beide Komponenten fertig sind, die Pilzmischung auf die Kürbisviertel aufteilen. Die Semmelbrösel mit dem Parmesan mischen und gleichmäßig über die Pilzmischung verteilen. Nun erneut bei 160°C in den Dampfgarer für 15 Minuten geben.

Jakobsmuscheln auf Pestorisotto

KH 39g | EW 49g | F 10g | kcal 400

Zubereitungszeit:	*50 min*
Portionen:	*6*
Schwierigkeit:	*leicht*

Zutaten

- 1000g Jakobsmuscheln
- 250g Risottoreis
- 200g Zucchini
- 150ml Hühnerbrühe
- 150ml Weißwein (trocken)
- 85g Zwiebeln
- 4 EL Pesto (grün)
- 2 EL Olivenöl
- 1 Knoblauchzehe
- Salz und schwarzer Pfeffer

Zubereitung

1) Zunächst die Schale von der Zwiebel und dem Knoblauch entfernen. Die Zwiebel fein würfeln und den Knoblauch durch eine Knoblauchpresse geben. Beide Zutaten in einen ungelochten Dämpfeinsatz geben und mit Olivenöl beträufeln. Bei 100°C für etwa 10 Minuten dämpfen.

2) Währenddessen die Zucchini waschen und würfeln. Gemeinsam mit dem Reis zu den Zwiebeln geben. Alles miteinander vermischen, für weitere 5 Minuten dämpfen. Danach die Brühe und den Weißwein dazu geben.

3) Nun die Muscheln unter kaltem Wasser waschen und bürsten. Die offenen Muscheln aussortieren. Die übrigen Muscheln in einen gelochten Dämpfeinsatz geben. Über das Risotto in den Dampfgarer geben. Für etwa 15 Minuten dämpfen.

4) Zu guter Letzt das Pesto mit dem Risotto mischen, mit Salz und Pfeffer würzen, dann auf Teller geben. Die Jakobsmuscheln darauf platzieren und servieren.

Tintenfisch gefüllt in Wirsing mit Pflaumensoße

KH 18g | EW 45g | F 18g | kcal 415

Zubereitungszeit:	*60 min*
Portionen:	*4*
Schwierigkeit:	*leicht*

Zutaten

- 400g Tintenfische
  (Sepia, 4 à 100g)
- 300g Garnelen (essfertig)
- 200g Mango
- 150g Rotbarschfilet
- 100ml Sahne
- 100ml Hummerfond
- 100g Erdnüsse

- 5g Ingwer
- 4 Wirsingkohlblätter
- 4 EL Pflaumenmus
- 1 Limette
- etwas Sojasoße
- etwas Fischsoße
- etwas Erdnussöl

Zubereitung

1) Die Limette heiß waschen, etwas Schale abreiben und dann auspressen. Gemeinsam mit 2EL Fischsoße und 2 EL Sojasoße in eine Schüssel geben. Die Garnelen waschen, klein hacken und in der Soße einlegen.

2) Das Rotbarschfilet waschen, abtupfen und klein würfeln. Gemeinsam mit der Sahne und den Garnelen pürieren. Die Tintenfische waschen, trocknen und die Tentakel in kleine Stücke schneiden. Die Wirsingblätter waschen, in einen ungelochten Dämpfeinsatz geben und bei 100°C für 2 Minuten blanchieren. Dann abschrecken.

3) Die Fischmasse in die Tintenfischkörper geben und mit einem Zahnstocher verschließen. Dann in den Wirsingblättern verteilen, einrollen und in den gelochten, mit Erdnussöl bestrichenen, Dämpfbehälter geben. Bei 100°C für etwa 25 Minuten dämpfen.

4) Währenddessen eine Pfanne erhitzen und etwas Erdnussöl hineingeben. Den Ingwer schälen und klein hacken. In der Pfanne mit den Erdnüssen anbraten. Das Pflaumenmus, 1 EL Fischsoße, 1 EL Sojasoße und dem Hummerfond vermischen und in einem ungelochten Dämpfbehälter bei 100°C für etwa 5 Minuten erwärmen. Alle Komponenten gemeinsam servieren.

Tofu mit gerösteten Erdnüssen

KH 18g | EW 26g | F 26g | kcal 419

Zubereitungszeit:	*40 min*
Portionen:	*3*
Schwierigkeit:	*leicht*

Zutaten

- 600g Tofu
- 200g Pak Choi
- 100g Erdnusskerne (gesalzen & geröstet)
- 100g Karotten
- 50g Frühlingszwiebeln
- 4 EL Sojasauce
- 4 EL Reisessig (hell)
- 2 TL Zucker
- 1 Chilischote
- 1 EL Sesamöl
- Salz und (Sichuan)-Pfeffer

Zubereitung

1) Zuerst den Tofu in feine Scheiben schneiden. Auf einen Teller geben und die Sojasauce darüber geben. Die Frühlingszwiebeln und den Pak Choi waschen. Die Karotten schälen und waschen. Die Frühlingszwiebeln klein hacken. Den Pak Choi und die Karotten klein hacken.

2) Das Gemüse in einen ungelochten Dämpfeinsatz geben. Mit Salz und Pfeffer würzen. Die Tofuscheiben auf dem Gemüse platzieren. Bei 100°C für etwa 10 Minuten dämpfen.

3) Die Chilischote abspülen, halbieren und entkernen. Die Chili und die Erdnusskerne fein hacken. Über den Tofu geben und für weitere 5 Minuten dämpfen. Das Sesamöl mit dem Reisessig und dem Zucker verrühren und die übrige Sojasauce unterrühren. Das Gemüse auf den Tellern anrichten, den Tofu darauf platzieren. Mit der Soße und den Erdnüssen garnieren.

Wolfsbarschfilet auf Zuckerschote

KH 6g | EW 69g | F 12g | kcal 425

Zubereitungszeit:	*50 min*
Portionen:	*3*
Schwierigkeit:	*leicht*

Zutaten

- 1000g Wolfsbarschfilet
- 100g Zuckerschoten
- 50g Bohnen (schwarz)
- 50g Frühlingszwiebeln
- 20ml Sojasoße
- 10g Zitronengras
- 5g Ingwer
- 2 TL Sesamöl
- 1 Knoblauchzehe
- Meersalz und schwarzen Pfeffer

Zubereitung

1) Zunächst den Ingwer und die Knoblauchzehe schälen. Anschließend beides klein hacken. Die Frühlingszwiebeln waschen und ebenfalls klein hacken. Das Wolfsbarschfilet unter Wasser abspülen, die Haut abtrennen und dann von allen Seiten salzen und pfeffern. Von innen und außen salzen und pfeffern.

2) Den ungelochten Dämpfeinsatz ölen. Die Zuckerschoten waschen und abtupfen. Die Bohnen abgießen, waschen und ebenfalls trocken tupfen. Zuckerschoten und Bohnen gemeinsam mit den Frühlingszwiebeln in den Dämpfeinsatz geben. Das Fischfilet darauf geben und mit dem Knoblauch und der Hälfte des Ingwers belegen. Sesamöl darüber träufeln und dann bei 100°C für etwa 30 Minuten dämpfen.

3) In der Zwischenzeit den restlichen Ingwer fein hacken und dann mit der Sojasoße vermischen. Sobald der Fisch fertig gedämpft ist, gemeinsam mit der Soße servieren. Mit dem Zitronengras garnieren.

Pute mit Spinatfüllung

KH 5g | EW 68g | F 17g | kcal 435

Zubereitungszeit:	*40 min*
Portionen:	*4*
Schwierigkeit:	*leicht*

Zutaten

- 800g Putenschnitzel (à 4 Schnitzel)
- 500g Blattspinat
- 120g Fetakäse
- 2 Knoblauchzehen
- Meersalz und Pfeffer
- Zahnstocher

Zubereitung

1) Zuerst den Blattspinat abspülen und dann in einen gelochten Dämpfeinsatz geben. Bei 100°C für etwa 5 Minuten dämpfen. Nun den Knoblauch schälen und durch eine Knoblauchpresse geben. Dann den Spinat mit dem Knoblauch mischen. Mit Salz und Pfeffer abschmecken. Für weitere 5 Minuten dämpfen.

2) Währenddessen den Schafskäse fein würfeln und dann unter den Spinat rühren. Kurz darin leicht schmelzen lassen. Die Putenschnitzel salzen und pfeffern und anschließend die Spinatmasse darauf streichen. Die Schnitzel aufrollen und dann mit einem Zahnstocher fixieren.

3) Zu guter Letzt die Putenrouladen in einen gelochten Dämpfbehälter geben und für etwa 20 Minuten bei 100°C dämpfen.

Gnocchi im Mohnmantel

KH 58g | EW 16g | F 16g | kcal 440

Zubereitungszeit:	*70 min*
Portionen:	*4*
Schwierigkeit:	*leicht*

Zutaten

- 600g Kartoffeln (mehlig kochend)
- 130g Weizenvollkornmehl
- 100g Mohn
- 2 Eier
- 2 EL Puderzucker
- 1 TL Butter
- Salz

Zubereitung

1) Zuerst die Kartoffeln schälen, waschen, vierteln und für etwa 40 Minuten im Dampfgarer bei 100°C dämpfen. Sobald die Kartoffeln etwas abgekühlt sind, durch eine Kartoffelpresse geben.

2) Die Kartoffelmasse mit dem Mehl, den Eiern und Salz vermengen und mit den Händen zu einem glatten Teig kneten. Danach die Arbeitsfläche bemehlen und den Teig darauf ausrollen. Aus dem Teig lange, schmale Rollen formen. Dann in gleich große Stücke, die nudelähnlich sind, schneiden.

3) Einen gelochten Dämpfeinsatz mit Butter einfetten und die Nudeln hineingeben. Für etwa 15 Minuten bei 100°C dämpfen.

4) Währenddessen den Mohn in einer beschichteten Pfanne erwärmen, den Zucker dazugeben und beide Zutaten miteinander vermischen. Sobald die Nudeln fertig sind, diese in der Mohn Mischung wälzen und servieren.

Lachs-Zucchini auf Wildreis

KH 25g | EW 34g | F 23g | kcal 441

Zubereitungszeit: *40 min*
Portionen: *4*
Schwierigkeit: *leicht*

Zutaten

- 600g Lachsfilet
- 400g Zucchini
- 100g Wildreis
- 75ml Gemüsebrühe
- 20g Sesam (hell und dunkel)
- 2 EL Sojasoße
- 1 Zitrone
- Salz und Pfeffer

Zubereitung

1) Zuerst den Lachs abspülen, mit einem sauberen Küchentuch abtupfen und anschließend in grobe Stücke schneiden. Danach die Zucchini heiß abwaschen, die Enden entfernen und klein würfeln. Beides gemeinsam einen ungelochten Dämpfeinsatz geben.

2) Die Zitrone ebenfalls heiß abwaschen, etwas Schale abreiben und danach auspressen. Beides über den Lachs und die Zucchini geben. Mit Salz und Pfeffer würzen und bei 100°C für etwa 15 Minuten dämpfen.

3) Den Reis in einen weiteren ungelochten Dämpfeinsatz geben und mit der Gemüsebrühe übergießen. Etwa nach der Hälfte der Dämpfzeit des Lachses ebenfalls in den Dampfgarer geben.

4) Nachdem die Dämpfzeit um ist, gemeinsam servieren und mit dem Sesam und der Sojasoße garnieren.

Risotto mit Apfel-Gorgonzola

KH 60g | EW 12g | F 17g | kcal 443

Zubereitungszeit: *70 min*
Portionen: *4*
Schwierigkeit: *leicht*

Zutaten

- 700ml Gemüsebrühe
- 250g Risottoreis
- 150g Äpfel
- 75g Gorgonzola
- 75g Zwiebel
- 20g Walnusskerne

- 20g Parmesan
- 3 EL Butter
- 1 Zitrone
- 1 EL Calvados
- Worcestersoße
- Salz und Pfeffer

Zubereitung

1) Zunächst die Äpfel schälen, waschen, die Kerne entfernen und klein würfeln. Die Zitrone heiß abwaschen, etwas Schale abreiben und dann auspressen. Die Apfelstücke mit der Zitronenschale und dem Saft in einen ungelochten Dämpfbehälter geben, mit etwas Wasser übergießen und dann bei 100°C für etwa 5 Minuten dämpfen.

2) Die Schale von der Zwiebel entfernen und dann klein würfeln. Sobald die Apfelwürfel fertig gedämpft sind, die Zwiebelwürfel und 1 EL Butter hinzufügen und für weitere 5 Minuten dämpfen.

3) Die restliche Butter in einen ungelochten Dämpfeinsatz geben und darin schmelzen lassen. Anschließend den Reis hinzufügen und miteinander vermischen. Mit der Gemüsebrühe übergießen. Dann bei 100°C für etwa 50 Minuten dämpfen.

4) Den Parmesan grob hobeln. 5 Minuten vor Ende der Dämpfzeit die Apfel-Zwiebelmischung, den Parmesan, den Gorgonzola und den Calvados unter das Risotto mischen. Gründlich miteinander vermischen und mit der Worcestersoße, Salz und Pfeffer abschmecken.

5) Die Walnusskerne klein hacken. Sobald das Risotto fertig ist auf einem Teller anrichten und mit den Walnusskernen garnieren.

Kartoffeln mit Gorgonzola überbacken

KH 46g | EW 18g | F 24g | kcal 454

Zubereitungszeit:	*60 min*
Portionen:	*4*
Schwierigkeit:	*leicht*

Zutaten

- 800g Blattspinat
- 800g Kartoffeln (festkochend)
- 150g Gorgonzola
- 100g Schalotten
- 50g Butter
- 50g Sahne
- 2 Knoblauchzehen
- 2 EL Zitronensaft
- etwas Muskatnuss
- etwas Olivenöl
- Salz und Pfeffer

Zubereitung

1) Zunächst die Kartoffeln gründlich waschen und dann in einen gelochten Dämpfbehälter geben. Bei 100°C für etwa 25 Minuten dämpfen lassen.

2) Währenddessen den Spinat in ein Sieb geben und ausspülen. Anschließend die Stiele entfernen und halbieren. Die Schale des Knoblauchs und der Schalotte entfernen. Den Knoblauch durch eine Presse geben und die Schalotten fein hacken.

3) Nun einen ungelochten Dämpfbehälter mit etwas Öl bestreichen und darin die Schalotte, den Knoblauch, die Butter und den Spinat bei 100°C für etwa 10 Minuten dämpfen. Nach der Hälfte der Zeit mit der Sahne und dem Zitronensaft übergießen. Mit Salz und Pfeffer abschmecken.

4) Sobald die Kartoffeln fertig sind, diese in Scheiben schneiden. Den Gorgonzola in kleine Würfel schneiden. Die Kartoffelscheiben in einen ungelochten Dämpfbehälter geben. Die Gorgonzolawürfel darüber verstreuen und dann mit de Soße übergießen. Erneut bei 100°C für etwa 7 Minuten dämpfen. Anschließend abkühlen lassen und servieren.

Tofu-Gemüse in Paprika

KH 65g | EW 22g | F 11g | kcal 455

Zubereitungszeit: *60 min*
Portionen: *2*
Schwierigkeit: *leicht*

Zutaten

- 250g Tofu
- 200ml Gemüsebrühe
- 200g Karotten
- 200g Paprikaschoten (4 à 50g, grün)
- 125g Basmatireis
- 75g Zwiebel
- 2 Knoblauchzehen
- 2 EL Sojasoße (hell)
- 1 Ei
- ½ Bund Petersilie
- etwas Sambal oelek
- Salz und Pfeffer

Zubereitung

1) Zunächst die Paprika waschen, die Deckel abschneiden und entkernen sowie die Trennwände entfernen. Die Karotten schälen, waschen und klein würfeln. Die Petersilie waschen, trocken schütteln und fein hacken. Die Schale der Zwiebel und des Knoblauchs entfernen, beides sehr klein hacken. Den Tofu klein würfeln.

2) Den Reis in einen Dämpfeinsatz geben mit Wasser bedecken und dann bei 100°C für etwa 15 Minuten dämpfen. Das Ei in einer Schüssel verquirlen. Zusammen mit dem Tofu, den Karotten, dem Knoblauch, der Zwiebel und der Petersilie sowie dem Reis verkneten. Mit der Sojasauce, dem Sambal oelek, Salz und Pfeffer würzen. Die Masse in die Paprikaschoten füllen und die Deckel der Paprika wieder aufsetzen.

3) Nun die gefüllten Paprikaschoten in einen ungelochten Dämpfeinsatz geben. Mit der Gemüsebrühe übergießen und dann bei 100°C für etwa 25 Minuten dämpfen. Anschließend die Schoten gemeinsam mit der Gemüsebrühe servieren.

Blätterteig mit Hackfleisch-Wirsingfüllung

KH 17g | EW 21g | F 34g | kcal 459

Zubereitungszeit:	*100 min*
Portionen:	*6*
Schwierigkeit:	*leicht*

Zutaten

- 500g Hackfleisch (gemischt)
- 250g Blätterteig
- 200g Wirsingkohl
- 50g Zwiebeln
- 40g Butter
- 4 Stiele Petersilie

- 2 Zweige Thymian
- 2 Zweige Majoran
- 2 Eier
- 1 Knoblauchzehe
- 1 EL Milch
- Salz und Pfeffer

Zubereitung

1) Zunächst die Wirsingblätter vom Strunk trennen, abspülen und 4 große Blätter in einen gelochten Dämpfeinsatz geben. Dann bei 100°C für 10 Minuten dämpfen. Anschließend mit kaltem Wasser abschrecken und abtupfen. Die übrigen Wirsingblätter in schmale Streifen schneiden und für 15 Minuten bei 100°C dämpfen. Anschließend gut abtropfen lassen.

2) Die Schale von der Zwiebel und der Knoblauchzehe entfernen. Die Zwiebel würfeln und gemeinsam mit dem gepressten Knoblauch in einen geölten, ungelochten Dämpfeinsatz geben. Für etwa 5 Minuten bei 100°C dämpfen. Anschließend die Hälfte des Hackfleisches hinzugeben. Mit Salz und Pfeffer würzen.

3) Die Petersilie, den Majoran und den Thymian waschen, trocken schütteln und fein hacken. Das restliche Hack mit einem Ei und den Kräutern vermischen und dann gemeinsam mit den Wirsingstreifen, Salz und Pfeffer zu dem Hackfleisch im Dampfgarer geben

4) Etwas Backpapier in einen ungelochten Dämpfeinsatz geben. Darauf den Blätterteig ausrollen. Zunächst die großen Wirsingblätter mittig darauf geben und dann mit der Hackfleischfüllung belegen. Mit einer Gabel verschließen. Das zweite Ei trennen. Das Eigelb mit der Milch vermischen und damit den Strudel bestreichen. Das Eiweiß für ein weiteres Rezept nutzen. Nun bei 100°C für etwa 50 Minuten dämpfen.

Schinken-Sahne-Penne mit Kräutern

KH 53g | EW 29g | F 14g | kcal 461

Zubereitungszeit:	*30 min*
Portionen:	*4*
Schwierigkeit:	*leicht*

Zutaten

- 300ml Sahne
- 250g Penne
- 250ml Gemüsebrühe
- 200g Kochschinken
- 75g Parmesan
- 50g Tomaten (getrocknet)
- 3 Stängel Petersilie
- ½ Bund Schnittlauch
- ½ Bund Dill
- Meersalz und Pfeffer

Zubereitung

1) Zuerst den Schinken in feine Stücke schneiden. Die getrockneten Tomaten ebenfalls fein hacken. Die Penne in einen ungelochten Dämpfeinsatz geben. Die getrockneten Tomaten und den Schinken dazu geben.

2) Die Gemüsebrühe in einer Schüssel mit der Sahne vermengen und dann über die Nudeln geben. Mit Meersalz und Pfeffer würzen. Bei 100°C für etwa 15 Minuten dämpfen.

3) In der Zwischenzeit die Petersilie, den Schnittlauch und den Dill waschen, trocken schütteln und klein hacken. Den Parmesan hobeln.

4) Sobald die Nudeln fertig gedämpft sind auf Tellern anrichten und dann mit den Kräutern und dem Parmesan garnieren.

Hirse-Karotten-Schichtung

KH 59g | EW 21g | F 15g | kcal 469

Zubereitungszeit:	*50 min*
Portionen:	*4*
Schwierigkeit:	*leicht*

Zutaten

- 500g Karotten
- 500ml Gemüsebrühe
- 270g Hirse
- 250g Joghurt (3,5% Fett)
- 8g Muskat
- 5 Eier
- Salz und Pfeffer

Zubereitung

1) Zunächst die Hirse in ein Sieb geben und gründlich waschen. Danach trocken schütteln und anschließend in einen ungelochten Dämpfbehälter geben.

2) Mit der Gemüsebrühe übergießen, salzen und pfeffern und bei 100°C für etwa 15 Minuten dämpfen. Währenddessen die Eier trennen. Das Eigelb verquirlen und mit dem Joghurt vermischen. Salz, Pfeffer und Muskat hinzufügen.

3) Die Karotten schälen, die Enden entfernen und mithilfe einer Reibe klein raspeln. Sobald die Hirse fertig gedämpft und etwas abgekühlt ist, die Karottenraspel und die Joghurtmasse darunter mischen.

4) Das Eiweiß steif schlagen und anschließend damit die Hirsemischung bestreichen. In den ungelochten Dämpfeinsatz geben und erneut bei 100°C für etwa 25 Minuten dämpfen.

Gemüsecurry mit Couscous

KH 75g | EW 13g | F 12g | kcal 470

Zubereitungszeit:	*50 min*
Portionen:	*4*
Schwierigkeit:	*leicht*

Zutaten

- 600g Kartoffeln
- 400ml Kokosmilch
- 300g Couscous
- 250g Kichererbsen
- 150g Zwiebeln
- 4 Knoblauchzehen

- 4 Paprikaschoten (orange)
- 1 Chilischote
- 1 TL Chilipulver
- 1 TL Kurkuma (gemahlen)
- etwas Olivenöl
- Salz und Pfeffer

Zubereitung

1) Zunächst die Kartoffeln waschen, schälen und klein würfeln. Die Zwiebeln und den Knoblauch ebenfalls schälen. Die Zwiebeln fein hacken und den Knoblauch durch eine Knoblauchpresse geben.

2) Die Chilischote und die Paprikaschoten waschen. Dann die Kerne entfernen. Die Paprika in feine Streifen schneiden und die Chilischote fein hacken.

3) Danach die Zwiebeln, die Kartoffelwürfel, die Paprika, die Chilischote und den Knoblauch in einen ungelochten Dämpfbehälter geben. Mit etwas Öl beträufeln und dann bei 100°C für etwa 30 Minuten dämpfen.

4) Währenddessen die Kichererbsen durch ein Sieb abgießen und abspülen. Nach etwa 15 Minuten gemeinsam mit der Kokosmilch in den Dampfgarer geben. Mit Salz, Pfeffer, Chilipulver und Kurkuma abschmecken und dann für die restliche Zeit mit dämpfen.

5) In der Zwischenzeit den Couscous in ein feines Sieb geben, ausspülen und dann in eine Schüssel geben. Mit 300ml heißem Wasser übergießen und quellen lassen. Nach Belieben den Couscous für die letzten 5 Minuten zu dem Gemüsecurry geben oder beides nach Ende der Garzeit gemeinsam servieren.

Risotto mit Hähnchen-Kürbis

KH 76g | EW 26g | F 7g | kcal 471

Zubereitungszeit:	*40 min*
Portionen:	*4*
Schwierigkeit:	*leicht*

Zutaten

- 600ml Gemüsebrühe
- 400g Hokkaidokürbis
- 300g Risottoreis
- 300ml Kokoswasser
- 250g Hühnerfilets
- 40g Parmesan (gerieben)
- 1 EL Butter
- Salz und Pfeffer

Zubereitung

1) Zuerst den Reis in einen ungelochten Dampfbehälter geben. Mit der Gemüsebrühe und dem Kokoswasser übergießen. Mit Salz und Pfeffer würzen und für etwa 13 Minuten bei 100°C dampfgaren.

2) In der Zwischenzeit den Kürbis waschen und die Schale und die Kerne entfernen. Dann klein würfeln. Anschließend in einen gelochten Dämpfeinsatz geben und für etwa 15 Minuten dämpfen.

3) Währenddessen die Hühnerfilets salzen und pfeffern. In einen geölten, ungelochten Dämpfeinsatz geben und dann ebenfalls bei 100°C für etwa 15 Minuten dämpfen.

4) Die Butter mit dem Reis verrühren, sobald dieser fertig ist. Zu guter Letzt den Reis gemeinsam mit dem Fleisch und dem Kürbis servieren. Mit dem Parmesan garnieren.

Zitronen Lachs in Mangold

KH 16g | EW 43g | F 27g | kcal 472

Zubereitungszeit:	*50 min*
Portionen:	*2*
Schwierigkeit:	*leicht*

Zutaten

- 400g Lachsfilet (2 à 200g)
- 350g Mangold
- 200ml Wasser
- 200g Cherrytomaten
- 2 EL Zitronensaft
- 2 EL Tomatenmark
- 1 Zitrone
- Salz und Pfeffer

Zubereitung

1) Zunächst den Mangold gründlich waschen und trocken tupfen. Danach je 2 Mangoldblätter übereinanderlegen und darauf in der Mitte ein Fischfilet setzen. Die Blätter darüber einschlagen und die Päckchen in einen gelochten Dämpfeinsatz legen und bei 100°C für etwa 15 Minuten dämpfen.

2) In der Zwischenzeit von dem restlichen Mangold die Stiele abtrennen und in schmale Streife schneiden. Leicht salzen und dann in einen gelochten Dämpfbehälter geben. Bei 100°C für etwa 5 Minuten dämpfen. Anschließend mit kaltem Wasser abschrecken und trocken tupfen.

3) Anschließend die Mangoldstreifen in einen ungelochten Dämpfeinsatz geben. Die Cherrytomaten halbieren und dazu geben. Für 5 Minuten dämpfen und dann mit Salz, Pfeffer und Zucker abschmecken. Zu guter Letzt das Wasser und das Tomatenmark dazugeben und für weitere 10 Minuten dämpfen.

4) Die Zitrone heiß abwaschen, etwas Schale abreiben und dann die Hälfte auspressen. Den Lachs zusammen mit der Mangold-Tomatensauce auf einem Teller servieren. Mit dem Zitronensaft und den Zitronenzesten garnieren.

Risotto aus Rote Bete

KH 74g | EW 22g | F 10g | kcal 480

Zubereitungszeit:	*100 min*
Portionen:	*3*
Schwierigkeit:	*leicht*

Zutaten

- 500ml Gemüsebrühe
- 250g Risottoreis
- 250g Rote Bete
- 100g Parmesan
- 3 Stangen Sellerie
- 1 Knoblauchzehe
- ½ Bund Dill
- Salz und Pfeffer

Zubereitung

1) Zunächst die Rote Bete abwaschen, die Schale entfernen und dann halbieren. In einen gelochten Dämpfbehälter geben und bei 100°C für etwa 50 Minuten dämpfen.

2) Währenddessen den Sellerie waschen und in kleine Stücke schneiden. Die Schale der Knoblauchzehe entfernen und durch eine Knoblauchpresse geben. Beides in eine Schüssel geben.

3) Sobald die Rote Bete fertig gedämpft ist, mithilfe einer Reibe fein reiben. Nun den Reis in einen ungelochten Dämpfbehälter geben. Den Sellerie, Knoblauch und die Rote Bete darauf geben und dann mit der Gemüsebrühe übergießen. Alles miteinander vermischen. Bei 100°C für etwa 30 Minuten dämpfen.

4) In der Zwischenzeit den Parmesan hobeln. Den Dill waschen, trocken schütteln und klein hacken. Sobald das Risotto fertig ist, mit Salz und Pfeffer würzen. Mit dem Parmesan und dem Dill garnieren und servieren.

Schweinefilets mit Fetakäse und Ajvar

KH 37g | EW 54g | F 15g | kcal 496

Zubereitungszeit:	*70 min*
Portionen:	*4*
Schwierigkeit:	*leicht*

Zutaten

- 720g Schweinefilet
- 200g Wildreis
- 150ml Gemüsebrühe
- 150g Fetakäse
- 2 Stiele Oregano
- 2 Stiele Basilikum
- 2 EL Ajvar Gewürz
- Salz und Pfeffer

Zubereitung

1) Zuerst das Schweinefilet in 12 gleich große Stücke schneiden. Salzen und pfeffern und scharf in einer Pfanne anbraten. Anschließend nebeneinander in den ungelochten Dämpfeinsatz geben. Auf die Oberseite das Ajvar Gewürz streichen. Den Fetakäse über die Filetstücke bröseln und dann bei 100°C für etwa 30 Minuten dämpfen.

2) Den Reis in einen ungelochten Dämpfbehälter geben. Mit der Gemüsebrühe übergießen und dann ebenfalls bei 100°C für etwa 20 Minuten dämpfen.

3) Den Oregano und das Basilikum waschen, trocken schütteln und klein hacken. Sobald alles fertig ist, den Reis auf Teller verteilen. Das Fleisch darauf geben und mit den Kräutern garnieren.

Seezungenrollen auf Reis

KH 25g | EW 41g | F 19g | kcal 509

Zubereitungszeit:	*50 min*
Portionen:	*4*
Schwierigkeit:	*leicht*

Zutaten

- 600g Seezungenfilet
- 375ml Champagner
- 200ml Sahne
- 75g Wildreis
- 70g Schalotten
- 60g Butter

- 50ml Gemüsebrühe
- 40g Weißbrot (vom Vortag)
- 4 Blätter Sauerampfer
- ½ Zitrone
- Meersalz und Pfeffer
- 12 Zahnstocher

Zubereitung

1) Zuerst 6 EL Sahne in eine Schüssel geben. Darin das gewürfelte Weißbrot für 10 Minuten einweichen. In der Zwischenzeit die Zitrone heiß abwaschen, etwas Schale abreiben und dann eine Hälfte auspressen. Den Sauerampfer gründlich waschen, trocken schütteln, die Stiele entfernen und grob hacken. Nun das Brot mit der Zitronenschale, etwas Saft und dem Sauerampfer pürieren. Mit Salz und Pfeffer abschmecken. Reis in einen ungelochten Dämpfbehälter geben, mit der Gemüsebrühe übergießen und dann bei 100°C für etwa 10 Minuten dämpfen.

2) Danach die Seezungenfilets waschen und mit einem Küchentuch trocken tupfen. Einen ungelochten Dämpfbehälter mit etwas Butter bestreichen. Dann die Filets mit der glatten Seite nach unten in den Behälter legen. Die Brotmasse dünn darüber geben und dann aufrollen. Mit einem Zahnstocher fixieren und mit Salz und Pfeffer würzen. Auf jedes Röllchen ein kleines Stückchen Butter legen.

3) Die Schalotten schälen und klein hacken. Gemeinsam mit dem Champagner und 50ml Wasser in einen ungelochten Dämpfeinsatz geben und aufkochen lassen. Anschließend die Seezungenröllchen in dem Dämpfeinsatz darüber einschieben und für etwa 7 Minuten dämpfen. Danach den Sud in einen Topf abgießen und auf die Hälfte einkochen. Die Sahne und die restliche Butter ebenfalls hineineben. Mit Salz, Pfeffer und dem restlichen Zitronensaft abschmecken. Nun alle Komponenten gemeinsam servieren und genießen.

Entenbrust in Champignonsoße

KH 9g | EW 30g | F 38g | kcal 523

Zubereitungszeit: *40 min*
Portionen: *4*
Schwierigkeit: *leicht*

Zutaten

- 600g Entenbrustfilet
  (4 à 150g)
- 250g Champignons
- 150ml Weißwein (trocken)
- 50g Speck (luftgetrocknet)
- 6 EL Balsamico
- 3 Knoblauchzehen

- 3 EL Olivenöl
- 2 EL Honig
- 1 Zweig Rosmarin
- 1 EL Saucenbinder
  (dunkel)
- Salz und Pfeffer

Zubereitung

1) Zuerst die Entenbrust unter Wasser abspülen und dann mit einem Küchentuch abtupfen. Die Haut und das Fett abtrennen. Das Fleisch in schmale Streifen schneiden. Den Alceto Balsamico mit dem Honig verrühren, dann die Entenbrust damit bestreichen und für 15 Minuten marinieren.

2) In der Zwischenzeit die Champignons waschen und vierteln. Den Speck in dünne Streifen schneiden. Die Schale des Knoblauchs entfernen und durch eine Knoblauchpresse geben. Die Rosmarinblätter vom Zweig entfernen, waschen und trocken schütteln.

3) Die Entenbrust mit einem Küchentuch trocken tupfen und mit Salz und Pfeffer würzen. Die übrige Marinade zur Seite stellen. Etwas Öl in einer Pfanne erhitzen. Das Fleisch portionsweise für eine Minute scharf anbraten. Anschließend in einen ungelochten Dämpfbehälter geben und bei 75°C für etwa 7 Minuten dämpfen.

4) In der noch heißen Pfanne den Speck leicht anrösten. Die Champignons, den Knoblauch und den Rosmarin zugeben und kurz mit anbraten. Mit der Marinade und dem Wein ablöschen und etwas einköcheln lassen. Saucenbinder hinzufügen und die Sauce damit binden, mit Salz und Pfeffer würzen. Am Ende mit der Entenbrust gemeinsam servieren.

Schellfisch auf Kartoffelstampf

KH 32g | EW 44g | F 25g | kcal 537

Zubereitungszeit:	*60 min*
Portionen:	*4*
Schwierigkeit:	*leicht*

Zutaten

- 800g Schellfisch
- 600g Kartoffeln (mehlig kochend)
- 100g Naturjoghurt (3,5g Fett)
- 100g Butter
- 50g Senf (mittelscharf)
- 50g Senf (körnig)
- 8 Lorbeerblätter
- 1 ½ TL Honig
- ½ Bund Dill
- Salz

Zubereitung

1) Zuerst die Kartoffeln schälen, waschen und in den gelochten Dämpfeinsatz geben. Bei 100°C für etwa 30 Minuten dämpfen.

2) Die Lorbeerblätter waschen. 1 Lorbeerblatt in einen ungelochten Dämpfeinsatz legen. Nun den Schellfisch waschen, trocken rupfen, leicht salzen und auf das Lorbeerblatt geben. Ein weiteres Blatt auf den Fisch geben. Anschließend bei 100°C für etwa 20 Minuten in den Dampfgarer geben.

3) In der Zwischenzeit die Butter in einem ungelochten Dämpfeinsatz schmelzen lassen. Den Dill waschen, trocken schütteln und fein hacken. Mit dem Joghurt, dem Honig und den beiden Senfsorten verrühren. Die Butter unterrühren. 3-4 EL des Fischsuds, der beim Dämpfen des Schellfisches entstanden ist, dazu geben. Mit Salz würzen.

4) Die Kartoffeln etwas abkühlen lassen. Dann mithilfe eines Kartoffelstampfers zerkleinern und etwas Butter untermischen. Dann auf den Tellern anrichten. Den Fisch portionieren und auf dem Kartoffelstampf betten. Mit der Soße beträufeln und servieren.

Kürbis-Fetakäse-Brei

KH 53g | EW 26g | F 26g | kcal 554

Zubereitungszeit:	*40 min*
Portionen:	*4*
Schwierigkeit:	*leicht*

Zutaten

- 1000g Hokkaidokürbis
- 400g Kichererbsen
- 400g Fetakäse
- 100ml Gemüsebrühe
- 10ml Weißwein (trocken)

- 5g Kurkuma
- 5g Curry
- 1 Bund Kresse
- 1 Limette
- Salz und Pfeffer

Zubereitung

1) Zunächst den Kürbis gründlich unter heißem Wasser abspülen. Anschließend halbieren, die Kerne und die Enden entfernen. Dann den restlichen Kürbis inklusive der Schale in grobe Würfel schneiden.

2) Die Kürbiswürfel in eine Schüssel geben. Gründlich mit Salz, Pfeffer, Curry und Kurkuma würzen, bis alle Würfel gleichmäßig mit den Gewürzen verfeinert sind.

3) Die Kichererbsen durch ein Sieb abgießen und anschließend noch etwas ausspülen. Die Kürbiswürfel in einen ungelochten Dämpfeinsatz geben und die Gemüsebrühe darüber geben. Dann bei 100° für etwa 10 Minuten weich dämpfen.

4) Danach etwa ¾ der Kürbiswürfel entnehmen und mit einem Pürierstab zerkleinern. Gemeinsam mit dem Weißwein und den Kichererbsen zu den verbliebenen Kürbiswürfeln geben. Für weitere 10 Minuten dämpfen.

5) Währenddessen die Kresse waschen, trocken schütteln und gegebenenfalls klein hacken. Den Fetakäse klein würfeln. Die Limette heiß abwaschen, etwas Schale abreiben und dann auspressen.

6) Nach der Dämpfzeit, den Limettensaft, die Limettenschale, den Fetakäse, die Kresse, etwas Salz und Pfeffer hinzu geben. Dann für weitere 3 Minuten alles gemeinsam dämpfen lassen und servieren.

Gratin-Spargel-Schinken

KH 7g | EW 39g | F 44g | kcal 582

Zubereitungszeit:	*40 min*
Portionen:	*3*
Schwierigkeit:	*leicht*

Zutaten

- 500g Spargel (weiß)
- 200g Emmentaler
- 200ml Sahne (süß)
- 6 Scheiben Kochschinken
- etwas Muskatnuss (gerieben)
- Salz und Pfeffer

Zubereitung

1) Zunächst den Spargel schälen und dann waschen. Die holzigen Endstücke entfernen. Anschließend einmal längs halbieren und dann in schmale Streifen schneiden. Den Kochschinken in kleine Würfel schneiden. Anschließend abwechselnd den Spargel und den Kochschinken in einem ungelochten Dämpfeinsatz schichten. Den Emmentaler reiben und auf die oberste Schicht geben.

2) Die Eier in einer Schüssel miteinander verquirlen. Die Sahne dazugeben und gut durchmischen. Mit Pfeffer, Salz und Muskat würzen. Die Masse über die Spargel-Kochschinken-Schichtung geben.

3) Zu guter Letzt bei 100°C für etwa 20 Minuten in den Dampfgarer geben. Sobald das Gericht fertig gedämpft ist, auf Tellern portionieren und servieren.

Vegetarische Lasagne

KH 74g | EW 30g | F 18g | kcal 582

Zubereitungszeit:	*80 min*
Portionen:	*4*
Schwierigkeit:	*leicht*

Zutaten

- 500ml Milch (1,5% Fett)
- 400ml Tomatensoße
- 300g Lasagneplatten
- 300g Brokkoli
- 150g Mozzarella
- 200g Frühlingszwiebeln
- 150g Karotten
- 100g Edamer (gerieben)

- 3 Stiele Oregano
- 2 EL Maismehl
- 2 EL Butter
- 1 Knoblauchzehe
- etwas Olivenöl
- Salz und Pfeffer

Zubereitung

1) Zunächst die Schale der Karotte entfernen und dann in schmale Scheiben schneiden. Die Röschen vom Brokkoli abtrennen und in einem Sieb unter heißem Wasser abwaschen. Den Stiel ebenfalls heiß abwaschen und in dünne Spalten schneiden. Den Lauch waschen und in feine Ringe schneiden.

2) Eine Pfanne erhitzen und anschließend etwas Olivenöl hineingeben. Das Gemüse hinzufügen und für etwa 7 Minuten darin anbraten. Mit der Tomatensoße ablöschen und mit Salz und Pfeffer würzen.

3) Die Schale des Knoblauchs entfernen und durch eine Knoblauchpresse in eine Schüssel geben. Die Milch, 1 EL Olivenöl und das Maismehl hinzufügen und miteinander verrühren. Mit Salz und Pfeffer abschmecken. Den Mozzarella abtropfen lassen und anschließend in kleine Würfel schneiden.

4) Nun mit dem Schichten in dem Dämpfeinsatz beginnen. Zunächst eine Lage Lasagneplatten auslegen. Das Gemüse darauf geben und mit etwas Mozzarellawürfeln abrunden. Die Soße darüber gießen und mit Lasagneplatten abdecken. Diesen Vorgang wiederholen bis alle Zutaten aufgebraucht sind und am Ende mit dem Edamer bestreuen.

5) In den Dampfgarer geben und bei 100°C für etwa 35 Minuten dämpfen.

Schwarzwurzelstreifen mit Kastaniensoße

KH 57g | EW 26g | F 28g | kcal 585

Zubereitungszeit: *50 min*
Portionen: 3
Schwierigkeit: *leicht*

Zutaten

- 600g Schwarzwurzel
- 200ml Sahne
- 100g Esskastanien
  (gekocht, geschält)
- 100g Räuchertofu
- 100ml Weißweinessig
- 100g Parmesan

- 50g Lauchzwiebel
- 50ml Weißwein (trocken)
- 30ml Walnussöl
- ½ Bund Dill
- ½ Knoblauchzehe
- Salz und Pfeffer

Zubereitung

1) Zunächst die Schwarzwurzeln gründlich schrubben. Dabei am besten Handschuhe tragen. Anschließend die Schale entfernen. Dafür das Waschbecken mit kaltem Wasser und dem Weißweinessig füllen.

2) Die Lauchzwiebel abwaschen und dann in schmale Ringe schneiden. Den Tofu in Würfel schneiden. Die Schale des Knoblauchs entfernen und dann durch eine Knoblauchpresse geben. Den Parmesan hobeln. Die Esskastanien klein hacken.

3) In einer Schüssel die Hälfte des Walnussöls mit dem Weißwein, Salz und Pfeffer vermengen. Die Schwarzwurzeln nun mithilfe eines Schälers in längliche Streifen schälen und dann in der Öl-Weißweinmischung einlegen. Nachdem die Schwarzwurzeln einige Minuten ziehen konnten, diese in einem ungelochten Dämpfbehälter für etwa 15 Minuten bei 100°C dämpfen.

4) Für die Soße in einen weiteren ungelochten Behälter die Frühlingszwiebeln, das restliche Walnussöl, die Esskastanien und den Räuchertofu geben. Mit der Sahne übergießen. Nun mit dem Knoblauch, Salz und Pfeffer würzen. Bei 100°C für etwa 10 Minuten dämpfen. Währenddessen den Dill waschen, trocken schütteln und klein hacken. Zu guter Letzt die Schwarzwurzelstreifen mit der Esskastaniensoße servieren und mit dem Dill garnieren.

Kürbis-Birnen-Flammkuchen

KH 76g | EW 16g | F 26g | kcal 608

Zubereitungszeit:	*40 min*
Portionen:	*4*
Schwierigkeit:	*leicht*

Zutaten

- 500g Flammkuchenteig
- 300g Birnen
- 250g Hokkaidokürbis
- 200g Crème fraîche
- 100g Fetakäse
- 50g Lauchzwiebel
- 20g Honig (flüssig)
- Salz und Pfeffer

Zubereitung

1) Zunächst den Flammkuchenteig auf einem Backpapier in einen ungelochten Dämpfbehälter geben. Anschließend die Crème fraîche gleichmäßig darüber streichen.

2) Die Lauchzwiebel gründlich waschen und in schmale Ringe schneiden. Die Birnen und den Kürbis ebenfalls waschen. Die Birne entkernen und dann in schmale Spalten schneiden. Die Schale des Kürbisses entfernen, den Kürbis entkernen und dann das benötigte Fruchtfleisch in Spalten schneiden.

3) Alle Zutaten gleichmäßig auf dem Flammkuchen verteilen. Den Fetakäse darüber bröseln. Mit Salz und Pfeffer würzen. Mit dem Honig beträufeln und dann bei 100°C für etwa 25 Minuten dämpfen.

Fruchtige Hähnchenkeule auf Lauchzwiebeln

KH 41g | EW 58g | F 25g | kcal 621

Zubereitungszeit:	*60 min*
Portionen:	*2*
Schwierigkeit:	*leicht*

Zutaten
- 400g Hähnchenkeulen (2 à 200g)
- 250g Frühlingszwiebeln
- 100ml Geflügelfond
- 80g Mango Chutney
- 8g Currypulver
- 1 Limette
- Salz und Pfeffer

Zubereitung

1) Zunächst die beiden Hähnchenkeulen abwaschen, mit einem Küchentuch trocken tupfen und dann in einen ungelochten Dämpfeinsatz geben.

2) Die Limette heiß abwaschen, etwas Schale abreiben und dann auspressen. Mit der Limette, Salz und Pfeffer gründlich die Hähnchenkeulen einreiben und dann mit dem Mango Chutney bedecken. Bei 100°C für etwa 40 Minuten dämpfen.

3) Währenddessen die Frühlingszwiebeln waschen, fein hacken und nach Ablauf der ersten Dämpfzeit mit in den Dampfgarer geben. Den Geflügelfond und das Currypulver darüber geben und für weitere 7 Minuten dämpfen.

4) Anschließend abkühlen lassen und servieren. Nach Belieben kann dazu Reis gereicht und mit etwas Minze garniert werden.

Spinatlasagne mit Fetakäse

KH 52g | EW 26g | F 35g | kcal 631

Zubereitungszeit:	*45 min*
Portionen:	*4*
Schwierigkeit:	*leicht*

Zutaten

- 400g Spinat (TK)
- 250g Lasagne Blätter
- 250g Fetakäse
- 250g Schmand
- 25g Zwiebel
- 2 Eier
- 1 Knoblauchzehe
- ½ Bund Petersilie
- Salz und Pfeffer

Zubereitung

1) Zunächst den Blattspinat auftauen lassen. Selbstverständlich kann auch frischer Blattspinat genutzt werden. Sobald der Spinat aufgetaut ist diesen zerkleinern.

2) Die Schale der Zwiebel und des Knoblauchs entfernen. Die Zwiebel fein hacken und die Knoblauchzehe durch eine Knoblauchpresse geben. Nun die Petersilie waschen, trocken schütteln, klein hacken und gemeinsam mit Zwiebel und Knoblauch in eine größere Schüssel geben.

3) Die Eier in eine Schüssel geben und miteinander verquirlen. Gemeinsam mit dem Schmand und dem Spinat zu der Knoblauchmischung geben. Alles gründlich miteinander vermengen.

4) Den Fetakäse zur Hälfte mit in die Schüssel bröseln und das Ganze mit Salz und Pfeffer abschmecken.

5) Nun in einem ungelochten Dämpfbehälter die erste Schicht Lasagneplatten auslegen. Die Spinatmischung darüber verteilen und diesen Vorgang so lange wiederholen, bis alle Komponenten aufgebraucht sind. Am Ende das Ganze mit dem restlichen Fetakäse abrunden. Anschließend bei 100°C für etwa 25 Minuten dämpfen.

Lammschulter auf Couscous-Gemüsebett

KH 83g | EW 64g | F 18g | kcal 676

Zubereitungszeit: *120 min*
Portionen: *5*
Schwierigkeit: *leicht*

Zutaten

- 800g Lammschulter
- 400g Aubergine
- 350g Couscous
- 250g Zucchini
- 150g Paprika (rot)
- 80g Datteln

- 80g Mandeln (ganz)
- 75g Zwiebel
- 70g Rosinen
- 5g Harissa Paste
- 1 Bund Minze
- Salz und Pfeffer

Zubereitung

1) Zunächst die Paprika, Aubergine und Zucchini waschen. Die Paprika halbieren und die Kerne entfernen. Das Gemüse klein würfeln. Die Datteln halbieren und die Kerne entfernen.

2) Die Mandeln klein hacken. Gemeinsam mit der Paprika, Aubergine, Zucchini und den Datteln in einen ungelochten Dämpfeinsatz geben. Mit Salz und Pfeffer würzen.

3) Die Lammschulter grob zerschneiden und mit Salz und Pfeffer einreiben. Auf das Gemüse legen und bei 100°C für etwa 100 Minuten dämpfen.

4) Währenddessen den Couscous in eine Schüssel füllen. Dann Wasser in einem Wasserkocher zum Kochen bringen, damit den Couscous begießen und quellen lassen. Die Blätter von der Minze zupfen, waschen und trocken schütteln und zusammen mit der Harissa Paste, den Rosinen und ein wenig Salz unter den Couscous heben.

5) Das Gemüse anrichten, den Couscous darauf geben und darauf die Lammschulter platzieren. Mit den Minzblättern garnieren.

Lachsfilet auf Bandnudeln

KH 92g | EW 27g | F 22g | kcal 692

Zubereitungszeit:	*50 min*
Portionen:	*4*
Schwierigkeit:	*leicht*

Zutaten

- 500g Bandnudeln
- 200g Lachsfilet
- 100g Schlagsahne
- 100g Karotten
- 75g Erbsen
- 75g Mais (aus der Dose)
- 50g Crème fraîche
- 5g Gemüsebrühe
- 3 Stiele Minze
- 1 Zitrone
- ½ Bund Petersilie
- Salz und Pfeffer

Zubereitung

1) Zunächst die Bandnudeln in einen gelochten Dämpfbehälter geben und bei 100°C für etwa 15 Minuten dämpfen.

2) Währenddessen die Karotten schälen und fein würfeln. Die Erbsen und den Mais durch ein Sieb abgießen und abspülen. Den Lachs in grobe Würfel schneiden.

3) Die Bandnudeln nach Ablauf der Zeit in einen ungelochten Dämpfbehälter geben. Das Gemüse gleichmäßig mit dem Lachs darüber verteilen. Die Zitrone heiß abwaschen. Etwas Schale abreiben, auspressen und über den Lachs geben.

4) Die Schlagsahne mit der Crème fraîche in einer Schüssel vermengen. Die Kräuter waschen, trocken schütteln und klein hacken. Zu der Sahnemischung geben. Mit Salz, Pfeffer und der Gemüsebrühe würzen und dann über die Nudeln geben. Alles gemeinsam bei 100°C für etwa 10 Minuten garen lassen.

Roulade mit Kichererbsen

KH 39g | EW 64g | F 31g | kcal 717

Zubereitungszeit:	*60 min*
Portionen:	*2*
Schwierigkeit:	*leicht*

Zutaten

- 400g Kichererbsen
- 350g Hähnchenbrust (2 à 175g)
- 150g Paprika (rot)
- 150g Sahnejoghurt
- 50g Sesampaste
- 3 Stiele Koriander

- 2 EL Curry Paste
- 1 Bund Petersilie
- 1 Knoblauchzehe
- 1 Zitrone
- etwas Olivenöl
- Meersalz und Pfeffer

Zubereitung

1) Zunächst die Paprika waschen, entkernen und dann in schmale Streifen schneiden. Bei 100°C für etwa 10 Minuten im Dampfgarer dämpfen, sodass anschließend die Haut entfernt werden kann.

2) Die Zitrone heiß abwaschen, die Schale etwas abreiben und dann auspressen. Beides gemeinsam mit etwas Olivenöl, Salz und Pfeffer in einer Schüssel vermengen und darin die Paprika einlegen.

3) Die Kichererbsen in einem Sieb ausspülen und dann gemeinsam mit der Sesampaste, dem Joghurt, Olivenöl, Salz und Pfeffer in einen Mixer geben. Die Schale der Knoblauchzehe entfernen, grob hacken und ebenfalls in den Mixer geben. Zu einer Masse zerkleinern.

4) Die Hähnchenbrüste längs etwa 3 Mal einschneiden und dann in einem Klarsichtbeutel platt klopfen. Mit der Currypaste bestreichen und anschließend mit einem Stück Alufolie eng aufrollen. Die fertig eingerollten Rouladen in einen gelochten Dämpfbehälter geben und dann für etwa 25 Minuten bei 100°C dämpfen.

5) Währenddessen den Koriander und die Petersilie gründlich waschen, trocken schütteln und klein hacken. Sobald die Rouladen fertig sind, diese auspacken und in den Kräutern und etwas Salz wenden. Die Rouladen in gleich große Stücke schneiden und gemeinsam mit dem Kichererbsenmus und den Paprikastücken servieren.

Wirsingrouladen mit Marzipanpflaumen

KH 70g | EW 55g | F 32g | kcal 772

Zubereitungszeit:	*50 min*
Portionen:	*2*
Schwierigkeit:	*leicht*

Zutaten

- 400g Perlhuhn Brustfilets
- 400g Steinpilze
- 100ml Sahne
- 100ml Waldpilzfond
- 50g Marzipanrohmasse
- 50g Schalotten
- 20g Haselnüsse

- 16 Backpflaumen
- 4 Blätter Weißkohl
- 2 Stiele Thymian
- 1 Knoblauchzehe
- etwas Olivenöl
- Salz und Pfeffer

Zubereitung

1) Zunächst die Weißkohlblätter waschen und in einem ungelochten Dämpfbehälter bei 100°C für etwa 2 Minuten blanchieren. Anschließend kalt abspülen. Die Schale des Knoblauchs und der Schalotten entfernen und dann klein hacken. Den Thymian waschen und klein hacken. Die Pilze gründlich putzen und klein würfeln. Die Pilze mit dem Knoblauch und den Schalotten in einen gelochten Dämpfbehälter geben.

2) Die Haselnüsse klein hacken. Gemeinsam mit dem Thymian, Salz und Pfeffer zu den Pilzen geben. Dann im Dampfgarer bei 100°C für etwa 6 Minuten dämpfen. Danach etwas Sahne unterrühren und etwas abkühlen lassen.

3) Währenddessen die Perlhuhn Filets waschen, trocken tupfen und mit Salz und Pfeffer einreiben. Die Pilzmischung gleichmäßig auf die Weißkohlblätter verteilen und dann je eine Perlhuhn Brust darauf geben. Die Kohlblätter schließen und die Rouladen in einen gelochten Dämpfbehälter für etwa 20 Minuten bei 100°C geben.

4) In der Zwischenzeit die Pflaumen mit der Marzipanmasse füllen und 5 Minuten vor Ende der Garzeit ebenfalls in einem gelochten Dämpfeinsatz dämpfen. Aus der restlichen Pilzmasse, dem Pilz Fond, etwas Sahne und Salz und Pfeffer eine Soße herstellen und alle Komponenten gemeinsam servieren.

Süßkartoffel-Ziegenfrischkäse-Scheiben

KH 75g | EW 45g | F 55g | kcal 970

Zubereitungszeit:	*40 min*
Portionen:	*2*
Schwierigkeit:	*leicht*

Zutaten

- 600g Süßkartoffeln
- 300g Rinderhack
- 150g Ziegenfrischkäse
- 30g Paranüsse
- 20g Cranberries (getrocknet)
- 10g Honig (flüssig)
- 2 TL Zucker
- 1 TL Zimt
- etwas Öl
- Salz und Pfeffer

Zubereitung

1) Zunächst die Süßkartoffeln gründlich abwaschen und dann in schmale Scheiben schneiden. Zimt und Zucker in eine kleine Schüssel geben und miteinander vermischen.

2) Die Kartoffelscheiben mit Olivenöl bestreichen und anschließend Zimt und Zucker darauf geben. Einen ungelochten Dämpfbehälter mit Öl bestreichen, dann die Kartoffelscheiben hineingeben und bei 180°C für etwa 15 Minuten dämpfen.

3) Währenddessen einen weiteren ungelochten Dämpfbehälter mit Öl einstreichen. Das Hackfleisch zerbröseln und hineingeben. Mit Salz, Pfeffer und etwas Zimt würzen. Dann für etwa 7 Minuten mit dämpfen.

4) In der Zwischenzeit die Paranüsse und die Cranberries klein hacken und in einer Schüssel vermischen. Sobald die Kartoffelscheiben fertig sind, jeweils einen Klecks Ziegenfrischkäse darauf geben. Mit Paranüssen und Cranberries bestreuen und mit dem Honig garnieren. Gemeinsam mit dem Hack servieren.

Dampfgarer
BEILAGEN

Rezept Welt

Gedämpfte Rote Bete

KH 11g | EW 4g | F 1g | kcal 52

Zubereitungszeit:	*70 min + 240 min Garzeit*
Portionen:	*2*
Schwierigkeit:	*leicht*

Zutaten

- 400g Rote Bete
- 3 Körner Piment
- 1 Lorbeerblatt
- 1 Zweig Rosmarin
- 1 Zweig Thymian
- etwas Olivenöl
- Meersalz und Pfeffer

Zubereitung

1) Zunächst den Thymian, den Rosmarin und das Lorbeerblatt gründlich waschen und trocken schütteln.

2) Die Rote Bete ebenfalls waschen, trocken tupfen und dann auf ein großes Stück Alufolie geben. Das Olivenöl darüber verteilen und dann mit dem Meersalz und Pfeffer würzen.

3) Den Thymian, den Rosmarin, das Lorbeerblatt und die Pimentkörner ebenfalls dazu geben und dann die Alufolie schließen.

4) Anschließend bei 150°C für etwa 60 Minuten in den Dampfgarer geben. Danach bei 100°C für weitere 4 Stunden garen lassen.

Ratatouille

KH 11g | EW 3g | F 1g | kcal 58

Zubereitungszeit:	*50 min*
Portionen:	*2*
Schwierigkeit:	*leicht*

Zutaten

- 200g Zucchini
- 100g Paprika (rot)
- 100g Tomaten
- 50g Zwiebeln
- 20ml Tomatensaft
- 3 Stiele Thymian
- 2 Knoblauchzehen
- etwas Olivenöl
- Meersalz und Pfeffer

Zubereitung

1) Zunächst die Paprika und die Zucchini heiß abwaschen. Die Paprika halbieren, entkernen und dann in kleine Würfel schneiden. Die Enden der Zucchini entfernen und dann ebenfalls würfeln.

2) Die Tomaten in einem Sieb gründlich abwaschen. Jeweils den Strunk entfernen und dann klein hacken. Nun die Schale der Zwiebel und des Knoblauchs entfernen. Den Knoblauch durch eine Knoblauchpresse geben und die Zwiebel fein würfeln.

3) Danach alle Komponenten in einen ungelochten Dämpfeinsatz geben. Etwas Olivenöl, Salz und Pfeffer gleichmäßig darüber verteilen. Dann bei 100°C für etwa 20 Minuten dämpfen.

4) Den Thymian waschen, trocken schütteln und klein hacken. Nachdem die Dämpfzeit vorbei ist, zu dem Ratatouille den Thymian und den Tomatensaft geben und alles gründlich miteinander vermengen. Für weitere 5 Minuten dämpfen.

Pikantes Asia-Gemüse

KH 24g | EW 8g | F 1g | kcal 117

Zubereitungszeit:	*45 min*
Portionen:	*2*
Schwierigkeit:	*leicht*

Zutaten

- 400g Bohnen (grün)
- 250g Bambussprossen (aus der Dose)
- 100g Bohnensprossen
- 30g Frühlingszwiebel
- 5g Ingwer
- 3 TL Zucker

- 2 EL Sojasoße
- 2 EL Sesamsamen
- 1 EL Sherry
- 1 Chilischote (rot)
- ½ TL Wasabi Paste
- Salz

Zubereitung

1) Zunächst die Bohnen, Bohnen- und Bambussprossen in ein Sieb geben und gründlich auswaschen. Anschließend abtropfen lassen und in einen gelochten Dämpfbehälter geben. Gemeinsam bei 100°C für etwa 10 Minuten dämpfen.

2) Währenddessen die Schale des Ingwers entfernen, klein hacken und in eine Schüssel geben. Die Sojasoße, den Sherry und den Zucker hinzufügen und alles miteinander vermischen. Nun die Sesamsamen und den Wasabi hinzufügen und zu einer Marinade vermischen.

3) Nach den 10 Minuten Dämpfzeit die Bohnen, Bambus- und Bohnensprossen entnehmen und dann in einen ungelochten Dämpfbehälter geben. Die Marinade großzügig darüber verteilen und noch mit etwas Salz abschmecken. Für etwa 15 Minuten bei 100°C dämpfen.

4) In der Zwischenzeit die Chilischote und die Frühlingszwiebel gründlich waschen. Die Frühlingszwiebel in schmale Ringe schneiden und die Kerne der Chili entfernen und dann ebenfalls in Ringe schneiden.

5) 5 Minuten vor Ablauf der Dämpfzeit beide Komponenten über das andere Gemüse geben und noch kurz mitdämpfen. Anschließend servieren.

Gefüllte Chicorée Hälften

KH 10g | EW 3g | F 8g | kcal 119

Zubereitungszeit:	*30 min*
Portionen:	*4*
Schwierigkeit:	*leicht*

Zutaten

- 480g Chicorée (4 à 120g)
- 150g Paprika (rot)
- 150g Paprika (gelb)
- 30g Walnusskerne
- 1 Zitrone
- 1 TL Estragon Essig
- 1 TL Honig
- etwas Walnussöl
- Salz und Pfeffer

Zubereitung

1) Zunächst die Zitrone heiß abwaschen, etwas Schale abreiben und dann auspressen. Den Chicorée gründlich waschen, trocken tupfen, halbieren und dann das weiße Innere entfernen. Anschließend die Hälften mit dem Zitronensaft einreiben. Die Hälften in einen gelochten Dämpfbehälter geben und bei 100°C für etwa 7 Minuten dämpfen.

2) Währenddessen die Paprika gründlich abwaschen, halbieren und das Kerngehäuse entfernen. Dann in kleine Würfel schneiden. Die Walnusskerne klein hacken.

3) Den Estragon Essig mit dem Honig, etwas Walnussöl und den Zitronenzesten vermischen. Mit Salz und Pfeffer abschmecken.

4) Die Paprikawürfel und die Walnussstücke in die Chicorée Hälften geben und dann mit der Vinaigrette beträufeln. Für weitere 5 Minuten gemeinsam dämpfen.

Gefüllte Rondini

KH 16g | EW 8g | F 5g | kcal 143

Zubereitungszeit: *70 min*
Portionen: *4*
Schwierigkeit: *leicht*

Zutaten

- 800g Rondini Kürbis (4 à 200g)
- 200ml Gemüsebrühe
- 120g Vollkornreis
- 100g Tomaten
- 80g Fetakäse
- 50g Zwiebeln
- 2 Stiele Petersilie
- 1 Stiel Rosmarin
- 1 Zitrone
- etwas Olivenöl
- Salz und Pfeffer

Zubereitung

1) Zunächst die Rondini Kürbisse gründlich abwaschen und anschließend in einen ungelochten Dämpfeinsatz geben. Bei 100°C für etwa 30 Minuten im Ganzen dämpfen.

2) Währenddessen in einen ungelochten Dämpfeinsatz den Reis mit der Gemüsebrühe geben und für etwa 20 Minuten dämpfen. Danach aus dem Dampfgarer nehmen und abkühlen lassen.

3) Die Tomaten gründlich waschen und klein hacken. Die Zwiebel schälen und ebenfalls klein hacken. In einer Schüssel miteinander vermischen. Die Kräuter waschen, abtupfen und klein hacken.

4) Die Zitrone heiß abwaschen, etwas Schale abreiben und dann auspressen. Über die Tomaten-Zwiebel-Mischung geben. Den Reis, die Kräuter und den zerbröselten Fetakäse untermischen. Mit Salz und Pfeffer abschmecken.

5) Den Kürbis abkühlen lassen, den Deckel entfernen, aushöhlen und dann die Füllung hineingeben. Nach Belieben kalt oder warm servieren.

Kürbis in Zitronensoße

KH 28g | EW 3g | F 6g | kcal 152

Zubereitungszeit: *40 min*
Portionen: *4*
Schwierigkeit: *leicht*

Zutaten

- 1500g Spaghetti Kürbis
- 1 Zitrone
- 1 Bund Dill
- etwas Olivenöl
- Salz und Pfeffer

Zubereitung

1) Den Kürbis halbieren und entkernen. In einen gelochten Dämpfbehälter geben und für etwa 20 Minuten bei 100°C dämpfen. Der Kürbis ist gar, wenn die Schale mit dem Finger leicht eingedrückt werden kann.

2) Sobald der Kürbis gar ist, das Fruchtfleisch mithilfe zweier Gabeln lockern und aus der Schale herauslösen.

3) Nun die Zitrone heiß waschen, die Schale abreiben und auspressen. Den Dill waschen, trocken schütteln und klein hacken. Den Zitronensaft, die Schale, das Öl und den Dill in einer Schüssel miteinander vermengen. Das Kürbisfleisch unter die Zitronenmischung mischen und alles miteinander vermengen.

Thai Salat mit Fischkugeln

KH 9g | EW 30g | F 3g | kcal 180

Zubereitungszeit:	*45 min*
Portionen:	*4*
Schwierigkeit:	*leicht*

Zutaten

- 600g Seelachsfilet
  (ohne Haut, gekühlt)
- 250g Salatgurke
- 100g Schlangenbohnen
- 6 EL Thai Fischsoße
- 4 Stiele Minze
- 2 Limetten
- 1 Ei

- 1 Chilischote (rot)
- 1 Knoblauchzehe
- 1 Gemüsezwiebel
- 1 EL Reisessig
- 1 EL Currypaste (rot)
- 1 TL Rohrzucker
- Salz und Pfeffer

Zubereitung

1) Zunächst das Lachsfilet waschen, mit einem Küchentuch abtupfen und würfeln. In einen Mixer geben. Die Limetten heiß waschen, die Schale abreiben und auspressen.

2) Die Limettenschale, die Hälfte des Safts, die Fischsoße und die Curry-paste zu dem Fisch in den Mixer geben und alles klein pürieren. Die Minze waschen, klein hacken und zu guter Letzt in den Mixer geben.

3) Das Ei in einer Schüssel verquirlen und in die Masse mischen. Danach in eine Schüssel füllen. Die Schlangenbohnen waschen, trocken schüt-teln und in schmale Ringe schneiden. Dann in die Fischmasse mischen. Aus der nun fertigen Masse gleichförmige Bälle formen. Diese dann bei etwa 100°C für etwa 20 Minuten dämpfen.

4) Währenddessen die Gemüsezwiebel und die Chilischote waschen. Bei der Chilischote die Kerne entfernen und dann beides klein hacken. Da-nach die Knoblauchzehe und die Zwiebel schälen und beides fein ha-cken. Alles in eine Schüssel geben und mit dem restlichen Limettensaft, etwas Fischsoße, Reisessig und dem Rohrzucker vermengen. Anschlie-ßend beides gemeinsam servieren.

Süßkartoffel-Kokos-Püree

KH 43g | EW 4g | F 1g | kcal 184

Zubereitungszeit:	*60 min*
Portionen:	*4*
Schwierigkeit:	*leicht*

Zutaten

- 750g Süßkartoffeln
- 200ml Kokosmilch
- 5g Ingwer
- 2 Stängel Zitronengras
- 1 Bund Frühlingszwiebeln
- 1 Knoblauchzehe
- Salz und Pfeffer

Zubereitung

1) Zunächst die Süßkartoffeln gründlich waschen. Die Schale entfernen und dann in grobe Würfel schneiden. In einen gelochten Dämpfbehälter geben und dann für etwa 20 Minuten bei 100°C dämpfen.

2) Währenddessen die Frühlingszwiebeln waschen und klein hacken. In einen ungelochten Dämpfbehälter geben und dann ebenfalls für 5 Minuten mit dämpfen.

3) Das Zitronengras klein hacken. Den Knoblauch schälen und durch eine Knoblauchpresse geben. Den Ingwer ebenfalls schälen und klein hacken. Nach den 5 Minuten alle 3 Zutaten zu den Frühlingszwiebeln geben. Für weitere 5 Minuten dämpfen und dann mit der Kokosmilch übergießen. Für etwa 20 Minuten ziehen lassen.

4) Die gegarten Kartoffeln in eine Schüssel geben. Sobald die Kokosmischung fertig gezogen ist, durch ein Sieb über die Kartoffelmasse geben. Anschließend alles klein stampfen. Mit Salz und Pfeffer abschmecken und dann servieren.

Gefülltes Reispapier

KH 10g | EW 26g | F 7g | kcal 209

Zubereitungszeit: *80 min*
Portionen: *3*
Schwierigkeit: *leicht*

Zutaten

- 250g Hähnchenbrust
- 75g Karotten
- 50g Bambussprossen
- 50g Reisnudeln
- 50g Bohnensprossen
- 50g Schalotten
- 2 Eier

- 2 EL Sojasoße
- 2 TL Speisestärke
- 2 TL Fischsoße
- 2 TL Sambal oelek
- 1 EL Sesamöl
- 12 Reispapier

Zubereitung

1) Zunächst die Hähnchenbrust gründlich abspülen und dann mithilfe eines Küchentuchs abtupfen. Anschließend in einen ungelochten Dämpfbehälter geben und bei 100°C für etwa 15 Minuten dämpfen.

2) Währenddessen die Karotten und die Schalotten schälen, beides klein hacken. Die Bambussprossen in feine Streifen schneiden. In einer Schüssel mit Wasser die Reisnudeln weich werden lassen. Die Bohnensprossen in ein Sieb geben und gründlich abwaschen. Das Gemüse nach den 15 Minuten zu dem Fleisch geben, mit dem Sesamöl beträufeln und für 5 Minuten mit dämpfen lassen. Anschließend das Fleisch entnehmen und prüfen, ob es bereits gar ist. Sobald das Fleisch gar ist in feine Würfel schneiden.

3) In der Zwischenzeit die Speisestärke mit der Sojasoße, der Fischsoße und dem Sambal oelek vermengen. Das Fleisch zurück in den Dampfgarer geben und mit der Soße begießen. Nach 5 Minuten den Dämpfeinsatz herausnehmen und die Füllung abkühlen lassen.

4) Nun das Reispapier in einer Schüssel mit Wasser einweichen lassen. Die Eier in eine Schüssel geben und miteinander verquirlen. In die Mitte eines Reispapieres etwa 2 EL Füllung geben, zusammenrollen und mit dem Ei die Ränder bestreichen und somit verschließen. Sobald alle Rollen fertig sind, in einen ungelochten Dämpfbehälter geben und bei 100°C für etwa 15 Minuten dämpfen.

Blumenkohl-Kokos-Fladen

KH 20g | EW 7g | F 14g | kcal 225

Zubereitungszeit: *60 min*
Portionen: *4*
Schwierigkeit: *leicht*

Zutaten

- 500g Blumenkohl
- 200g Kokosmilch
- 50g Semmelbrösel
- 50g Butter
- 20g Kokosraspel
- 6 Eier
- etwas Muskatnuss (gerieben)
- etwas Zucker
- Salz

Zubereitung

1) Zuerst den Blumenkohl waschen, das Grünzeug entfernen und dann die Röschen abtrennen. Den Strunk in Scheiben schneiden. Nun den Blumenkohl in einen gelochten Dämpfbehälter geben und bei 100°C für etwa 15 Minuten dämpfen.

2) Die Eier trennen. Das Eiweiß in eine Schüssel geben und das Eigelb für ein anderes Rezept nutzen. Den Blumenkohl gemeinsam mit dem Eiweiß in einen Mixer geben. Dann die Kokosmilch, die Semmelbrösel und Kokosraspeln hinzufügen. Mit Muskatnuss, Zucker und Salz abschmecken.

3) Zu guter Letzt die Masse in einen ungelochten Dämpfbehälter geben und dann bei 100°C für etwa 30 Minuten dämpfen. Alternativ können auch Förmchen genommen werden, um die Masse direkt zu portionieren.

Lachs im Zwiebelring

KH 12g | EW 18g | F 13g | kcal 231

Zubereitungszeit:	*70 min*
Portionen:	*4*
Schwierigkeit:	*leicht*

Zutaten

- 300g Lachsfilet
- 200g Kartoffeln
- 50g Gemüsezwiebel
- 40g Sahne
- 2 Zweige Rosmarin
- 2 Zweige Thymian
- 1 Zitrone

- 1 Ei
- ½ Bund Schnittlauch
- etwas Muskatnuss (gemahlen)
- etwas Öl
- Salz und Pfeffer

Zubereitung

1) Die Kartoffeln putzen und dann in einem ungelochten Dämpfbehälter bei 100°C für etwa 25 Minuten dämpfen. In der Zwischenzeit die Schale der Zwiebel entfernen, dann halbieren und für 10 Minuten dämpfen. Anschließend jeweils die äußeren 3 Zwiebelschalen abtrennen.

2) Die übrigen Zwiebelstücke fein hacken. Einen ungelochten Dämpfbehälter mit etwas Öl bestreichen, die Zwiebeln hineingeben und dann bei 100°C für etwa 10 Minuten dämpfen.

3) Die Kartoffeln schälen und durch eine Kartoffelpresse geben. Mit dem Muskat, Salz und Pfeffer würzen. Die Sahne hinzugeben und alles zusammen rühren. Das Ei trennen. Das Eigelb unter die Masse rühren. Das Eiweiß zu Eischnee schlagen.

4) Die Hälfte des Lachsfilets grob hacken, die andere Hälfte fein würfeln. Jede Zwiebelschale mit Salz und Pfeffer würzen. Die groben Lachsstücke hineingeben. Den Thymian, Rosmarin und den Schnittlauch waschen, trocken schütteln und klein hacken. Die Zitrone abwaschen, etwas Schale abreiben und dann auspressen. Alles über die Lachsstücke geben.

5) Die feinen Lachswürfel mit den gedünsteten Zwiebelwürfeln und der Kartoffelmasse vermischen. Den Eischnee unterheben. Die Masse in die Zwiebeln füllen und für etwa 40 Minuten bei 100°C dämpfen.

Asiatische Garnelenbällchen

KH 8g | EW 43g | F 4g | kcal 243

Zubereitungszeit: *40 min*
Portionen: *3*
Schwierigkeit: *leicht*

Zutaten
- 600g Garnelen (essfertig)
- 200g Pack Choi
- 2 Frühlingszwiebeln
- 2 Knoblauchzehen
- 1 Ei
- 1 EL Speisestärke
- 1 TL Ingwer
- Sojasauce
- Salz und Cayennepfeffer

Zubereitung

1) Die Frühlingszwiebeln waschen und klein hacken. Die Schale der Knoblauchzehen entfernen und dann durch eine Knoblauchpresse geben.

2) Die Garnelen waschen und in einem Küchentuch trocken tupfen. Eine Hälfte fein pürieren und die andere Hälfte fein hacken. Das Ei trennen. Das Eiweiß in eine Schüssel geben und das Eigelb für ein anderes Rezept nutzen.

3) Zu dem Eiweiß, die Zwiebeln und den Knoblauch geben. Den Ingwer schälen, klein hacken und ebenfalls in die Schüssel geben. Alle Zutaten miteinander vermengen. Mit Cayennepfeffer, Sojasauce und Salz abschmecken. Die Hände anfeuchten und aus der Masse etwa 20 Bällchen formen.

4) Währenddessen den Pak Choi waschen, putzen und in einen gelochten Dämpfbehälter geben. Darüber die Sojasauce träufeln. Die Bällchen darauf geben und für etwa 10 Minuten bei 100°C dämpfen.

Asiatische Teigtaschen vegetarisch

KH 31g | EW 13g | F 9g | kcal 248

Zubereitungszeit:	*50 min*
Portionen:	*2*
Schwierigkeit:	*leicht*

Zutaten

- 250g Dumpling Teig
- 200g Tofu
- 100g Schalotten
- 20g Ingwer
- 10g Chilischote
- 1 Knoblauchzehe
- 1 Bund Koriander
- etwas Sonnenblumenöl

Zubereitung

1) Zuerst die Schale der Schalotte und des Knoblauchs entfernen. Den Knoblauch durch eine Presse geben und die Zwiebel klein hacken. Den Ingwer gründlich waschen und fein hacken.

2) Die Chilischote ebenfalls waschen und klein hacken. Alle Zutaten in einen ungelochten Dämpfbehälter geben und anschließend für etwa 5 Minuten bei 100°C dämpfen.

3) Anschließend mit etwas Sojasoße beträufeln. Den Tofu abtropfen lassen und klein würfeln. Den Koriander waschen, trocken schütteln und klein hacken. Nach weiteren 5 Minuten zu dem Gemüse geben. Etwas Sonnenblumenöl und Sojasoße darüber träufeln und dann für etwa 10 Minuten dämpfen.

4) Währenddessen auf einer leicht bemehlten Arbeitsfläche den Teig ausrollen und in gleich große Quadrate schneiden. Jeweils einen Teelöffel der Füllung in die Mitte geben und dann verschließen. Dafür am besten eine Gabel zur Hilfe nehmen.

5) In einen gelochten Dämpfbehälter geben und für 10 Minuten bei 100°C dämpfen. Anschließend mit etwas Sojasoße servieren.

Pikante Tortilla

KH 17g | EW 35g | F 7g | kcal 273

Zubereitungszeit:	*30 min*
Portionen:	*4*
Schwierigkeit:	*leicht*

Zutaten

- 600g Rinderfilet (zart)
- 450g Paprika (rot)
- 200g Zwiebeln
- 1 EL Salsa Soße
- 1 TL Chilipulver
- 4 Maistortilla
- Salz und schwarzer Pfeffer

Zubereitung

1) Zunächst die Schale der Zwiebel entfernen und anschließend fein hacken. Die Paprika gründlich waschen, halbieren, das Kerngehäuse entfernen und ebenfalls klein hacken.

2) Das Fleisch in kleine Würfel schneiden und in einen ungelochten Dämpfbehälter geben. Mit Salz und Pfeffer würzen und dann bei 100°C für etwa 5 Minuten dämpfen.

3) Nun die Zwiebel und die Paprika ebenfalls hinzugeben. Mit dem Chilipulver, etwas Salz und Pfeffer würzen. Die Salsasoße hinzugeben. Für weitere 7 Minuten dämpfen.

4) Etwa 3 Minuten vor Ablauf der Dämpfzeit in einen weiteren ungelochten Dämpfbehälter die Tortillas geben und warm machen. Zu guter Letzt die Füllung in die Tortillas geben und servieren.

Gefüllter Kürbis gebacken

KH 33g | EW 8g | F 13g | kcal 274

Zubereitungszeit:	*50 min*
Portionen:	*8*
Schwierigkeit:	*leicht*

Zutaten

- 2000g Hokkaidokürbis (à 4 Kürbisse)
- 100g Mascarpone
- 100g Gorgonzola
- 20g Kürbiskerne
- 3 Zweige Petersilie
- 3 Zweige Rosmarin
- ½ Bund Schnittlauch
- Meersalz und Pfeffer

Zubereitung

1) Zuerst die Kürbisse gründlich abwaschen, dann in zwei Hälften teilen und die Kerne entfernen. In einen gelochten Dämpfbehälter geben und bei 100°C für etwa 10 Minuten dämpfen.

2) In der Zwischenzeit den Gorgonzola zerbröseln und in einer Schüssel mit der Mascarpone mischen. Die Petersilie und den Schnittlauch waschen, trocken schütteln und dann klein hacken. Gemeinsam mit etwas Meersalz und Pfeffer in die Mischung geben. Alle Zutaten gründlich miteinander verrühren.

3) Sobald die gedämpften Kürbishälften etwas abgekühlt sind, die Käsecreme auf die Hälften verteilen. In einen ungelochten Dämpfbehälter geben und dann bei 100°C für etwa 20 Minuten dämpfen.

4) Währenddessen die Rosmarinzweige waschen, trocken schütteln und klein hacken. Sobald die Hälften nun fertig sind, mit dem Rosmarin und Kürbiskernen garnieren und servieren.

Gemüsecouscous

KH 61g | EW 8g | F 1g | kcal 297

Zubereitungszeit:	*40 min*
Portionen:	*3*
Schwierigkeit:	*leicht*

Zutaten

- 500g Tomaten
- 300g Couscous
- 250ml Gemüsebrühe
- 200g Zucchini
- 100g Sultaninen
- 30g Gemüsezwiebel
- 5g Ingwer
- 1 Paprikaschote (rot)
- 1 Paprikaschote (gelb)
- 1 Bund Frühlingszwiebeln
- 1 Chilischote
- 1 TL Garam Masala
- etwas Olivenöl

Zubereitung

1) Zunächst die Schale der Gemüsezwiebel entfernen und in feine Scheiben schneiden. Die Frühlingszwiebeln waschen, putzen und in feine Ringe schneiden. Die Paprikaschoten waschen, putzen, die Kerne entfernen und in schmale Streifen schneiden.

2) Die Chilischote putzen, entkernen und fein hacken. Den Ingwer schälen und klein schneiden. Die Zucchini putzen und in Scheiben schneiden. Die Tomaten waschen, die Haut entfernen und würfeln.

3) Einen ungelochten Dämpfbehälter einfetten. Die vorbereiteten Zutaten zusammen mit dem Couscous, der Gemüsebrühe, den Sultaninen und dem Garam Masala in den Dämpfeinsatz geben.

4) Bei 100°C für etwa 15 Minuten im Dampfgarer dämpfen. Umrühren und nach Geschmack eventuell nach würzen.

Semmelknödel

KH 57g | EW 11g | F 4g | kcal 309

Zubereitungszeit: *40 min*
Portionen: *6*
Schwierigkeit: *leicht*

Zutaten

- 250g Semmelbrösel
- 250ml Milch (1,5% Fett)
- 200g Weizenmehl
- 100g Zwiebel
- 2 EL Schmand
- 2 Stiele Petersilie
- 1 Ei
- etwas Muskatnuss (gemahlen)
- Salz und Pfeffer

Zubereitung

1) Zunächst die Schale der Zwiebeln entfernen und anschließend klein hacken. In einen ungelochten Dämpfbehälter geben und bei 100°C für etwa 10 Minuten dämpfen.

2) Währenddessen die Petersilie waschen, trocken schütteln, klein hacken und zusammen mit den Semmelbröseln, der Milch, dem Mehl und dem Schmand vermischen. Das Ei verquirlen und dann gemeinsam mit den gedämpften Zwiebeln dazu geben. Zu guter Letzt mit Muskat, Pfeffer und Salz würzen. Die Zutaten miteinander verkneten, bis eine zähe Masse entsteht.

3) Aus dem fertigen Teig 20-25 gleich große Knödel formen. Dann die Knödel in einen ungelochten Dämpfbehälter geben und für etwa 15 Minuten bei 100°C dämpfen.

Linsensalat mit Joghurt Dressing

KH 45g | EW 21g | F 3g | kcal 313

Zubereitungszeit:	*30 min*
Portionen:	*3*
Schwierigkeit:	*leicht*

Zutaten

- 300ml Gemüsebrühe
- 200g Linsen (rot)
- 180g Karotten
- 150g Naturjoghurt (3,5% Fett)
- 150g Feldsalat
- 50g Aprikosen (getrocknet)
- 50g Zwiebel
- 1 Limette
- 1 TL Honig
- 1 TL Koriander (gemahlen)
- 1 TL Zimt
- 1 TL Kardamom (gemahlen)
- etwas Olivenöl
- Salz und Pfeffer

Zubereitung

1) Zuerst die Schale der Zwiebel und der Karotten entfernen und anschließend beides fein würfeln. Die Aprikosen klein hacken und die Linsen in ein Sieb geben und gründlich auswaschen. Alle Zutaten in einen ungelochten Dämpfbehälter geben.

2) Mit dem Koriander, Zimt, Kardamom, Salz und Pfeffer würzen. Anschließend mit der Gemüsebrühe übergießen und bei 100°C für etwa 15 Minuten dämpfen.

3) Währenddessen den Joghurt in eine Schüssel geben, etwas Olivenöl untermischen. Die Limette heiß abwaschen, etwas Schale abreiben und dann auspressen, beides unter die Joghurt Mischung mischen. Mit Salz, Pfeffer und dem Honig abschmecken.

4) Den Salat gründlich abwaschen, trocken tupfen und dann auf die Teller verteilen. Das noch warme Linsengemüse dazu geben und den Salat untermischen. Mit dem Dressing beträufeln und servieren.

Gnocchi mit Tomaten

KH 63g | EW 11g | F 3g | kcal 326

Zubereitungszeit: *60 min*
Portionen: *3*
Schwierigkeit: *leicht*

Zutaten

- 500g Kartoffeln
- 60g Reismehl
- 50g Tomaten (getrocknet)
- 40 g Kartoffelstärke
- 3 EL Tomatenmark
- 1 Ei
- etwas Butter
- etwas Olivenöl
- Salz

Zubereitung

1) Zunächst die Kartoffeln putzen und in einen ungelochten Dämpfbehälter geben. Dann bei 100°C für etwa 30 Minuten im Dampfgarer dämpfen.

2) Währenddessen die getrockneten Tomaten fein hacken und in eine Schüssel geben. Etwas Olivenöl über die Tomaten gießen.

3) Die gedämpften Kartoffeln schälen und in eine Schüssel fein reiben. Die Tomaten, das Tomatenmark, das Mehl und das Ei zu den Kartoffeln geben. Mit Salz würzen. Alle Zutaten miteinander vermengen und zu einem Teig verkneten.

4) Den Teig ausrollen, sodass er etwa 1 cm hoch ist. Mithilfe einer Gabel etwas andrücken. Nun den Teig in gleichmäßige kleine Stücke zerteilen und diese in einen ungelochten Garbehälter geben. Für etwa 10 Minuten bei 100°C dämpfen.

Knödel aus Kartoffeln

KH 63g | EW 12g | F 4g | kcal 335

Zubereitungszeit:	*50 min*
Portionen:	*4*
Schwierigkeit:	*leicht*

Zutaten

- 1000g Kartoffeln
- 50g Weizenmehl (Type 405)
- 50g Kartoffelstärke
- 2 Eier
- etwas Muskatnuss (gerieben)
- etwas Olivenöl
- Meersalz

Zubereitung

1) Zunächst die Kartoffeln abwaschen und in einem gelochten Dämpfeinsatz für etwa 30 Minuten bei 100°C dämpfen.

2) Anschließend die Kartoffeln pellen, solange sie noch warm sind und durch eine Kartoffelpresse drücken. Die Eier in eine Schüssel geben und miteinander verquirlen.

3) Zu den gepressten Kartoffeln das Mehl, die Kartoffelstärke und die Eier geben. Mit etwas Muskatnuss und Salz würzen. Alle Zutaten gründlich miteinander vermengen.

4) Die Arbeitsfläche mit etwas Mehl bestreuen und darauf aus dem Teig eine Rolle formen. Nun die Rolle 12-14 gleich große Stücke aufteilen und zu runden Knödeln rollen.

5) Einen gelochten Dämpfbehälter mit etwas Öl fetten und die Knödel hineingeben. Bei 100°C für etwa 16 Minuten dämpfen.

Hefebrote mit Füllung

KH 51g | EW 20g | F 11g | kcal 403

Zubereitungszeit:	*50 min*
Portionen:	*3*
Schwierigkeit:	*leicht*

Zutaten

- 250g Mehl
- 150g Schweinehackfleisch
- 2 EL süß-scharfe Chilisauce
- 2 EL Sojasauce
- 2 TL Sesamöl
- 2 TL Fünf-Gewürz-Pulver

- 1 Knoblauchzehe
- 1 Frühlingszwiebel
- 1 EL Öl
- 1 TL Zucker
- ½ Würfel Hefe
- Salz

Zubereitung

1) Zunächst das Mehl in eine Schüssel sieben und eine Vertiefung hinein-drücken. Die Hefe klein bröseln und dazu geben, den Zucker darüber streuen. 150ml lauwarmes Wasser dazu gießen und so lange kneten, bis ein glatter Teig entstanden ist. Den Teig zudecken und für 45 Minu-ten an einen warmen Ort quellen lassen.

2) Währenddessen das Hackfleisch mit dem 5-Gewürz-Pulver würzen. Die Frühlingszwiebel waschen und fein würfeln. Einen ungelochten Dämpfbehälter ölen und dann das Hackfleisch hineingeben. Bei 100°C für etwa 10 Minuten dämpfen. Die Schale des Knoblauchs entfernen, durch eine Knoblauchpresse geben und nach den 10 Minuten, gemein-sam mit den Frühlingszwiebeln zu dem Hackfleisch geben. Mit Chili-sauce, Sojasauce, Sesamöl, Zucker und Salz würzen.

3) Nun die Arbeitsfläche bemehlen und den Teig darauf durchkneten. In 10 Stücke teilen. Die Teigstücke rund ausrollen. In die Mitte etwas Fül-lung geben und zusammendrehen, sodass eine Brötchenform entsteht. Die Ränder gut andrücken. Die Brötchen in einen ungelochten Dämpf-behälter geben und dann bei 100°C für etwa 20 Minuten dämpfen.

Pikante Limetten-Hackbällchen

KH 5g | EW 34g | F 31g | kcal 435

Zubereitungszeit:	*30 min*
Portionen:	*4*
Schwierigkeit:	*leicht*

Zutaten

- 600g Rinderhackfleisch
- 100ml Sojasauce
- 5g Ingwer
- 2 Knoblauchzehen
- 2 Eier
- 1 Limette
- 1 EL Wasabi-Paste
- ½ Frühlingszwiebel
- Salz und Japanischer Bergpfeffer

Zubereitung

1) Zuerst die Frühlingszwiebel putzen und fein hacken. Die Schale von dem Knoblauch entfernen und dann fein hacken. Die Limette unter heißem Wasser waschen, etwas Schale abreiben und dann auspressen.

2) Die Eier in einer Schüssel verquirlen. Das Hackfleisch, 2 EL Sojasauce, der Frühlingszwiebel, der Limettenschale, dem Knoblauch, Pfeffer und Salz in eine Schüssel geben. Danach zu einem einheitlichen Teig verkneten. Anschließend aus dem Teig etwa walnussgroße Bällchen formen. Nun die Bällchen in einen ungelochten Dämpfbehälter geben und dann bei 100°C für etwa 10 Minuten dämpfen.

3) Währenddessen den Saft der Limette in einer Schüssel mit der Wasabi-Paste vermischen. Den Ingwer waschen, schälen und fein reiben. Gemeinsam mit 8 EL Sojasauce zu der Limettensaftmischung geben und gründlich vermischen. Zu guter Letzt die Hackbällchen gemeinsam mit dem Dip servieren.

Avocado-Garnelen-Salat

KH 25g | EW 33g | F 26g | kcal 449

Zubereitungszeit: 50 min
Portionen: 4
Schwierigkeit: leicht

Zutaten

- 500g Garnelen
  (groß, essfertig)
- 500g Salat (gemischt)
- 500g Avocado
- 250g Zucchini
- 100g Radieschen
- 15g Sesam
- 3 Stiele Basilikum
- 3 Knoblauchzehen

- 1 Zitrone
- 1 Limette
- 1 EL Chili (getrocknet)
- 1 EL Balsamico Essig
- ½ Bund Schnittlauch
- etwas Olivenöl
- Meersalz und schwarzer
  Pfeffer

Zubereitung

1) Zunächst 2 Knoblauchzehen schälen und durch eine Knoblauchpresse geben. Die Garnelen in ein Sieb geben und gründlich waschen, abtupfen und in einen ungelochten Dämpfbehälter geben. Den Knoblauch, die Chili und etwas Öl über die Garnelen geben und dann bei 100°C für 10 Minuten dämpfen.

2) Währenddessen die Zucchini gründlich abwaschen und dann fein reiben. Auf ein Küchentuch geben und die Flüssigkeit ausdrücken. Den Salat und die Radieschen gründlich auswaschen. Die Radieschen in feine Würfel schneiden und den Salat klein hacken. Die Avocados schälen, die Kerne entfernen und in Würfel schneiden. Die Limette heiß abwaschen, auspressen und dann damit die Avocado beträufeln.

3) Die Zitrone heiß abwaschen, etwas Schale abreiben, auspressen und beides in eine Schüssel geben. Etwas Olivenöl und den Balsamico Essig hinzugeben. Die letzte Knoblauchzehe schälen, ebenfalls durch eine Presse geben. Mit Meersalz und schwarzem Pfeffer hinzufügen.

4) Alle Komponenten gemeinsam anrichten und dann mit dem Dressing garnieren. Die Kräuter abwaschen trocken schütteln und klein hacken. Mit dem Sesam damit den Salat abrunden.

Hackbällchen

KH 27g | EW 27g | F 27g | kcal 456

Zubereitungszeit:	*50 min*
Portionen:	*4*
Schwierigkeit:	*leicht*

Zutaten

- 500g Schweinehack
- 250g Langkornreis
- 200ml Gemüsebrühe
- 50g Frühlingszwiebeln
- 30g Erdnusskerne
- 20g Ingwer
- 3 EL Sojasauce
- 1 Chilischote (rot)

Zubereitung

1) Zunächst den Reis in einen ungelochten Dämpfeinsatz geben und dann mit der Gemüsebrühe übergießen. Bei 100°C für etwa 10 Minuten dämpfen. Anschließend auf ein Küchentuch geben und trocknen. In einen tiefen Teller geben.

2) Nun die Erdnusskerne klein hacken. Den Ingwer schälen und fein würfeln. Die Chilischote und die Frühlingszwiebeln abspülen und fein hacken. Zusammen mit dem Hackfleisch und der Sojasauce in eine Schüssel geben und miteinander vermengen. Aus der Masse etwa 20 Bällchen formen und in dem Reis wenden.

3) Anschließend die Bällchen in einen ungelochten Dämpfbehälter geben und bei 100°C für etwa 25 Minuten dämpfen.

Kartoffelgratin

KH 58g | EW 17g | F 20g | kcal 480

Zubereitungszeit:	*90 min*
Portionen:	*4*
Schwierigkeit:	*leicht*

Zutaten

- 1000g Kartoffeln
- 500ml Sahne
- 150g Emmentaler (gerieben)
- 4 Knoblauchzehen
- 1 Limette
- Muskatnuss (gerieben)
- Meersalz und Pfeffer

Zubereitung

1) Zuerst die Schale der Kartoffeln entfernen und dann in schmale Scheiben schneiden. Dafür kann nach Belieben auch eine Reibe genutzt werden. Anschließend in einen ungelochten Dämpfbehälter geben und darin schichten.

2) Den Knoblauch schälen und dann durch eine Knoblauchpresse in eine Schüssel geben. Die Sahne hinzufügen und beides miteinander vermengen. Mit Salz, Pfeffer und Muskatnuss abschmecken.

3) Die Limette heiß abwaschen, etwas Schale abreiben und dann auspressen. Den Saft und die abgeriebene Schale ebenfalls in die Sahnemischung geben. Danach über die Kartoffeln geben.

4) Zu guter Letzt mit dem Käse bestreuen. Nun bei 100°C für etwa 60 Minuten dämpfen.

Feigen-Walnuss-Brot

KH 85g | EW 17g | F 17g | kcal 547

Zubereitungszeit:	*45 min*
Portionen:	*4*
Schwierigkeit:	*leicht*

Zutaten

- 500g Dinkelmehl
- 300ml Wasser (kalt)
- 80g Walnüsse
- 20g Feigen (getrocknet)
- 1 Prise Zucker
- ¼ Hefewürfel
- etwas Salz

Zubereitung

1) Zunächst das kalte Wasser in eine Schüssel geben. Das Dinkelmehl hinzufügen und beides miteinander verkneten. Die Hefe, den Zucker und etwas Salz hinzufügen und mit in die Mischung einkneten.

2) Die Feigen klein hacken. Die Walnüsse ebenfalls auf ein Brett geben und fein hacken. Beides mit in den Teig geben. Abgedeckt für einige Minuten gehen lassen.

3) Anschließend auf einer bemehlten Arbeitsfläche in 2 Teile teilen und dann beide zu einer langen Rolle formen. Danach zu einem Zopf flechten und bei 100°C in einen ungelochten Dämpfbehälter für etwa 30 Minuten dämpfen.

Zarte Fleischscheiben mit Thunfischsoße

KH 5g | EW 63g | F 48g | kcal 704

Zubereitungszeit:	*90 min*
Portionen:	*4*
Schwierigkeit:	*leicht*

Zutaten

- 1000g Kalbsnuss
  (alternativ: Tafelspitz)
- 200g Thunfisch
  (aus der Dose)
- 100g Mayonnaise
- 100ml Rinderfond
- 50g Rucola Salat
- 25g Parmesan

- 4 Sardinenfilets (eingelegt)
- 3 TL Kapern
- 2 Zitronen
- 1 Ei (hart gekocht)
- etwas Olivenöl
- Meersalz

Zubereitung

1) Zunächst das Fett und die Sehnen vorsichtig von dem Fleisch entfernen. Danach abspülen und mit einem Küchentuch abtupfen. Nun in einen ungelochten Dämpfbehälter geben und bei 100°C für etwa 50 Minuten dämpfen.

2) Währenddessen die Zitronen heiß abwaschen. Die Schale abreiben und danach auspressen. Beides in eine Schüssel geben. Das hartgekochte Ei klein hacken und dann mit zu dem Zitronensaft geben.

3) Nun den Thunfisch abtropfen lassen und ebenfalls in die Ei-Mischung geben. Die Sardinen, die Mayonnaise und den Rinderfond hinzufügen. 2 TL Kapern dazugeben. Nach Belieben noch etwas Thunfischfilet dazugeben. Dann mithilfe eines Pürierstabes fein pürieren und mit Salz und Pfeffer abschmecken.

4) Den Rucola Salat gründlich abwaschen und dann klein schneiden. Den Parmesan mithilfe einer Reibe grob hobeln.

5) Nach Ablauf der Dämpfzeit prüfen, ob das Fleisch gar ist, sonst für weitere 15 Minuten dämpfen lassen. Sobald das Fleisch fertig ist, dieses in dünne Scheiben schneiden und auf einem Teller anrichten. Den Salat und den Parmesan in der Mitte platzieren. Mit der Thunfischsoße bestreichen, mit den restlichen Kapern garnieren und servieren.

Russische Teigtaschen

KH 93g | EW 37g | F 32g | kcal 808

Zubereitungszeit:	*60 min + 30 min Wartezeit*
Portionen:	*8*
Schwierigkeit:	*leicht*

Zutaten

- 1000g Hackfleisch (gemischt)
- 1000g Weizenmehl
- 50ml Sonnenblumenöl
- 5 Zwiebeln
- 2 Eier
- Salz und Pfeffer

Zubereitung

1) Zuerst Mehl, Wasser, Eier und Salz in eine Schüssel geben und miteinander verrühren. Aus dem Teig eine Kugel formen und Mehl darüber streuen. Die Schüssel abdecken und für etwa 30 Minuten zur Seite stellen.

2) In der Zwischenzeit die Füllung zubereiten. Dafür die Schale der Zwiebeln entfernen und dann klein hacken. Gemeinsam mit dem Hackfleisch in einer Schüssel zu einer gleichmäßigen Masse vermischen. Das Öl dazu geben und mit Salz und Pfeffer würzen.

3) Nach dem Ruhen des Teiges, diesen erneut durchkneten und dann in 8 gleich große Stücke teilen. Die Teigstücke so ausrollen, dass ein etwa 3mm dicker Kreis entsteht. Aus den Kreisen mehrere Vierecke schneiden und darauf jeweils 1 EL der Füllung geben. Nun die gegenüberliegenden Ecken zusammendrücken und danach noch die seitlichen Ecken zusammendrücken.

4) Die Päckchen mit etwas Öl bestreichen und in einen gelochten Dämpfbehälter geben. Dann bei 100°C für etwa 40 Minuten dämpfen. Anschließend nacheinander entnehmen, damit der Teig nicht reißt.

Süßes Pflaumenpüree

KH 195g | EW 0g | F 0g | kcal 863

Zubereitungszeit: *60 min*
Portionen: *5*
Schwierigkeit: *leicht*

Zutaten

- 600ml Rotwein (trocken)
- 450g Rohrzucker
- 450g Zucker
- 300g Balsamico Essig
- 100g Pflaumen
- 3 Nelken
- 2 Stangen Zimt
- 2 Lorbeerblätter
- 2 Sternanis
- 1 Vanilleschote
- 1 TL Zitronenschale (getrocknet)

Zubereitung

1) Zunächst den Rotwein und den Balsamico Essig in einen Topf geben. Die Nelken, Zimtstangen, Lorbeerblätter, den Sternanis und die Zitronenschale hinzufügen. Die Vanilleschote aufschneiden und das Mark herausschaben. Gemeinsam mit der Schote in den Rotwein geben.

2) Nun den Zucker und den Rohrzucker hinzugeben und alles dicklich einkochen lassen.

3) Währenddessen die Pflaumen gründlich abwaschen, die Kerne entfernen und dann klein würfeln. In einen ungelochten Dämpfbehälter geben und anschließend mit der hergestellten Soße übergießen. Bei 100°C für etwa 30 Minuten einkochen lassen. Nach Belieben kann anschließend das Ganze auch püriert werden.

Blätterteig-Sesam Ecken auf Brie

KH 41g | EW 29g | F 69g | kcal 897

Zubereitungszeit:	*30 min*
Portionen:	*3*
Schwierigkeit:	*leicht*

Zutaten

- 450g Blätterteig (TK)
- 360g Brie
- 20g Sesam (hell)
- 20g Sesam (dunkel)
- 2 Eier
- 1 Bund Rucola

Zubereitung

1) Zunächst den Blätterteig auftauen lassen. Anschließend in gleichmäßige Rechtecke mit den Maßen 10cm x 10cm schneiden. Anschließend zu einem Dreieck zusammenklappen.

2) Die Eier trennen. Das Eigelb in einer Schüssel verquirlen und das Eiweiß für ein anderes Rezept nutzen. Anschließend die Blätterteig Dreiecke mit dem Eigelb bestreichen. Die beiden Sesamsorten in einer Schüssel vermischen und dann über die Blätterteig Dreiecke streuen.

3) In einen ungelochten Dämpfeinsatz geben und dann bei 100°C für etwa 10 Minuten dämpfen.

4) Währenddessen den Salat gründlich waschen und anschließend halbieren. Den Brie in schmale Scheiben schneiden. Etwa 3 Minuten vor Ablauf der Dämpfzeit, den Brie mit in den Dämpfeinsatz geben und leicht anschmelzen lassen.

5) Den Salat auf Tellern anrichten. Den angeschmolzenen Brie darauf geben und dann die Blätterteigdreiecke darauf platzieren. Nach Belieben mit etwas Balsamico Essig und Öl garnieren.

Dampfgarer
Nachspeisen

Rezept Welt

Soufflé au Zitrone

KH 12g | EW 6g | F 10g | kcal 177

Zubereitungszeit:	*60 min*
Portionen:	*4*
Schwierigkeit:	*leicht*

Zutaten

- 100ml Milch (1,5% Fett)
- 25g Butter
- 25g Weizenvollkornmehl
- 20g Zucker
- 10ml Apricot Brandy
- 2 Eier
- 1 Zitrone
- 4 Soufflé Formen

Zubereitung

1) Zunächst in einen Kochtopf die Butter geben und darin zerlassen. Das Mehl hinzufügen und alles zu einer einheitlichen Masse verrühren. Die Milch nach und nach in die Masse einrühren.

2) Die Zitrone heiß abwaschen, etwas Schale abreiben und dann auspressen. Die Eier trennen. Das Eigelb in die Mehlmasse einrühren.

3) Das Eiweiß in eine Schüssel geben und mit dem Zucker steif schlagen. Anschließend ebenfalls unter die Masse heben.

4) Die Soufflé Formen mit der Butter einreiben. Mit etwas Zucker bestreuen. Nun den Teig gleichmäßig darauf aufteilen. Mit etwas Alufolie zudecken und dann bei 100°C für etwa 30 Minuten dämpfen.

Weihnachtliche Äpfel

KH 33g | EW 2g | F 5g | kcal 180

Zubereitungszeit:	*40 min*
Portionen:	*4*
Schwierigkeit:	*leicht*

Zutaten

- 400g Äpfel (4 à 100g)
- 50g Rosinen
- 20g Marzipanrohmasse
- 20g Pflaumenmarmelade
- 15g Mandeln (gehackt)
- 15g Zucker
- 10g Butter

Zubereitung

1) Zunächst die Butter leicht anschmelzen lassen und dann in eine Schüssel geben. Zimt und Zucker hinzufügen und gründlich miteinander vermischen. Die Rosinen nach Belieben halbieren oder im Ganzen zu der Mischung geben.

2) Die Nüsse und die Marmelade unterrühren. Die Äpfel gründlich waschen und das Kerngehäuse mit einem Ausstecher entfernen.

3) Nun abwechselnd die Mitte des Apfels mit der Marzipanrohmasse und mit der Rosinenmischung füllen bis alles verbraucht ist.

4) Die Äpfel anschließend in einen gelochten Dämpfbehälter geben und bei 100°C für etwa 25 Minuten dämpfen.

Quark-Mango Dessert mit Mandeln

KH 19g | EW 13g | F 12g | kcal 237

Zubereitungszeit:	*40 min*
Portionen:	*4*
Schwierigkeit:	*leicht*

Zutaten

- 200g Mangopüree
- 75g Naturjoghurt (3,5% Fett)
- 75g Speisequark (40% Fett)
- 20g Mandeln (gerieben)
- 15g Zucker
- 10g Mandeln (ganz)
- 10g Kokosflocken
- 3 Eier
- 3 Eigelbe

Zubereitung

1) Zuerst drei Eier trennen. Das Eigelb mit den restlichen Eiern verquirlen und das Eiweiß für ein anderes Rezept verwenden. Den Zucker ebenfalls hineingeben und gründlich miteinander verrühren.

2) In einer weiteren Schüssel den Joghurt mit dem Quark vermischen. Das Mangopüree unterheben und die geriebenen Mandeln ergänzen.

3) Zu guter Letzt die Eimischung hinzufügen und alles gründlich vermischen. Nun die Masse in einen ungelochten Dämpfbehälter geben und dann bei 100°C für etwa 25 Minuten dämpfen.

4) Nach etwa 15 Minuten die ganzen Mandeln gleichmäßig über der Masse verteilen. Nach den 25 Minuten herausnehmen. Mit den Kokosflocken garnieren und entweder warm oder kalt genießen.

Hirse-Zimt-Küchlein

KH 19g | EW 11g | F 17g | kcal 269

Zubereitungszeit:	*60 min*
Portionen:	*6*
Schwierigkeit:	*leicht*

Zutaten

- 200ml Milch (1,5% Fett)
- 100g Hirse
- 100g Walnüsse (gemahlen)
- 4 Eier
- 4 EL Honig
- ½ Zitrone
- ½ TL Zimt
- 6 Muffinformen

Zubereitung

1) Zunächst die Hirse in einen ungelochten Dämpfeinsatz geben. Mit der Milch übergießen und mit etwas Zimt abschmecken. Dann bei 100°C etwa 15 Minuten dämpfen.

2) Währenddessen die Eier trennen. Das Eigelb in einer Schüssel mit dem Honig vermengen. Die Zitrone heiß abwaschen, etwas Schale abreiben und dann auspressen. Beides mit zu dem Eigelb geben und gründlich miteinander verquirlen.

3) Das Eiweiß zu Eischnee schlagen und kurz zur Seite stellen. Die Hirse, die Walnüsse und die Eigelb Mischung miteinander vermengen und zu guter Letzt das geschlagene Eiweiß darunter heben.

4) Den fertigen Teig auf die Muffinformen aufteilen und anschließend bei 100°C für etwa 35 Minuten dämpfen.

Bälle mit Schokofüllung

KH 24g | EW 8g | F 16g | kcal 273

Zubereitungszeit:	*70 min*
Portionen:	*8*
Schwierigkeit:	*leicht*

Zutaten

- 250g Quark (20% Fett)
- 100g Semmelbrösel
- 50g Weizenvollkornmehl
- 16 Lindor Kugel
- 1 Ei
- etwas Butter
- Salz

Zubereitung

1) Zunächst das Ei in eine Schüssel schlagen und verquirlen. Den Quark, und das Mehl hinzufügen, eine Prise Salz hinzufügen und dann alle Zutaten miteinander vermengen. Anschließend den Teig für 30 Minuten in dem Kühlschrank kalt stellen.

2) Eine Arbeitsfläche leicht bemehlen und dann aus dem Teig eine Rolle formen. In 16 gleich große Stücke teilen. Jeweils eine Lindor Kugel in die Mitte jedes Stückes geben und daraus einen Teigball formen.

3) Die Bälle in einen mit Butter bestrichenen gelochten Dämpfeinsatz geben und bei 100°C für etwa 20 Minuten dämpfen. In der Zwischenzeit die Butter in eine Pfanne zerlassen. Die Semmelbrösel dazu geben und so lange anrösten, bis sie goldbraun sind.

4) Sobald die Bälle fertig gedämpft sind, in den Bröseln wälzen und nach Belieben mit etwas Puderzucker garnieren.

Gefüllte Birne

KH 23g | EW 9g | F 20g | kcal 274

Zubereitungszeit:	*40 min*
Portionen:	*2*
Schwierigkeit:	*leicht*

Zutaten

- 200g Birnen (à 2 Stück)
- 50g Schimmelkäse
- 30g Walnüsse
- 15g Schlagsahne
- 1 Limette
- ½ Bund Petersilie
- Salz und Pfeffer

Zubereitung

1) Zunächst die Birne waschen, halbieren und das Kerngehäuse entfernen. Die Limette heiß abwaschen, etwas Schale abreiben und anschließend die Birnen mit dem Limettensaft einreiben.

2) Dann die Birnen in einen gelochten Dämpfeinsatz geben und bei 100°C für etwa 7 Minuten dämpfen.

3) Währenddessen den Schimmelkäse in eine Schüssel geben und zerdrücken. Die Schlagsahne hinzufügen und beides miteinander glatt rühren. Die Birne etwas aushöhlen und das Fruchtfleisch gemeinsam mit der abgeriebenen Limettenschale mit in die Mischung geben.

4) Die Petersilie waschen, trocken schütteln und klein hacken. Die Walnüsse ebenfalls klein hacken. Die Füllung in die Birnenhälften füllen. Mit Walnüssen und der Petersilie garnieren und mit Salz und Pfeffer abschmecken. Anschließend erneut für etwa 5 Minuten bei 100°C in dem gelochten Dämpfbehälter dämpfen.

Soufflé aus Quark

KH 30g | EW 18g | F 10g | kcal 283

Zubereitungszeit:	*30 min*
Portionen:	*4*
Schwierigkeit:	*leicht*

Zutaten

- 280g Magerquark
- 100g Zucker
- 4 Eier
- 1 Zitrone
- 1 EL Butter

Zubereitung

1) Zuerst die Eier trennen. Die Eigelbe mit dem Zucker zu einer schaumigen Masse schlagen.

2) Die Zitrone unter Wasser abspülen und etwas Schale abreiben. Den Quark sowie die Zitronenschale unter die Eiermasse rühren.

3) Das Eiweiß zu Eischnee schlagen und ebenfalls unter die Quarkmasse heben.

4) Die Soufflé-Förmchen mit etwas Butter einstreichen. Dann mit Zucker bestreuen und den Teig hinein geben. Nun Alufolie über die Förmchen legen und in einen Dämpfeinsatz geben. Bei 100°C für etwa 3 Minuten im Dampfgarer dämpfen.

Reis-Joghurt-Speise

KH 32g | EW 16g | F 13g | kcal 318

Zubereitungszeit:	*30 min*
Portionen:	*2*
Schwierigkeit:	*leicht*

Zutaten

- 300g Naturjoghurt (3,5% Fett)
- 4 EL Reismehl
- 2 Eier
- 2 EL Rohrzucker
- 2 TL Zimt
- ½ Päckchen Backpulver

Zubereitung

1) Die Eier in einer Schüssel miteinander verquirlen. Dann den Naturjoghurt, das Reismehl, den Rohrzucker und das Backpulver dazu geben und alles gründlich miteinander verrühren.

2) Den glatten Teig nun in einen ungelochten Dämpfbehälter geben und dann bei 100°C für etwa 20 Minuten dämpfen.

3) Anschließend servieren. Mit etwas Zucker und Zimt garnieren.

Kokosklebreis auf Erdbeer-Melone

KH 84g | EW 6g | F 1g | kcal 378

Zubereitungszeit:	*50 min*
Portionen:	*3*
Schwierigkeit:	*leicht*

Zutaten

- 450g Honigmelone
- 250g Erdbeeren
- 250g Kokosmilch
- 150g Klebreis
- 50g Zucker
- 1 EL Tapiokamehl
- 1 Prise Salz

Zubereitung

1) Zuerst kaltes Wasser in eine Schüssel füllen und darin den Reis für 3 Stunden einweichen lassen. Danach den Reis in einen ungelochten Dämpfeinsatz geben, etwas Wasser darüber geben und dann bei 100°C für etwa 20 Minuten dämpfen.

2) In der Zwischenzeit die Erdbeeren putzen und die Stilansätze entfernen. 50g Erdbeeren klein schneiden. In einen ungelochten Dämpfeinsatz geben, 1 EL Zucker darüber streuen und dann für etwa 2 Minuten mit dämpfen. Die übrigen Erdbeeren in Scheiben schneiden. Die Honigmelone schälen, entkernen und danach in Spalten teilen.

3) Eine Schüssel leicht erwärmen und den Klebreis hineingeben. Den übrigen Zucker unterrühren, bis sich der Reis gelöst hat. Den dickflüssigen Teil der Kokosmilch auffangen und 2 EL unter den Reis mischen. Die restliche Kokosmilch zusammen mit dem Salz in dem Dampfgarer erwärmen. 1 EL Wasser mit dem Tapiokamehl verrühren, unter die Kokosmilch mischen. Die Masse köcheln lassen, bis sie leicht andickt.

4) Die Melonenspalten und Erdbeerscheiben auf einem Teller anrichten, etwas Klebreis in die Mitte geben und dann mit der Kokossoße und dem Erdbeermus garnieren.

Rhabarber Crumble

KH 62g | EW 6g | F 12g | kcal 379

Zubereitungszeit: *80 min*
Portionen: *4*
Schwierigkeit: *leicht*

Zutaten

- 800g Rhabarber
- 150g Weizenvollkornmehl
- 50g Butter
- 9 EL Rohrzucker
- ½ Päckchen Vanillezucker
- ½ Zitrone (Schale)

Zubereitung

1) Zunächst den Rhabarber waschen und in kleine Stücke schneiden. Die Rhabarberstücke mit dem Vanillezucker und 5 EL Rohrzucker in eine Porzellanform geben.

2) Die Zitrone heiß abwaschen und etwas Schale abreiben. Zusammen mit 4 EL Zucker und dem Mehl in eine Schüssel füllen und miteinander vermischen. Die Butter hinzufügen und verkneten, bis eine krümelige Masse entsteht. Die Streusel über dem Rhabarber verteilen.

3) Noch etwas Rohrzucker darüber geben. Die Porzellanform danach in einen gelochten Dämpfeinsatz geben und bei 100°C für etwa 50 Minuten dämpfen.

Teigkugeln mit Aprikosenkompott

KH 55g | EW 9g | F 15g | kcal 405

Zubereitungszeit:	*70 min*
Portionen:	*6*
Schwierigkeit:	*leicht*

Zutaten

- 500g Aprikosen
- 250g Weizenvollkornmehl
- 225ml Milch (1,5% Fett)
- 85g Butter
- 80g Zucker
- 50g Aprikosenkonfitüre

- 1 Ei
- 1 Packung Vanillezucker
- 1 Würfel Hefe
- 1 Prise Salz
- Mark von ½ Vanilleschote

Zubereitung

1) Zunächst 125 ml Milch erwärmen, bis sie lauwarm ist. Darin die Hefe auflösen. Das Ei trennen. Das Eigelb gemeinsam mit 40g weicher Butter, 35g Zucker, dem Mehl und etwas Salz vermengen. Den Teig zu einem glatten Teig kneten. Für 15 Minuten bei 40°C in einem ungelochten Dämpfeinsatz gehen lassen. Das Eiweiß für ein anderes Rezept nutzen.

2) Währenddessen die Aprikosen waschen, vierteln und entkernen. Gemeinsam mit 20g Zucker, der Konfitüre und dem Mark einer halben Vanilleschote vermengen. Bei 100°C für etwa 10 Minuten in einem ungelochten Dämpfeinsatz dämpfen.

3) In einen weiteren ungelochten Dämpfbehälter die restliche Milch und den übrigen Zucker, sowie 20 g Butter geben und für 5 Minuten bei 100°C erwärmen. Den Hefeteig aus dem Dampfgarer nehmen und daraus, auf ein wenig Mehl, sechs gleich große Kugeln formen. Zudecken und an einem warmen Ort für 15 Minuten zur Seite stellen.

4) Die Teigkugeln in die Milchmischung geben. Bei 100°C für etwa 20 Minuten mit den Aprikosen dämpfen. Die Aprikosen nach 20 Minuten bereits heraus nehmen, die Kugeln noch 10 Minuten weiter dämpfen.

5) In der Zwischenzeit die restliche Butter zusammen mit dem Vanillezucker schmelzen. Sobald die Teigtaschen fertig sind, damit bestreichen und etwas Zucker darüber geben. Gemeinsam mit dem Aprikosenkompott anrichten.

Strudelteig mit Feige im Portwein

KH 75g | EW 6g | F 8g | kcal 408

Zubereitungszeit:	*60 min*
Portionen:	*2*
Schwierigkeit:	*leicht*

Zutaten

- 200g Feigen (4 à 50g)
- 100ml Orangensaft
- 50ml Portwein
- 10g Butter
- 4 Strudelteigblätter
- 2 EL Honig
- Puderzucker
- Zahnstocher

Zubereitung

1) Zuerst den Honig, den Organgensaft und den Portwein in einen Topf geben, aufkochen und bei niedriger Temperatur für 5 Minuten köcheln lassen.

2) Währenddessen mithilfe eines Zahnstochers kleine Löcher in die Feigen stechen. Danach die Feigen in die Sauce geben und für weitere 10 Minuten darin köcheln lassen.

3) Die Butter in einen ungelochten Dämpfbehälter geben und bei 100°C im Dampfgarer zerlassen. Anschließend auf die Strudelteigblätter geben. Jeweils 1 Feige in die Mitte geben und dann die Blätter zusammen falten. In einen gelochten Dämpfbehälter geben und bei 100°C für etwa 35 Minuten dämpfen.

4) Inzwischen die Sauce weiter einkochen lassen, bis sie die Konsistenz eines Sirups hat. Zu guter Letzt die Sauce auf die Teller geben und die Strudelteigpäckchen darauf geben. Mit Puderzucker garnieren.

Knödel mit Zwetschgenkern

KH 68g | EW 26g | F 4g | kcal 410

Zubereitungszeit: *30 min + 30 min Wartezeit*
Portionen: *4*
Schwierigkeit: *leicht*

Zutaten

- 500g Magerquark
- 140g Weizenvollkornmehl
- 100g Semmelbrösel
- 80g Dinkelgrieß
- 20g Zucker
- 12 Zwetschgen
- 1 Prise Salz

Zubereitung

1) Zuerst den Magerquark mit dem Mehl in einer Schüssel vermengen. Den Dinkelgrieß und eine Prise Salz ebenfalls dazu geben und alles zu einem glatten Teig verkneten. In dem Kühlschrank für etwa 30 Minuten ruhen lassen.

2) Nach der Ruhezeit den Teig zu einer Rolle formen. Diese dann in 12 gleich große Teile schneiden. Die Zwetschgen in einem Sieb gründlich waschen und dann mit den Teigstücken jeweils eine Zwetschge ummanteln.

3) Nun alle Kugeln in einen gelochten Dämpfbehälter geben und dann bei 100°C für etwa 15 Minuten dämpfen.

4) Währenddessen eine Pfanne erhitzen und darin die Semmelbrösel mit dem Kristallzucker anrösten. Sobald nun die Kugeln fertig gedämpft sind, herausnehmen und direkt in den Streuseln wenden.

Hefebälle mit Erdbeer-Minze-Topping

KH 59g | EW 11g | F 12g | kcal 411

Zubereitungszeit:	*40 min*
Portionen:	*4*
Schwierigkeit:	*leicht*

Zutaten

- 300g Erdbeeren
- 250g Weizenvollkornmehl
- 50g Zucker
- 40g Butter
- 20g Rohrzucker
- 1 Ei
- 1 Bund Minze
- 1 Packung Trockenhefe
- 1 Prise Salz

Zubereitung

1) Zunächst den Zucker, das Mehl, die Trockenhefe und das Salz in einer Schüssel miteinander vermengen. Die Milch erwärmen, bis sie lauwarm ist. Die Butter und das Ei hinzugeben und gut miteinander verrühren. Die Mehlmischung in die Milch geben und alle Zutaten gründlich miteinander verkneten. Ein Tuch über die Schüssel legen und an einen warmen Ort stellen. Den Teig aufgehen lassen, bis er die doppelte Größe erreicht hat.

2) Anschließend den Teig noch einmal durchkneten. Dabei so viel Mehl hinzufügen, bis er nicht mehr klebrig ist. Nun aus dem Teig faustgroße Kugeln formen und erneut mit einem Tuch abdecken und für 15 Minuten aufgehen lassen. Die Teigkugeln in einen ungelochten Dämpfbehälter geben und dann bei 100°C für etwa 20 Minuten dämpfen.

3) In der Zwischenzeit die Minze und die Erdbeeren unter Wasser abspülen, die Stilansätze entfernen und klein schneiden. In einem Mixer pürieren und mit dem Zucker vermengen. Zu guter Letzt die Hefeklöße anrichten. Dann die Butter schmelzen und über die Klöße geben. Mit der Erdbeer-Minze-Sauce garnieren.

Berliner mit Erdbeerfüllung

KH 60g | EW 15g | F 11g | kcal 422

Zubereitungszeit: *45 min + 45 min Ruhezeit*
Portionen: *4*
Schwierigkeit: *leicht*

Zutaten

- 350g Weizenvollkornmehl
- 150ml Milch (1,5% Fett)
- 50g Erdbeerkonfitüre
- 30g Butter
- 1 Ei
- 1 Prise Salz
- ½ Päckchen Trockenhefe
- etwas Puderzucker

Zubereitung

1) Zunächst die Milch in einen ungelochten Dämpfbehälter geben und dann bei 100°C für etwa 10 Minuten erwärmen. Anschließend mit dem Mehl, dem Ei, der Trockenhefe und etwas Salz in einer Schüssel miteinander verkneten. 20g Butter ebenfalls kurz im Dampfgarer schmelzen lassen und dann mit in den Teig kneten.

2) Einen Dämpfeinsatz mit Backpapier auslegen. Aus dem Teig 8 Kugeln formen und mit etwas Abstand in dem Einsatz platzieren. Etwa 45 Minuten an einen warmen Ort ruhen lassen.

3) Anschließend bei 100°C für etwa 35 Minuten im Dampfgarer dämpfen. Danach die Konfitüre in einen Spritzsack geben und dann mithilfe eines kleinen Loches in die Kugeln hineinfüllen.

4) Die restliche Butter in einem ungelochten Dämpfbehälter bei 100°C im Dampfgarer schmelzen lassen und danach die Teigkugeln damit bestreichen. Mit Puderzucker bestreuen und dann servieren.

Amaretto Pfirsich

KH 80g | EW 7g | F 15g | kcal 488

Zubereitungszeit:	*60 min*
Portionen:	*2*
Schwierigkeit:	*leicht*

Zutaten

- 200g Pfirsiche
- 150g Vanilleeis
- 100g Amaretti
- 30g Zartbitterschokolade
- 2 EL Zucker
- 1 EL Amaretto
- 1 Stängel Minze

Zubereitung

1) Zuerst die Pfirsiche waschen, halbieren, entkernen und anschließend die Hälfte des Fruchtfleisches herausholen. Das ausgehöhlte Pfirsichfleisch mit dem Amaretto in einen Mixer geben und zu einem Püree verarbeiten.

2) Die Amaretti zerbröseln. Die Schokolade grob hacken und danach zusammen mit den Amaretti und dem Zucker in das Püree geben. Etwas Schokolade zum Garnieren zur Seite stellen. Alle Zutaten gründlich miteinander vermengen und für etwa 15 Minuten zur Seite stellen.

3) Die Masse in die Pfirsiche füllen. Anschließend in einen ungelochten Dämpfbehälter geben und dann bei 100°C für etwa 25 Minuten dämpfen.

4) Währenddessen das Vanilleeis in 2 Schüsseln geben. Die Minze waschen und trocken schütteln. Die Pfirsiche zu dem Eis geben und dann mit der restlichen Schokolade und der Minze garnieren.

Schokoschnitten

KH 32g | EW 9g | F 36g | kcal 491

Zubereitungszeit:	*60 min*
Portionen:	*8*
Schwierigkeit:	*leicht*

Zutaten

- 200g Zartbitterschokolade
- 150g Butter
- 120g Weizenvollkornmehl
- 100g Paranüsse
- 100g Rohrzucker
- 3 Eier
- 1 TL Backpulver
- 1 TL Zimt

Zubereitung

1) Zunächst die Schokolade klein hacken und dann gemeinsam mit der Butter in einen ungelochten Dämpfbehälter geben. Bei 100°C für etwa 10 Minuten darin schmelzen lassen. Die Eier aufschlagen, in einer Schüssel miteinander verquirlen und unterrühren.

2) Den Zucker, das Mehl, das Backpulver und den Zimt in einer Schüssel miteinander vermengen. Die Nüsse hacken und dazu geben. Die Zutaten zu der Schokoladenmasse geben und zu einem glatten Teig rühren.

3) Den ungelochten Dämpfeinsatz mit einem Backpapier auslegen. Den Teig hinein geben und verstreichen. Bei 100°C für etwa 45 Minuten im Dampfgarer dämpfen. Die Schokoschnitten sind fertig, wenn beim Einstechen an dem Messer kein Teig mehr kleben bleibt. Etwas abkühlen lassen und dann nach Belieben noch warm oder abgekühlt genießen.

Birnentaschen

KH 73g | EW 8g | F 24g | kcal 551

Zubereitungszeit:	*70 min*
Portionen:	*4*
Schwierigkeit:	*leicht*

Zutaten

- 500g Birnen
- 320g Blätterteig
- 100ml Weißwein (trocken)
- 60g Puderzucker
- 50g Zucker
- 1 Ei

- 1 Vanilleschote
- 1 Zitrone
- 1 EL Schlagsahne

Zubereitung

1) Zunächst in einem Topf den Weißwein zum Köcheln bringen. Die Vanilleschote längs aufschneiden, das Mark heraus kratzen und dann gemeinsam mit der Schote in den Weißwein geben.

2) Die Birnen waschen, schälen, das Kerngehäuse entfernen, klein würfeln und ebenfalls in den Topf mit hineingeben. Den Zucker hinzufügen und dann alles aufkochen lassen, bis die gesamte Flüssigkeit verdampft ist.

3) Das Ei trennen und das Eigelb mit der Sahne in einer Schüssel verquirlen. Das Eiweiß für ein anderes Rezept nutzen. Eine Arbeitsplatte bemehlen und darauf den Blätterteig ausrollen und danach in 6 gleich große Rechtecke schneiden.

4) Das Birnenmus unten auf das Rechteck geben, dann die Teigränder mit Eigelb bestreichen und das Rechteck zuklappen. Mit einer Gabel verschließen und 3 längs Schnitte an der oberen Seite machen. Die Oberfläche mit dem restlichen Eigelb einstreichen.

5) Dann in einen ungelochten Dämpfbehälter geben und bei 100°C etwa 35 Minuten dämpfen. In der Zwischenzeit die Zitrone heiß abwaschen, etwas Schale abreiben und auspressen. Gemeinsam mit dem Puderzucker in einer Schüssel vermischen.

6) Sobald die Birnentaschen fertig gedämpft sind mit der Puderzuckermischung bestreichen und genießen.

Crème Brûlée

KH 30g | EW 14g | F 42g | kcal 553

Zubereitungszeit: *50 min + Zeit zum Kaltstellen*
Portionen: *4*
Schwierigkeit: *leicht*

Zutaten

- 400ml Sahne
- 50g Zucker
- 50g Rohrzucker
- 5 Eier
- 1 Vanilleschote

Zubereitung

1) Zunächst die Vanilleschote nehmen, längs aufschneiden und das Mark herauskratzen. Nun einen Topf erhitzen und darin die Sahne gemeinsam mit dem Vanillemark und der Schote erhitzen und für etwa 10 Minuten köcheln lassen.

2) Die Eier trennen. Das Eigelb in eine Schüssel geben und gemeinsam mit dem Zucker schaumig schlagen. Das Eiweiß anderweitig nutzen.

3) Die Sahne zu der Zuckermasse geben. Anschließend die Gesamtmasse, durch ein Sieb, gleichmäßig auf die Formen aufteilen.

4) Die Förmchen in den gelochten Dämpfeinsatz geben. Frischhaltefolie darüber geben und dann bei 100°C für etwa 40 Minuten dämpfen.

5) Danach die Formen in ein kaltes Wasserbad geben, sodass die Oberfläche eine Haut bekommt, der Kern aber noch weich ist. Dann komplett über Nacht im Kühlschrank abkühlen lassen.

6) Am nächsten Tag den Rohrzucker auf den Cremes verteilen und dann mit einem Brenner aus etwa 15 cm Entfernung den Zucker karamellisieren. Danach servieren.

Karamellsoufflé auf Orangenbett

KH 71g | EW 24g | F 17g | kcal 554

Zubereitungszeit:	*60 min + Zeit zum Kaltstellen*
Portionen:	*4*
Schwierigkeit:	*mittel*

Zutaten

- 750ml Milch (1,5% Fett)
- 500g Orangen
- 200g Zucker
- 100ml Wasser
- 7 Eier
- 1 Vanilleschote
- etwas Zimt
- 4 Soufflé Formen

Zubereitung

1) Zuerst den Dampfgarer auf 100°C vorheizen. Währenddessen in einem beschichteten Topf 150g Zucker und das Wasser erhitzen. Wenn der Zucker karamellisiert ist, das Karamell auf den Boden kleiner Soufflé Formen gießen.

2) Das Mark aus der Vanilleschote kratzen und in die Milch geben. Nun 3 Eier trennen. Das Eigelb in eine Schüssel geben und das Eiweiß für ein anderes Rezept nutzen. Dann die restlichen Eier und den Zucker hinzufügen und alles miteinander vermengen.

3) Die Milch in einem Topf aufkochen lassen und dann die Eiermasse unterrühren. Die Creme auf das Karamell gießen und die Formen mit Alufolie abdecken. Den Dämpfeinsatz mit Wasser füllen und die Formen hinein stellen. Im Dampfgarer für etwa 40 Minuten dämpfen.

4) Anschließend für 5-6 Stunden kalt stellen. Die Orangen in dünne Scheiben schneiden und dann auf Tellern anrichten. Sobald die Soufflés fertig sind auf dem Orangenbett platzieren. Mit etwas Zimt bestreuen und genießen.

Kirschkuchen

KH 81g | EW 23g | F 17g | kcal 572

Zubereitungszeit:	*60 min*
Portionen:	*4*
Schwierigkeit:	*leicht*

Zutaten

- 620g Kirschen
- 500ml Milch (1,5% Fett)
- 20g Mandeln (gehobelt)
- 6 Brötchen
- 4 Eier
- 4 EL Rohrzucker
- 2 EL Butter
- 1 TL Zimt
- etwas Salz

Zubereitung

1) Zuerst die Milch in eine Schüssel geben. Die Brötchen zerkleinern und anschließend in der Milch einlegen. Mit dem Zimt, dem Rohrzucker und einer Prise Salz ergänzen.

2) Die Eier in eine Schüssel geben, verquirlen und dann ebenfalls in die Mischung geben. Alles gründlich miteinander vermengen.

3) Die Kirschen in ein Sieb geben und mit heißem Wasser gründlich abwaschen. Anschließend halbieren. Stiele und Kerne entfernen.

4) Den ungelochten Dämpfeinsatz mit etwas Butter bestreichen und dann den Teig hineingeben. Die Kirschen darauf gleichmäßig verteilen und dann bei etwa 100°C für etwa 40 Minuten dämpfen.

5) Anschließend kurz abkühlen lassen, mit etwas Rohrzucker und den gehobelten Mandeln bestreuen und genießen.

Soufflé aus Schokolade

KH 56g | EW 11g | F 34g | kcal 582

Zubereitungszeit:	*70 min*
Portionen:	*4*
Schwierigkeit:	*leicht*

Zutaten

- 125g Zucker
- 120g Kuvertüre (Zartbitter)
- 100g Schokolade (Zartbitter)
- 30g Butter
- 3 Eier
- 2 EL Speisestärke
- 1 EL Öl
- 1 EL Milch
- 4 Soufflé Formen

Zubereitung

1) Zunächst die Kuvertüre grob hacken und in eine hitzebeständige Schüssel geben. Die Schüssel mit Klarsichtfolie abdecken und dann bei 100°C für etwa 20 Minuten in den Dampfgarer geben. Die Butter in einen ungelochten Dämpfbehälter geben. Kurz mit in dem Dampfgarer zerlassen. Anschließend zu der schmelzenden Kuvertüre hinzufügen. Miteinander verrühren und danach abkühlen lassen.

2) Nun die Eier trennen. Das Eigelb schaumig schlagen. Den Zucker hinzufügen und beides gut miteinander vermengen. Das Eiweiß zu Eischnee schlagen. Den Eischnee mit der Milch und der Speisestärke unter die Schokomasse rühren.

3) Die 4 Förmchen mit etwas Öl einfetten und Kristallzucker hinein streuen. Den Teig aufteilen und bei 100°C für etwa 30 Minuten dämpfen. Herausnehmen und abkühlen lassen.

4) Währenddessen die Schokolade zerstückeln und in eine kleine Schüssel geben. Klarsichtfolie über die Schüssel spannen und ebenfalls im Dampfgarer schmelzen lassen. Das Soufflé auf einem Teller servieren und mit der Schokosauce garnieren.

Teigbällchen mit Pflaumenfüllung

KH 70g | EW 15g | F 28g | kcal 596

Zubereitungszeit: *40 min + 45 min Wartezeit*
Portionen: *8*
Schwierigkeit: *leicht*

Zutaten

- 500g Weizenvollkornmehl
- 250ml Milch (1,5% Fett)
- 250g Pflaumenmus
- 150g Mohn
- 150g Butter
- 60g Zucker
- 30g Hefe

- 20g Vanillezucker
- 2 Eier
- 1 Zitrone
- etwas Rum
- etwas Salz

Zubereitung

1) Zuerst die Milch zum Kochen bringen, bis diese lauwarm ist. In die Milch die Hefe hinein bröseln und auflösen lassen. Anschließend den Zucker und das Mehl einrühren. Für etwa 15 Minuten zur Seite stellen.

2) Die Zitrone heiß abwaschen, etwas Schale abreiben und danach auspressen. 1 Ei trennen. Das Eigelb mit der Zitronenschale, 60g Butter, dem anderen Ei, einer Prise Salz und dem Vanillezucker vermengen. Den Teig durchkneten und dann zu einer Kugel formen. Etwas Mehl darüber geben, mit einem Tuch abdecken und für etwa 45 Minuten stehen lassen.

3) In der Zwischenzeit das Pflaumenmus mit einem Schuss Rum und dem Zitronensaft vermischen.

4) Anschließend den fertigen Knödelteig in gleich große Stücke teilen und diese mit der Hand flach drücken. Jeweils 1 EL Pflaumenmus in die Mitte des Teiges geben und danach aus dem Teig Bällchen formen. Die Bällchen noch einmal für 10 Minuten zur Seite stellen.

5) Nach Ablauf der Zeit die Knödel nebeneinander in einen ungelochten Dämpfeinsatz geben und bei 100°C für etwa 12 Minuten dämpfen.

6) Die fertigen Knödel auf einem Teller servieren. Mit etwas geschmolzener Butter, Mohn und etwas Zucker garnieren.

Obst im Crêpemantel

KH 102g | EW 21g | F 11g | kcal 617

Zubereitungszeit:	*50 min + 30 min Wartezeit*
Portionen:	*2*
Schwierigkeit:	*leicht*

Zutaten

- 150g Weizenvollkornmehl
- 150ml Wasser
- 150ml Milch (1,5% Fett)
- 100g Banane
- 75g Zucker
- 50g Beeren (gemischt)
- 2 Eier
- 2 TL Zimt
- 1 EL Sonnenblumenöl
- etwas Salz

Zubereitung

1) Zunächst das Mehl in eine Schüssel geben. Mit dem Salz und dem Zucker verfeinern. Die Eier in eine weitere Schüssel geben, miteinander verquirlen und dann ebenfalls zu dem Mehl geben.

2) Zu guter Letzt Mehl und Wasser hinzufügen und alles zu einem glatten Teig verrühren. Den Teig nun etwa ½ Stunde ruhen lassen.

3) In der Zwischenzeit die Schale der Banane entfernen und diese würfeln. Die Beeren in ein Sieb geben und gründlich abspülen, gegebenenfalls halbieren.

4) Sobald der Teig fertig geruht ist, das Öl hineinmischen. Das Obst gleichmäßig in einem ungelochten Dämpfbehälter verteilen und dann den Teig darüber verteilen.

5) Nun den Zimt darüber streuen. Bei 100°C für etwa 35 Minuten dämpfen. Anschließend herausnehmen und genießen.

Quarkdessert mit Rumrosinen

KH 63g | EW 23g | F 30g | kcal 619

Zubereitungszeit:	*60 min*
Portionen:	*4*
Schwierigkeit:	*leicht*

Zutaten

- 400g Speisequark
- 200g Orange
- 150g Rosinen
- 100g Butter
- 80g Weißbrot (vom Vortag)
- 50g Zucker
- 40g Marzipanrohmasse
- 20ml Rum
- 10g Dinkelmehl
- 3 Eier
- 1 Zitrone
- 4 Anrichtegläser (hitzebeständig)

Zubereitung

1) Zunächst die Gläser mit der Butter einstreichen. Die Rosinen in eine Schüssel geben und den Rum darüber geben. Für etwa 10 Minuten einweichen lassen.

2) Die Zitrone heiß abwaschen, etwas Schale abreiben und die eine Hälfte auspressen. Die Orange ebenfalls heiß abwaschen und etwas Schale abreiben. Nun die Butter, mit dem Zitronensaft, der Zitronenschale, der Orangenschale und dem Zucker schaumig schlagen.

3) Nun die Eier trennen. Das Eigelb in einer Schüssel mit dem Speisequark vermengen. Die Marzipanmasse mithilfe einer Reibe hinzureiben. Alles zu einer gleichmäßigen Masse verrühren. Das Eiweiß für ein anderes Rezept nutzen.

4) Die Rosinen durch in Sieb geben und dann in dem Mehl wenden. Das Weißbrot zerbröseln und dann gemeinsam mit den Rosinen und der Quarkmasse zu der Buttermischung geben. Alle Komponenten miteinander vermengen und dann auf die 4 Gläser aufteilen. Bei 100°C für 45 Minuten dämpfen.

Crostata mit Erdbeeren

KH 60g | EW 11g | F 26g | kcal 622

Zubereitungszeit: *70 min + 30 min Wartezeit*
Portionen: *6*
Schwierigkeit: *leicht*

Zutaten

- 400g Erdbeeren
- 320g Weizenvollkornmehl
- 200g Erdbeerkonfitüre
- 170g Rohrzucker
- 150g Butter

- 3 Eier
- ½ Zitrone
- etwas Salz

Zubereitung

1) Zunächst das Mehl, 150g Rohrzucker und etwas Salz in eine Schüssel geben und miteinander vermischen. Die Butter in kleine Stücke schneiden und hinzufügen. Die Zutaten miteinander verkneten, sodass ein krümeliger Teig entsteht. Zwei Eier miteinander verquirlen, hinzufügen und alle Zutaten zu einem glatten Teig verkneten. Aus 2/3 und 1/3 jeweils eine Kugel formen. Die Kugeln in Klarsichtfolie wickeln. Den Teig für mindestens 30 Minuten in den Kühlschrank stellen.

2) Währenddessen die Erdbeeren putzen, die Stilansätze entfernen und vierteln. 20g Rohrzucker darüber geben, verrühren und für etwa 20 Minuten zur Seite stellen.

3) Nun die große Teigkugel zwischen zwei Backpapiere legen und ausrollen. Zusammen mit dem Backpapier in eine Porzellankuchenform legen und das Backpapier auf die Kuchenform zuschneiden. Die Konfitüre auf dem Boden des Teiges verteilen. Die Zitrone abwaschen, etwas Schale abreiben und über die Konfitüre geben. Auf der Konfitüre nun die Erdbeeren verteilen.

4) Die kleine Teigkugel auch zwischen zwei Backpapiere legen und ausrollen. Daraus längliche Streifen schneiden. Dann daraus das Gittermuster legen auf den Erdbeeren. Das letzte Ei trennen. Das Eigelb mit etwas Wasser verquirlen und den Teig damit einstreichen. Das Eiweiß für ein anderes Rezept nutzen. Die Kuchenform in einen Dämpfeinsatz geben und dann bei 100°C für etwa 50 Minuten dämpfen.

Erdbeer-Rhabarber-Crumble

KH 77g | EW 11g | F 30g | kcal 634

Zubereitungszeit:	*60 min + 60 min Wartezeit*
Portionen:	*4*
Schwierigkeit:	*leicht*

Zutaten

- 600g Rhabarber
- 500g Erdbeeren
- 200g Weizenvollkornmehl
- 125g Butter
- 100g Rohrzucker
- 20g Zucker
- 1 Ei
- 1 Päckchen Vanillin Zucker

Zubereitung

1) Zuerst den Rhabarber gründlich waschen und anschließend in kleine Stücke schneiden. In eine Schüssel geben und dann mit dem Zucker vermengen. Mit einem sauberen Küchentuch abdecken und für etwa 1 Stunde ziehen lassen.

2) Das Mehl in eine Schüssel geben, mit der Butter und dem Rohrzucker vermengen. Das Ei trennen. Nun das Eigelb mit in die Schüssel geben und das Eiweiß anderweitig verwenden. Sobald alles gründlich miteinander vermengt ist für etwa 1 Stunde kalt stellen.

3) Die Erdbeeren gründlich waschen, würfeln und dann mit dem Rhabarber und dem Vanillin Zucker mischen. In den ungelochten Dämpfeinsatz des Dampfgarers geben und dann mit den Streuseln bedecken.

4) Bei 100°C für etwa 50 Minuten dämpfen. Anschließend servieren, dazu kann nach Belieben Vanilleeis gereicht werden.

Strudel mit Apfel und Vanillesoße

KH 72g | EW 19g | F 41g | kcal 719

Zubereitungszeit: *60 min*
Portionen: *4*
Schwierigkeit: *leicht*

Zutaten

- 170ml Milch (1,5% Fett)
- 170g Schlagsahne
- 150g Strudelteigblätter
- 65g Zucker
- 50g Mandeln (gehobelt)
- 50g Butter (flüssig)
- 50g Rosinen
- 4 Äpfel
- 4 Eier
- 2 Vanilleschoten
- 2 EL Calvados

Zubereitung

1) Zunächst den Calvados in eine Schüssel geben und darin die Rosinen einweichen. Eine Arbeitsfläche leicht bemehlen und darauf die Strudelteigplatten legen. Diese leicht mit Butter einstreichen und dann aufeinander legen. Die oberen Blätter der Länge nach über den Stapel herausziehen.

2) Nun die Äpfel gründlich waschen, das Kerngehäuse entfernen und dann in Spalten schneiden. Dann die Äpfel mit den Mandeln und Rosinen vermischen. Auf dem Strudel verteilen und dann mit den oberen Scheiben verschließen.

3) Mit der Nahtseite nach unten in einen ungelochten Dämpfeinsatz geben. Mit etwas Butter bestreichen und dann bei 100°C für etwa 40 Minuten dämpfen.

4) In der Zwischenzeit die Vanilleschoten längs einschneiden und das Mark herausschaben. Die Sahne mit der Milch, der Vanilleschote und dem Mark in einem Topf aufkochen. Für 10 Minuten ziehen lassen.

5) Die Eier trennen. Das Eigelb mit dem Zucker schaumig schlagen. Das Eiweiß für ein anderes Rezept nutzen. Dann die Sahnemilch zu der Eigelbmischung geben, jedoch die Vanilleschoten entfernen. Die Masse cremig schlagen und dann durch ein Sieb abgießen. Beides gemeinsam servieren und nach Belieben eine Kugel Vanilleeis dazu reichen.

Bananen-Zitronen-Muffins

KH 91g | EW 11g | F 35g | kcal 728

Zubereitungszeit:	*50 min*
Portionen:	*4*
Schwierigkeit:	*leicht*

Zutaten

- 280g Weizenvollkornmehl
- 150g Äpfel
- 150g Bananen
- 150ml Mineralwasser
- 125g Zucker
- 100ml Sonnenblumenöl
- 50g Walnüsse
- 15g Backpulver
- 8g Zimt
- 1 Zitrone
- Muffinformen

Zubereitung

1) Zunächst das Mehl in eine Schüssel geben und mit dem Zucker, dem Sonnenblumenöl und dem Backpulver vermengen. Das Mineralwasser ebenfalls dazu geben und alles zu einem glatten Teig vermengen.

2) Die Bananen schälen und anschließend zerdrücken. Den Apfel waschen und anschließend mithilfe einer Reibe fein reiben und zu der Banane geben. Die Zitrone heiß waschen, etwas Schale abreiben und dann auspressen. Sowohl Schale als auch Saft über Apfel und Banane geben.

3) Die Bananenmischung in den Teig einrühren. Die Walnüsse auf einem Brett klein hacken. Nun Zimt und die Nüsse noch in den Teig hineinmischen. Auf die Muffinformen verteilen und dann bei 100°C für etwa 40 Minuten im Dampfgarer dämpfen.

Pistazienrollen

KH 79g | EW 19g | F 45g | kcal 806

Zubereitungszeit: *50 min + 120 min Wartezeit*
Portionen: *6*
Schwierigkeit: *leicht*

Zutaten

- 450g Marzipan Rohmasse
- 250g Weizenvollkornmehl
- 130g Puderzucker
- 100g Butter
- 80g Pistazienkerne
- 10ml Milch (1,5% Fett)

- 2 Eier
- 2 EL Rum
- 2 TL Zimt
- etwas Salz

Zubereitung

1) Zunächst das Mehl in eine Schüssel geben. Mit dem Zimt und einer Prise Salz vermischen. 1 Ei hinzugeben und das andere Ei trennen und nur das Eigelb in den Teig geben.

2) Nun die Butter und 80g Zucker dazugeben und alles zu einem glatten Teig verkneten. In Alufolie geben und für etwa 2 Stunden kalt stellen.

3) Währenddessen etwa 10g Pistazien abwiegen und diese zur Seite stellen. Die restlichen Kerne klein hacken. In eine Schüssel geben und darin mit dem Marzipan verkneten. Das Marzipan in 3 gleich große Stücke teilen und in je etwa 30 cm lange Rollen formen.

4) Sobald der Teig fertig ist, diesen in 3 Teile teilen und dann auf einer bemehlten Arbeitsfläche ausrollen. Jeden Teigkreis mit einer dünnen Schicht Milch bestreichen und dann je 1 Rolle Marzipan in die Mitte geben. Den Teig darum rollen.

5) Mit der Nahtstelle in einen ungelochten Dämpfeinsatz geben und bei 100°C für etwa 40 Minuten dämpfen.

6) In der Zwischenzeit den Puderzucker mit dem Rum zu einem flüssigen Guss rühren. Die restlichen Pistazienkerne ebenfalls klein hacken und dann den Gus und die gehackten Kerne über die noch heißen Pistazienstangen geben. Abkühlen lassen und in Scheiben schneiden.

Kontaktgrill

REZEPT WELT

Revolution des Grillens?

Grillen mit Freunden oder der Familie im Garten bzw. in der freien Natur ist eine feine Sache. Man ist draußen, genießt die Natur, die Gesellschaft und leckeres Essen gibt es auch noch. Leider muss man Grill, Kohle, Grillanzünder, Besteck, Teller, Fleisch, etc. mitschleppen. Dann muss man die Kohle zum Glühen bringen, warten bis die richtige Temperatur erreicht ist und so weiter. Es ist also eine recht umfangreiche Vorbereitung notwendig, bevor man wirklich grillen kann.

Wenn es schlecht läuft, schlägt das Wetter um und es zieht plötzlich ein Sommergewitter auf. Oder man vergisst etwas Wichtiges zu Hause. Am Ende, wenn all das leckere Essen gegrillt wurde, muss man aufräumen, putzen, die Asche loswerden, den Grill und alles andere zurück schleppen und zu allem Übel ist die Grillsaison auch noch sehr kurz!

Ein Kontaktgrill schafft da Abhilfe. Grillen wird dadurch enorm erleichtert. Man braucht nur Strom, einen Kontaktgrill und die Nahrungsmittel, die man grillen möchte. Egal ob Winter oder Sommer, egal welches Wetter draußen herrscht, nie wieder Kohle schleppen und mühselig versuchen den Grill anzubekommen. Keine Rauchschwaden, kein Geruch vom verbranntem Fett, keine Nachbarn, die sich gestört fühlen und 100%ige Spontanität – der Kontaktgrill revolutioniert das Grillen daheim.

Wenn man Lust bzw. Hunger auf ein leckeres Panini bekommt, kann man sich schnell ein Panini belegen, den Kontaktgrill einschalten, das Panini grillen und dann genießen. Schnell, spontan, ohne viel Aufwand. Egal ob Grillgemüse für eine Party, ein leckeres gegrilltes Steak am Abend oder sogar ein leckeres Essen für die gesamte Familie, dieser kleine Helfer kombiniert die Vorteile einer Pfanne mit dem Geschmack eines Grills. Einen kleinen Abstrich gibt es: Grillen ohne Rauch - kein rauchiges Aroma.

Obwohl viele Menschen in Deutschland bereits einen Kontaktgrill besitzen, verstaubt dieser oftmals irgendwo in der Küche. Es gibt recht wenige Rezepte bzw. lassen sich deutlich mehr Rezepte auf Englisch als auf Deutsch finden. Als wir anfingen, mit dem Kontaktgrill rumzuexperimentieren, mussten wir oft im Internet nach neuen Rezepten suchen oder uns von amerikanischen Foodblogs inspirieren lassen. Irgendwann fingen wir an, einfach selbst auszuprobieren und eigene Rezepte zu kreieren.

Jedenfalls haben wir schnell gemerkt, wie praktisch ein Kontaktgrill ist. Wir grillen gerne mit Freunden und der Familie, jedoch ist dies oft mit etwas feierlicheren Anlässen verbunden oder wenn man einfach einen Tag frei hat und das Wetter gut ist. Nach und nach haben wir viele tolle Rezepte ausprobiert und selbst „gebastelt" und mittlerweile ist der Kontaktgrill aus unserem Alltag nicht mehr wegzudenken.

Revolutioniert der Kontaktgrill das Grillen? Wenn es um Spontanität und Schnelligkeit geht bzw. wenn einfach schnell ein köstliches Essen zu Hause zubereitet werden soll, dann definitiv. Aber nichts geht über eine klassische Grillparty in der freien Natur.

Panini – eine kurze Geschichte

Thomas Edison erfand schon im frühen 20. Jahrhundert den Kontaktgrill bzw. die „sandwich press". Leider war die Welt damals noch nicht bereit für solch eine kulinarische Köstlichkeit und so gelang der Kontaktgrill in Vergessenheit. Erst als 1974 Breville eine „panini press" auf den Markt brachte, gelang nach und nach der Durchbruch. Büroarbeiter in den Städten haben nach einer schnellen und leckeren Alternative für ihr Mittagessen gesucht und in New York begannen pfiffige Restaurants gegrillte Sandwiches bzw. Paninis zu verkaufen.

Doch bevor der Siegeszug in den USA begann, waren Paninis in Italien bereits beliebt und gern gegessen. Die Italiener halten ihre Paninis jedoch deutlich simpler als die Amerikaner oder als wir Europäer. Oft werden nur drei oder vier Zutaten verwendet und es wird auch nicht viel Wurst verwendet – und wenn, dann nur einige wenige Scheiben. Zudem verwenden die Italiener weder Dressing noch Öl für ihre Sandwiches, schließlich gehören diese in den Salat. Soßen wie Honigsenf oder BBQ finden ebenfalls keine Verwendung in Italien.

Ein Blick über den Teich offenbart merkwürdige und kreative Rezepte für Paninis, Hotdogs, Fleisch, Gemüse, Desserts und mehr, denn der Kontaktgrill macht Vieles möglich. Nach und nach erobert der Kontaktgrill auch die deutschen Küchen mit ausgefallenen und leckeren Rezepten.

Sandwichmaker, Tischgrill, Kontaktgrill oder Multigrill?

Es gibt mittlerweile sehr viele Möglichkeiten wie du deinen Kochalltag bereichern kannst. In einigen Bereichen gibt es viele verschiedene Varianten – da kann man schon mal den Überblick verlieren, wo genau die Unterschiede der einzelnen Geräte liegen.

Sandwichmaker Den Sandwichmaker haben wohl die Meisten schon einmal ausprobiert. Ein kleiner praktischer Küchenhelfer, mit dem man sich schnell und leicht leckere Sandwiches zubereiten kann. Dafür braucht es nicht viele Zutaten und dennoch kann man viele verschiedene Variationen kreieren. Je nach Gerät kann man auch weitere Gerichte im Sandwichmaker herstellen, aber meist sind die Möglichkeiten doch auf Sandwiches begrenzt.

Tischgrill Der Tischgrill bietet da schon mehrere Möglichkeiten. Er ist die kleinere Version eines Grills. Dazukommt, dass man keine Grillkohle benötigt und nicht so viel Aufwand aufwenden muss, wie bei dem Grillen mit einem großen Grill. Die meisten Tischgrills können sowohl drinnen als auch draußen genutzt werden. Somit bietet der Tischgrill mehr Möglichkeiten bei der Zubereitung von Lebensmitteln, aber ist dennoch nur auf das herkömmliche Grillen beschränkt.

Kontaktgrill Der Kontaktgrill verbindet die beiden vorherigen Geräte miteinander, da du mit diesem Gerät sowohl Sandwiches als auch viele weitere Lebensmittel zubereiten kannst. Im Gegensatz zum Tischgrill ist der Kontaktgrill im Vorteil, da du dir das Wenden der Lebensmittel sparen kannst, aufgrund der Tatsache, dass beide Seiten die Grillplatten berühren. Außerdem kommt es kaum zu Gerüchen oder Rauch. Mit dem Kontaktgrill kannst du auch bei schlechtem Wetter nach Lust und Laune grillen und es entstehen keine giftigen Dämpfe, die beim herkömmlichen Grillen das Grillgut belasten könnten, da es sich um ein abgeschlossenes Heizelement handelt. Zusätzlich ist die Zubereitung mit dem Kontaktgrill kalorienärmer, insofern als dass du meist nur 1 EL Öl für die Zubereitung benötigst und das überschüssige Fett in die Fettpfanne abläuft – so bleibt nur das tatsächlich benötigte Fett an den Lebensmitteln haften.

Multigrill Der Multigrill ist eine spezielle Form des Kontaktgrills. Dieser Grill verfügt über viele verschiedene Funktionen, die du einstellen kannst – dementsprechend ist dieses Gerät noch um einiges vielfältiger als ein normaler Kontaktgrill. So haben Multigrills Funktionen wie eine Backofenfunktion, eine Barbecue Grillfunktion, eine Sandwichmakerfunktion oder sogar eine Waffeleisenfunktion. Je nach Modell können auch noch weitere Funktionen vorhanden sein.

Der richtige Umgang mit dem Kontaktgrill

Es ist eigentlich kinderleicht einen Kontaktgrill zu verwenden. Trotzdem gibt es einige Dinge, die du beachten solltest. Bevor du deinen Kontaktgrill das erste Mal benutzt, solltest du alle Teile, mit denen deine Lebensmittel in Kontakt kommen, gründlich reinigen. Anschließend bietet es sich an, die Grillplatten mit einem geeigneten Fett oder Öl einzupinseln und danach einziehen zu lassen.

Das Vorheizen spielt eine wichtige Rolle, denn viele Speisen werden nur einige wenige Minuten auf dem Kontaktgrill gerillt, damit sie schön knusprig werden und die typischen Längsstreifen erhalten. Deshalb auf mittlerer oder höchster Stufe vorheizen und danach die Speisen darauf legen. Dabei ist es wichtig, dass der Grill während des Vorheizens geschlossen ist.

Zudem ist es wichtig, die Grillplatten gut einzuölen, damit nichts festbrennt bzw. damit Paninis, Fleisch, Gemüse, etc. sich problemlos vom Grill nehmen lassen. Entweder die Grillplatten vor jeder Benutzung mit einer dünnen Schicht

Olivenöl bestreichen oder die Speisen so gut einölen, dass sie von sich aus nicht festbrennen können.

Des Weiteren solltest du neben dem Einölen die Lebensmittel vor dem Grillen würzen, damit der Geschmack sich gut entfalten kann. Allerdings solltest du beim Grillen von Fleisch darauf verzichten dieses vorher zu salzen. Sonst kann es passieren, dass übermäßig viel Flüssigkeit austritt, die sonst für die Saftigkeit des Fleisches sorgen würde.

Alufolie und Grillschalen aus Alufolie lassen sich ebenfalls problemlos verwenden. Einfach auf den Kontaktgrill legen. Dadurch lassen sich beispielsweise Fisch, Bananendesserts und weitere köstliche Gerichte zaubern, ohne den Grill allzu stark zu verschmutzen.

Es empfiehlt sich den Kontaktgrill direkt nach dem Benutzen mit einem Tuch und etwas lauwarmen Wasser zu reinigen, sobald er abgekühlt ist. Also erst genießen und dann putzen.

An sich benötigst du kein Utensil zum Umdrehen der Lebensmittel. Dadurch, dass mit einem Kontaktgrill beide Seiten gleichzeitig gegrillt werden, kann auf ein Umdrehen verzichtet werden. Falls du jedoch mal Lebensmittel wenden musst, dann solltest du einen Spartel aus Holz oder Silikon nutzen, um die Beschichtung nicht zu beschädigen.

Mit einem Kontaktgrill grillst du meistens beidseitig. Das bedeutet: die obere Grillplatte liegt komplett auf dem Grillgut. Je nach Gewicht des Deckels des Kontaktgrills liegt er an sich gut auf dem Grillgut auf und löst den richtigen Druck aus oder du musst etwas nachhelfen durch leichtes Pressen der oberen Platte. So gelingen Paninis meistens besonders gut, da alle Zutaten sich besser verbinden. Dadurch entstehen interessante und intensive Aromen.

Ansonsten kannst du generell kaum etwas falsch machen mit deinem Kontaktgrill. Die meisten Rezepte gelingen auf Anhieb. Hol deinen Kontaktgrill aus dem Regal, such dir einige köstliche Rezepte aus und fang einfach an zu grillen. Besonders Sandwiches, Gemüse und Paninis sind anfängerfreundlich und extrem lecker!

Worauf du beim Kauf achten solltest

Reinigung

Niemand hat Lust nach dem Kochen noch Ewigkeiten alle Utensilien abwaschen zu müssen. Dementsprechend möchtest du bei der Anschaffung deines Kontaktgrills eine möglichst einfache Reinigung deines Gerätes. Je nachdem aus welchem Material deine Grillplatten beschaffen sind, sind sie leichter zu reinigen oder eben schwieriger. Einige Grillplatten kannst du in den Geschirrspüler geben und andere solltest du mit der Hand abwaschen. Das kannst du in der jeweiligen Anleitung nachlesen. An sich solltest du zur Reinigung der Platten nur auf Wasser, Spülmittel und einem Mikrofasertuch zurückgreifen. Bei hart näckigen Verschmutzungen kannst du die Platten entweder einweichen oder mithilfe einer Grillbürste oder eines Rillenschabers den gröbsten Schmutz im Voraus beseitigen. Dabei ist es wichtig, dass die Reinigungshelfer aus Materialien wie Silikon, Kunststoff oder Nylon sind, da ansonsten die Oberflächen der Grillplatten zerkratzt werden können. In jedem Fall solltest du nach jeder Anwendung deinen Kontaktgrill gründlich putzen, da sich sonst Bakterien auf den Grillplatten ausbreiten oder die Fett- und Ölrückstände im schlechtesten Fall zu Defekten führen könnten. Falls du nicht auf eine chemische Reinigung zurückgreifen möchtest, empfehlen wir dir die Herstellung eines Breis aus Wasser und Backpulver, den du auf die Grillflächen gibst, dort einwirken lässt und sobald eine Färbung entsteht, kannst du den Brei wieder mit einem Küchentuch abnehmen. So läufst du nicht die Gefahr bei deinem nächsten Gericht mit dem Kontaktgrill chemische Zusätze durch die Reinigung zu dir zu nehmen. Wenn du den Verschmutzungsgrad minimieren möchtest, kannst du beispielsweise auch Alufolie bei der Zubereitung nutzen. Darüber hinaus ist auch die Fettpfanne ein kleiner Helfer, der die Reinigung etwas erleichtert.

Verarbeitung

Selbstverständlich sollte jedes Küchengerät gut verarbeitet sein, da es sonst zu Unfällen kommen könnte, die du mit einer guten Verarbeitung weitestgehend hättest verhindern können. Du solltest vor allem ein Augenmerk darauf legen, dass sich dein Kontaktgrill nicht von Außen erhitzt, sodass es nicht zu Verbrennungen kommen kann. Außerdem sollten sich deine Platten beim Schließen nicht verschieben, da es auch dann zu Verbrennungen kommen kann, die sich sonst vermeiden lassen. Des Weiteren sollte dein Kontaktgrill weder wackeln, noch sollte der Schließmechanismus in irgendeiner Form schwerfällig sein. Ansonsten kann es immer zu Unfällen kommen, die du mit einem Produkt, das in diesen Punkten gut dasteht, einfach hättest vermeiden können. Ein weiteres Problem, das oft bei billigeren Modellen auftritt ist, dass die Geräte schlecht isoliert sind und somit unnötig viel Energie verbraucht wird, wenn das Gerät in Verwendung ist. Das klingt nach Dingen, die selbstverständlich sind, aber dennoch gibt es dort bei den verschiedenen Kontaktgrills kleine, aber feine Unterschiede.

Temperatur

Die Temperatur ist wichtig, vor allem dann, wenn es um das richtige und gleichmäßige Grillergebnis geht. Die Grillplatten sollten sich gleichmäßig erhitzen und letztendlich die gleiche Temperatur erreichen, damit beide Seiten der Lebensmittel zur gleichen Zeit zubereitet werden können. Außerdem sollte dein Grill mindestens 200°C erreichen können, da sonst bei dem Grillen von Fleisch die Poren des Fleisches nicht schnell genug verschlossen werden können – somit wird das Fleisch schnell trocken und zäh.

Gewicht

Je nachdem aus welchem Material dein Kontaktgrill geschaffen ist, wiegt dieser mehr oder weniger. Das Gewicht ist vor allem von dem Material der Grillflächen abhängig und natürlich von der Größe der Grillfläche. Hierbei gilt nicht zwangsläufig, je schwerer, desto besser, aber in der Regel ist bei den schwereren Geräten hochwertigeres, langlebigeres Material verarbeitet, sodass dein Gerät letztendlich besser ist und dir länger erhalten bleibt. Hinzukommt, dass der Deckel, je schwerer er ist, umso besser geeignet ist, um ein gleichmäßiges Ergebnis zu bekommen. Denn es ist so, dass bei einem guten Kontaktgrill der Deckel von selbst auf der Oberseite des Lebensmittels aufliegen soll und nicht nur mithilfe von Druck an der Stelle bleiben sollte. Von daher ist ein hohes Gewicht kein muss, kann im Normalfall aber auf jeden Fall nicht schaden, dennoch ist ein hohes Gewicht nicht immer ein Garant für ein tolles Gerät.

Grillfläche

Bei der Grillfläche solltest du zunächst auf das Material achten. Meistens handelt es sich entweder um Teflon, Keramik oder Gusseisen. Bei Teflon ist das Problem, dass mit der Zeit die Oberfläche abblättert und somit deine Lebensmittel verunreinigen kann. Durch Platten aus Gusseisen wird das Gerät zwar schwerer, aber dafür ist das Material nahezu unzerstörbar, sodass sich auch die Oberfläche nicht ablösen kann. Gusseisen braucht zwar länger, um sich zu erhitzen, aber dafür bleiben die Platten somit auch länger warm. Neben dem Material ist es noch wichtig, ob die Platten herausnehmbar sind oder fest integriert. Sobald du die Platten herausnehmen kannst, kannst du deinen Kontaktgrill leichter reinigen und die Platten je nach Bedarf austauschen, aber auch fest integrierte Platten können einem viele Möglichkeiten bieten. Bei austauschbaren Platten bist du flexibler und kannst beispielsweise zwischen einer glatten oder einer gerillten Grillfläche, je nach Lebensmittel, wechseln. Dementsprechend solltest du gucken, was du für deine individuellen Bedürfnisse benötigst und demnach entscheiden, ob du einen Kontaktgrill mit fest integrierten Platten haben möchtest oder doch welche, die du austauschen kannst.

Ausstattung

Neben den zuvor genannten Punkten, gibt es selbstverständlich noch weitere Ausstattungsaspekte, die du bei deiner Wahl beachten solltest.

Fettpfanne oder Ablauf Ein Kontaktgrill besitzt entweder eine Fettpfanne oder einen Ablauf. Der Ablauf ist meistens bei den günstigeren Varianten dieses Gerätes enthalten. Dieser ist praktisch damit nur so viel Fett genutzt wird wie für die Lebensmittel benötigt wird. Jedoch ist eine Fettpfanne etwas praktischer. Dabei gibt es nur zu beachten, wie schwer diese Fettpfanne zu reinigen ist.

Lagerung Um in der Küche viele Geräte zu lagern, benötigt es schon einiges an Platz. Darüber hinaus kann es bei einem Kontaktgrill eine entscheidende Rolle spielen, ob dieser nur horizontal oder auch vertikal aufbewahrt werden kann.

Das solltest du im Voraus klären, insofern der Platz bei dir unter Umständen ein Problem darstellen kann.

Kabel bei dem Kabel kommt es ganz auf den Platz an, den du zur Verfügung hast – entweder gibt es die Kabel ganz normal „am Stück" oder es gibt die Möglichkeit, dass es einen Kabelaufroller gibt, sodass du dadurch Platz sparen kannst.

Bedienbarkeit Je nach Gerät kannst du die Einstellungen genauer regulieren oder eben etwas unpräziser. Beispielsweise verfügen einige Geräte über eine genaue Hitzeregulierung. So kannst du die Hitze optimal auf die Lebensmittel und den Grillgrad anpassen.

Abstandhalter Einige Geräte verfügen über einen sogenannten Abstandhalter. Dieses Zubehör dient dazu, dass du die obere Grillplatte auf eine bestimmte Höhe einstellen kannst. Das hilft dabei zum Beispiel Fleisch mit einer unterschiedlichen Dicke und daraus resultierender Garzeit dennoch parallel grillen zu können – erleichtert somit das Grillen mit dem Kontaktgrill.

Preis-Leistungs-Verhältnis

Größe Je nachdem für wie viele Menschen du mit deinem Kontaktgrill kochen möchtest, sollte der Kontaktgrill mehr Fläche bieten oder weniger. Selbstverständlich spielt auch die Verstauung bei der Größe des Gerätes eine wichtige Rolle.

Leistung Die Leistung ist ein wichtiger Punkt bei der Wahl des Gerätes. Wenn die Wattanzahl zu gering ist, werden die Lebensmittel nicht gegrillt, sondern nur im eigenen Saft gegart – was den Zweck des Kontaktgrillens nicht erfüllt. Wenn die Wattanzahl hingegen zu hoch ist, dann ist der Stromverbrauch nur unnötig hoch.

Benutzung Ein wichtiger Punkt bei der Wahl des Kontaktgrills ist wie oft dieser in Benutzung sein wird. Dementsprechend solltest du dir überlegen, ob du deinen Grill täglich oder nur sporadisch benutzen möchtest. Je nachdem solltest du ein besonderes Augenmerk auf die Reinigung und Qualität legen. Aber auch die verschiedenen Anwendungsmöglichkeiten und die Bedienbarkeit können bei häufiger Verwendung besonders wichtige Dinge sein.

Hitzeentwicklung Wie bereits bei der Temperatur erwähnt, spielt die Hitzeentwicklung eine wichtige Rolle, dementsprechend solltest du darauf achten, wie die Hitzeentwicklung des jeweiligen Gerätes ausfällt. Sie sollte möglichst gleichmäßig über beide Platten erfolgen, sodass keine Unterschiede bei dem Grillen eines Lebensmittels entstehen.

Fazit Zusammenfassend solltest du alle genannten Punkte beachten und die verschiedenen Geräte in diesen Punkten miteinander vergleichen. Vor allem, zur Größe, Reinigung und der Anzahl der Verwendungen, solltest du dir direkt zu Anfang deine Gedanken machen, da diese Punkte oft den meisten Ausschlag geben.

Kontaktgrill
REZEPTE

Rezept Welt

Kontaktgrill
Paninis &
Sandwiches

Rezept Welt

PBJ Panini

KH 28g | EW 7g | F 9g | kcal 221

Zubereitungszeit:	*15 min*
Portionen:	*2*
Schwierigkeit:	*leicht*

Zutaten

- 100g Vollkorntoastbrot (4 Scheiben à 25g)
- 2 EL Erdnussbutter
- 2 EL Marmelade (nach Wahl)

Zubereitung

1) Ein sehr simples und schnelles Panini aus Kindheitstagen. Einfach 2 Toastbrotscheiben mit Erdnussbutter und 2 Toastbrotscheiben mit Marmelade bestreichen.

2) Nun jeweils eine Toastbrotscheibe mit Erdnussbutter und eine mit Marmelade zusammenlegen und den Kontaktgrill vorheizen und einölen.

3) Dann für 3-5 Minuten beidseitig grillen und dabei fest zusammendrücken.

Erdbeere-Nutella-Panini

KH 32g | EW 6g | F 14g | kcal 279

Zubereitungszeit:	*15 min*
Portionen:	*2*
Schwierigkeit:	*leicht*

Zutaten

- 100g Vollkorntoastbrot (4 Scheiben à 25g)
- 60g Erdbeeren
- 30g Nutella
- 1 EL Olivenöl

Zubereitung

1) Ein sehr schneller und leckerer Snack für Zwischendurch. Einfach alle Toastbrotscheiben mit Nutella bestreichen und die Erdbeeren waschen. Die Erdbeeren in dünne Scheiben schneiden.

2) Jetzt 2 Toastbrotscheiben gleichmäßig mit den Erdbeerscheiben belegen und die beiden restlichen Toastbrotscheiben drauf legen.

3) Den Kontaktgrill vorheizen und einölen. Zum Schluss die Paninis beidseitig für 4 Minuten grillen bis das Brot knusprig und die Nutella geschmolzen ist.

Sommerliches Apfelpanini

KH 45g | EW 5g | F 13g | kcal 306

Zubereitungszeit:	*15 min*
Portionen:	*2*
Schwierigkeit:	*leicht*

Zutaten

- 120g Apfel (säuerlich)
- 100g Vollkorntoastbrot (4 Scheiben à 25g)
- 4 TL Mascarpone
- 2 TL Honig
- 2 TL Zucker (braun)
- Zimt
- etwas Olivenöl

Zubereitung

1) Den Apfel gründlich waschen, abtrocknen und in sehr dünne Scheiben schneiden. Am einfachsten gelingt dies, wenn der Apfel der Länge nach geschnitten wird.

2) Dann alle Toastbrotscheiben mit je 1 TL Mascarpone bestreichen. 2 Toastbrotscheiben mit den Apfelscheiben belegen und mit Zimt, braunem Zucker und je 1 TL Honig verfeinern. Die restlichen beiden Toastbrotscheiben einfach oben drauf legen und leicht andrücken.

3) Den Kontaktgrill vorheizen und einölen. Dann die Paninis beidseitig für 4-5 Minuten grillen.

Bananen-Schoko Panini

KH 45g | EW 6g | F 11g | kcal 308

Zubereitungszeit: *10 min*
Portionen: *2*
Schwierigkeit: *leicht*

Zutaten

- 150g Banane
- 100g Vollkorntoast (4 Scheiben à 50g)
- 30g Nuss-Nougat-Creme
- 10g Butter
- etwas Zimt

Zubereitung

1) Zuerst die Banane schräg in Scheiben schneiden und Butter in einer Pfanne schmelzen. Die Brötchen in der Mitte aufschneiden.

2) Die Banane in die heiße Butter geben und etwas Zimt drüber streuen. Die Banane für 2 bis 3 Minuten braten, dabei darauf achten, dass diese fest bleibt.

3) Anschließend die gebratene Banane auf zwei Brötchenhälften verteilen und die anderen beiden Hälften mit Nuss-Nougat-Creme bestreichen.

4) Die obere Brötchenhälften auf die Untere legen und für 2-3 Minuten beidseitig grillen, bis die Nuss-Nougat-Creme geschmolzen ist.

Sommer Panini

KH 25g | EW 12g | F 20g | kcal 330

Zubereitungszeit:	*20 min*
Portionen:	*4*
Schwierigkeit:	*leicht*

Zutaten

- 200g Vollkorntoastbrot (8 Scheiben à 25g)
- 150g Zucchini
- 100g Fetakäse
- 60g Mais
- 50g Cheddar
- 50g Crème fraîche
- 1 EL Olivenöl
- Meersalz und Pfeffer

Zubereitung

1) Als erstes die Zucchini waschen, abtrocknen und der Länge nach in dünne Scheiben schneiden. Danach Cheddar und Fetakäse klein reiben.

2) Vier Scheiben Toastbrot mit Crème fraîche bestreichen. Den Kontaktgrill vorheizen und einölen. Währenddessen die vier Toastscheiben mit Cheddar, Fetakäse und je einem Esslöffel Mais bestreuen.

3) Die Zucchinischeiben beidseitig für ca. 4 Minuten grillen. Bei Bedarf noch salzen und pfeffern. Die Zucchinischeiben vom Kontaktgrill nehmen und die Toastbrotscheiben damit belegen. Oben drauf eine weitere Scheibe Toast legen und die Oberseite mit etwas Olivenöl bestreichen.

4) Zum Schluss für weitere 3-5 Minuten beidseitig grillen, bis der Käse geschmolzen ist.

Paprika-Schinken-Panini

KH 28g | EW 20g | F 16g | kcal 344

Zubereitungszeit:	*15 min*
Portionen:	*2*
Schwierigkeit:	*leicht*

Zutaten

- 100g Vollkorntoast (4 Scheiben à 50g)
- 100g Paprika (rot)
- 70g Kochschinken
- 50g Parmesan
- 20g Pesto (Sorte nach Wahl)
- Salz und Pfeffer

Zubereitung

1) Zuerst die Paprika waschen, abtrocknen, entkernen und in Streifen schneiden. Dann den Parmesan klein reiben.

2) Alle 4 Toastscheiben mit etwas Pesto bestreichen und zwei Toastscheiben mit jeweils einer Scheibe Schinken belegen.

3) Die Scheiben in folgender Reihenfolge belegen: Parmesan, Paprikastreifen, Parmesan, Schinken. Zum Schluss die zweite Toastscheibe oben drauf legen.

4) Beide Paninis im Kontaktgrill für etwa 4 Minuten beidseitig grillen.

Auberginen Panini

KH 55g | EW 13g | F 13g | kcal 397

Zubereitungszeit:	*20 min*
Portionen:	*4*
Schwierigkeit:	*leicht*

Zutaten

- 400g Ciabattabrötchen (4 à 100g)
- 400g Aubergine
- 100g Fetakäse
- 50g Frischkäse
- 1 EL Olivenöl
- Meersalz und Paprikapulver

Zubereitung

1) Die Aubergine waschen, abtrocknen und der Länge nach in Scheiben schneiden. Die Brötchen der Länge nach in der Mitte durchschneiden und den Fetakäse zerbröseln.

2) Anschließend die unteren Brötchenhälften mit jeweils einem Esslöffel Frischkäse bestreichen. Den Kontaktgrill vorheizen und die Auberginenscheiben beidseitig mit Olivenöl bestreichen.

3) Jetzt die Auberginenscheiben beidseitig für 2-3 Minuten grillen. Vom Kontaktgrill nehmen und auf die unteren Brötchenhälften legen. Etwas salzen, pfeffern und die obere Hälfte drauflegen. Die Brötchen von oben und unten mit etwas Olivenöl bestreichen und ca. 4 Minuten beidseitig grillen.

Kartoffel Panini

KH 40g | EW 15g | F 20g | kcal 411

Zubereitungszeit:	*20 min*
Portionen:	*2*
Schwierigkeit:	*leicht*

Zutaten

- 400g Kartoffeln (2 à 200g)
- 60g Tomate
- 50g Mozzarella
- 50g Salami
- 1 EL Olivenöl
- Meersalz und Pfeffer

Zubereitung

1) Zuerst müssen die Kartoffeln gekocht werden. Je nach Geschmack pellen oder die Schale dran lassen. Die Tomate waschen und in Scheiben schneiden.

2) Die beiden Kartoffeln der Länge nach durchschneiden (als wären sie Brötchen). Dann die flache Seite von zwei Kartoffelhälften mit Mozzarella, Salami und Tomatenscheiben belegen. Zum Schluss kommt die andere Kartoffelhälfte oben drauf.

3) Den Kontaktgrill vorheizen und die untere Platte mit Olivenöl bestreichen. Dann die Oberseite der Kartoffel Paninis mit Olivenöl bestreichen, salzen, pfeffern und für ca. 5 Minuten beidseitig grillen bis der Käse geschmolzen ist. Dabei wichtig: die obere Platte nicht ganz zu drücken, sondern nur leicht auf die Kartoffeln „legen".

Erdnussbutterpanini

KH 40g | EW 10g | F 23g | kcal 416

Zubereitungszeit:	*15 min*
Portionen:	*2*
Schwierigkeit:	*leicht*

Zutaten

- 150g Banane
- 100g Vollkorntoastbrot (4 Scheiben à 25g)
- 50g Erdnussbutter
- 1 EL Olivenöl

Zubereitung

1) Die Banane schälen und schräg in 1cm dicke Scheiben schneiden. Danach alle Toastbrotscheiben mit jeweils einem Esslöffel Erdnussbutter bestreichen.

2) Jetzt 2 Toastbrotscheiben mit Bananenscheiben belegen und die restlichen beiden Toastbrotscheiben oben drauflegen.

3) Den Kontaktgrill vorheizen und die Erdnussbutterpaninis beidseitig mit etwas Olivenöl bestreichen.

4) Zum Schluss beidseitig für 3-4 Minuten grillen. Es können auch jeweils 1 Toastbrotscheibe mit Nougatcreme und 1 Toastbrotscheibe mit Erdnussbutter bestrichen werden für mehr Abwechslung im Geschmack.

Mediterranes Panini

KH 59g | EW 14g | F 14g | kcal 423

Zubereitungszeit: *20 min*
Portionen: *4*
Schwierigkeit: *leicht*

Zutaten

- 400g Ciabattabrötchen (4 à 100g)
- 400g Aubergine
- 150g Zucchini
- 100g Fetakäse
- 4 EL Humus
- 1 EL Olivenöl
- 1 EL Balsamico
- Meersalz und Pfeffer

Zubereitung

1) Als erstes die Zucchini und Aubergine waschen, abtrocknen und in längliche Scheiben schneiden. Anschließend einölen, salzen und pfeffern.

2) Die Ciabatta der Länge nach durchschneiden und die unteren Hälften mit jeweils einem Esslöffel Humus bestreichen. Die oberen Hälften mit Balsamico beträufeln.

3) Den Kontaktgrill vorheizen. Dann das Gemüse drauflegen und beidseitig für einige Minuten grillen, bis es goldbraun ist. Das Gemüse dann vom Kontaktgrill nehmen und die unteren Ciabattahälften gleichmäßig mit Zucchini und Aubergine belegen.

4) Fetakäse dazugeben, obere Brötchenhälfte drauflegen, die Paninis von oben und unten mit Olivenöl bestreichen, dann für ca. 4 Minuten beidseitig grillen.

Spargel-Garnelen-Panini

KH 57g | EW 21g | F 14g | kcal 438

Zubereitungszeit:	*25 min*
Portionen:	*2*
Schwierigkeit:	*leicht*

Zutaten

- 200g Ciabattabrötchen (2 à 100g)
- 125g Garnelen
- 100g Naturjoghurt (3,5% Fett)
- 60g Spargel (4 à 15g)
- 50g Cherrytomaten
- 1 Limette
- 1 Knoblauchzehe
- 1 EL Olivenöl
- Meersalz und Pfeffer

Zubereitung

1) Zuerst den Spargel waschen, abtrocknen und der Länge nach durchschneiden. Die Cherrytomaten waschen und halbieren. Die Limette ebenfalls waschen und halbieren.

2) Knoblauch schälen und pressen. Dann in einer kleinen Schüssel den Joghurt mit dem Saft einer Limettenhälfte, Knoblauch etwas Salz und Pfeffer vermischen. Die Brötchen aufschneiden und alle vier Hälften mit der Soße bestreichen.

3) Den Kontaktgrill vorheizen und gut einölen. Anschließend die halbierten Cherrytomaten und den Spargel drauflegen und für ca. 3 Minuten beidseitig grillen. Vom Grill nehmen, nochmals einölen und die Garnelen drauf legen. Auch diese für etwa 4 Minuten beidseitig grillen.

4) Die unteren Brötchenhälften mit dem Gemüse und den Garnelen belegen. Zum Schluss die Paninis für ca. 4 Minuten beidseitig grillen, bis sie schön braun und knusprig sind.

Bayrisches Panini

KH 22g | EW 18g | F 32g | kcal 447

Zubereitungszeit:	*20 min*
Portionen:	*2*
Schwierigkeit:	*leicht*

Zutaten

- 100g Vollkorntoastbrot (4 Scheiben à 25g)
- 100g Leberkäse
- 100g Quark
- 50g Emmentaler
- 2 TL Dijon Senf
- etwas Olivenöl
- Meersalz und Kümmel

Zubereitung

1) Den Emmentaler klein reiben und in einer kleinen Schale mit Quark und Senf vermischen. Dann mit Salz und Kümmel würzen und 2 Toastbrotscheiben damit bestreichen.

2) Jetzt den Leberkäse in Scheiben schneiden und gleichmäßig auf den beiden Toastbrotscheiben verteilen. Die restlichen Toastbrotscheiben drauflegen.

3) Den Kontaktgrill vorheizen und die Ober- und Unterseite der Paninis mit etwas Olivenöl bestreichen.

4) Zum Schluss die Paninis beidseitig für 3-4 Minuten grillen.

Schinken Paprika Panini

KH 28g | EW 23g | F 27g | kcal 457

Zubereitungszeit: *20 min*
Portionen: *2*
Schwierigkeit: *leicht*

Zutaten

- 100g Vollkorntoastbrot (4 Scheiben à 25g)
- 100g Schinken
- 100g Paprika (rot)
- 50g Parmesan
- 50g Rucola
- 2 EL Remoulade
- 1 EL Olivenöl

Zubereitung

1) Die Paprika zuerst waschen, halbieren und entkernen. Anschließend in dünne Streifen schneiden. Rucola waschen und abtrocknen. Dann auf zwei Toastscheiben Remoulade schmieren.

2) Die beiden Hälften dann mit dem Schinken, Rucola und Parmesan belegen.

3) Den Kontaktgrill vorheizen und mit Olivenöl einölen. Dann die Paprikastreifen beidseitig für 1-2 Minuten grillen. Vom Grill nehmen und die Paninis belegen.

4) Die obere Toatbrotscheibe drauflegen, die Oberseite etwas mit Olivenöl bestreichen und dann für ca. 3-4 Minuten beidseitig im Kontaktgrill grillen bis das Toastbrot die typischen braunen Streifen hat und der Parmesan geschmolzen ist.

Würziges Bananen Panini

KH 32g | EW 17g | F 30g | kcal 462

Zubereitungszeit:	*15 min*
Portionen:	*2*
Schwierigkeit:	*leicht*

Zutaten

- 100g Vollkorntoast (4 Scheiben à 25g))
- 100g Banane
- 50g Cheddar (gerieben)
- 50g Salami
- 10g Butter
- 1 EL Olivenöl

Zubereitung

1) Zunächst die Banane schälen und eine Hälfte schräg in dünne Scheiben schneiden. Dann die Toastscheiben mit Butter bestreichen.

2) Auf eine Toastscheibe etwas Cheddar streuen. Eine Scheibe Salami draufgeben, dann einige Bananenscheiben, wieder eine Scheibe Salami, etwas Cheddar und oben drauf eine zweite Toastscheibe. Diesen Vorgang für das zweite Panini wiederholen.

3) Den Kontaktgrill vorheizen und die untere Platte einölen. Die obere Seite der Paninis ebenfalls mit etwas Olivenöl bestreichen und anschließend für ca. 4 Minuten beidseitig grillen bis der Käse geschmolzen ist.

4) Vom Grill nehmen, diagonal durchschneiden und genießen.

Champignon Panini

KH 77g | EW 13g | F 11g | kcal 467

Zubereitungszeit:	*15 min*
Portionen:	*2*
Schwierigkeit:	*leicht*

Zutaten

- 200g Ciabattabrötchen (2 à 100g)
- 100g Erbsen (frisch)
- 50g Champignons
- 1 Knoblauchzehe
- 1 EL Olivenöl
- frischer Basilikum
- Meersalz und Pfeffer

Zubereitung

1) Als erstes die Knoblauchzehe schälen und fein hacken. Dann einige Blätter Basilikum zupfen, waschen und grob hacken. Anschließend Knoblauch, Erbsen, Basilikum, etwas Olivenöl, Meersalz und Pfeffer in einer Schüssel zu einem grünen Pesto verrühren bzw. zerstampfen.

2) Danach die Champignons putzen und die Stiele entfernen. Den Kontaktgrill vorheizen und mit Olivenöl einölen. Die Champignons dann für etwa 8 Minuten goldbraun grillen (mit dem Deckel nach unten). Je nach Geschmack mit Meersalz und Pfeffer würzen.

3) Währenddessen die Ciabatta aufschneiden, alle vier Hälften mit der Erbsencreme bestreichen und mit den gegrillten Champignons belegen. Die oberen Hälften auf die belegten Hälften legen und die Brötchen etwas platt drücken.

4) Die Ober-/Unterseite der Paninis mit etwas Olivenöl bestreichen und zum Schluss beidseitig für ca. 5 Minuten goldbraun grillen.

Tomaten Mozzarella Panini mit Garnelen

KH 54g | EW 22g | F 17g | kcal 482

Zubereitungszeit:	*20 min*
Portionen:	*4*
Schwierigkeit:	*leicht*

Zutaten

- 400g Ciabattabrötchen (4 à 100g)
- 250g Garnelen
- 125g Mozzarella
- 100g Tomaten
- 50g Parmesan
- 1 EL Olivenöl
- Meersalz und Pfeffer

Zubereitung

1) Die Brötchen der Länge nach durchschneiden und zur Seite legen. Danach die Tomaten waschen, abtrocknen und in kleine Würfel schneiden. Den Mozzarella ebenfalls würfeln. Den Parmesan klein reiben. Jetzt in einer Schüssel etwas Olivenöl mit Mozzarella, Tomate und Parmesan vermischen.

2) Die unteren Brötchenhälften gleichmäßig mit der Tomaten-Mozzarella-Mischung bestreichen. Danach den Kontaktgrill vorheizen und einölen.

3) Die Garnelen beidseitig für ca. 3-4 Minuten grillen bis sie goldbraun sind. Anschließend vom Kontaktgrill nehmen und die Brötchen damit belegen.

4) Die oberen Brötchenhälften drauflegen und die Oberseiten jeweils mit etwas Olivenöl bestreichen. Zum Schluss die Paninis für ca. 4 Minuten beidseitig grillen.

Putenbrust-Gemüse-Panini

KH 61g | EW 27g | F 14g | kcal 484

Zubereitungszeit:	*30 min*
Portionen:	*4*
Schwierigkeit:	*leicht*

Zutaten

- 400g Ciabattabrötchen (4 à 100g)
- 400g Aubergine
- 200g Putenbrustfilet (4 à 50g)
- 200g passierte Tomaten
- 150g Zucchini
- 150g Paprika (rot)
- 125g Mozzarella
- 50g Zwiebel
- 1 Knoblauchzehe
- 1 EL Olivenöl
- Meersalz und Pfeffer

Zubereitung

1) Zucchini, Aubergine und Paprika waschen und abtrocknen. Jeweils ½ des Gemüses sehr fein würfeln. Zwiebel schälen und würfeln. Die Knoblauchzehe schälen und pressen. Dann alles in einem Topf mit etwas Olivenöl anschwitzen. Passierte Tomaten dazu geben, salzen, pfeffern und bei schwacher Hitze und unter stetigem Rühren zu einer Soße kochen.

2) Die restliche Zucchini, Aubergine und Paprika in Steifen schneiden. Den Mozzarella in Scheiben schneiden. Den Kontaktgrill auf mittlere Hitze vorheizen, das Gemüse und die Putenbrüste einölen. Alles auf den Grill legen und beidseitig ca. 8 Minuten grillen, bis das Fleisch durch ist.

3) Währenddessen die Ciabatta aufschneiden und mit der fertig gekochten Soße bestreichen. Fleisch und Gemüse vom Grill nehmen und die Brötchen damit belegen. Dann die obere Brötchenhälfte drauf legen, mit etwas Olivenöl bestreichen und für weitere 4 Minuten beidseitig grillen.

Würziges Frühstückspanini

KH 33g | EW 23g | F 29g | kcal 488

Zubereitungszeit: *20 min*
Portionen: *2*
Schwierigkeit: *leicht*

Zutaten

- 100g Vollkorntoastbrot (4 Scheiben à 25g)
- 100g Kochschinken
- 100g Brie
- 50g Gemüsezwiebel
- 20g Dijon Senf
- 10g Zucker
- 1 EL Balsamico
- 1 EL Olivenöl
- etwas Kresse
- Meersalz und Pfeffer

Zubereitung

1) Die Zwiebel schälen und in Ringe schneiden. In einer Pfanne den Zucker schmelzen lassen, Zwiebelringe dazu geben und karamellisieren lassen. Einige Spritzer Balsamico dazu geben, alles gut verrühren und die Pfanne vom Herd nehmen

2) Die Kresse waschen und trocken schütteln. Dann alle Toastbrotscheiben mit Senf bestreichen und zwei Scheiben mit Kresse, Brie und Schinken belegen. Die Zwiebel und einige Spritzer Balsamico dazu geben und mit Salz und Pfeffer würzen.

3) Die oberen Scheiben drauf legen und den Kontaktgrill vorheizen. Die Paninis von oben und unten mit Öl bestreichen und für 3-4 Minuten beidseitig grillen, bis der Käse geschmolzen ist.

Grillgemüse Panini

KH 36g | EW 19g | F 30g | kcal 502

Zubereitungszeit:	*25 min*
Portionen:	*2*
Schwierigkeit:	*leicht*

Zutaten

- 130g Vollkornbrötchen (2 à 100g)
- 125g Mozzarella
- 100g Zucchini
- 75g Paprika (rot)
- 30g Tomate
- 50g Pesto Rosso
- 20g Butter
- etwas Olivenöl
- Salz und Pfeffer

Zubereitung

1) Zunächst die Zucchini, Tomate und Paprika waschen und abtrocknen. Die Paprika entkernen und in dünne Streifen schneiden. Die Zucchini und die Tomate ebenfalls in dünne Scheiben schneiden.

2) Den Mozzarella abtropfen lassen und in Scheiben schneiden. Die Butter mit dem Pesto verrühren.

3) Paprika und Zucchini mit etwas Olivenöl, Salz und Pfeffer für ca. 2 Minuten von beiden Seiten grillen. Währenddessen die Brötchen halbieren und alle Hälften mit der Butter-Pesto-Mischung bestreichen.

4) Das gegrillte Gemüse auf zwei Brötchenhälften verteilen, die Tomaten- und Mozzarellascheiben darauf legen und die obere Brötchenhälfte drauflegen. Die Brötchen von oben und unten mit etwas Öl bestreichen.

5) Nun die Brötchen für etwa 5 Minuten beidseitig grillen – je nach gewünschtem Bräunungsgrad.

Blaubeerpanini

KH 66g | EW 15g | F 18g | kcal 502

Zubereitungszeit:	*15 min*
Portionen:	*2*
Schwierigkeit:	*leicht*

Zutaten

- 240g Bauernbrot (4 Scheiben à 60g)
- 100g Blaubeeren
- 50g Cheddar
- 20g Spinat (frisch)
- 20g Zucker (braun)
- 1 EL Balsamico
- etwas Olivenöl
- Meersalz und Pfeffer

Zubereitung

1) Zuerst den Spinat waschen, dann die Blaubeeren waschen, abtrocknen und in einen Topf geben. Diese mit dem Zucker und Balsamico für 5 Minuten bei schwacher Hitze köcheln lassen und die Beeren dabei leicht zerdrücken.

2) Währenddessen 2 Esslöffel Olivenöl mit etwas Meersalz und Pfeffer mischen und die 4 Bauernbrotscheiben damit bestreichen.

3) Nun zwei Scheiben mit der Blaubeermischung bestreichen und dazu Spinat und in Scheiben geschnittenen Cheddar geben. Die restlichen beiden Bauernbrotscheiben drauflegen und den Kontaktgrill vorheizen.

4) Zum Schluss die beiden Paninis beidseitig für 4 Minuten grillen.

Süßes Zucchini-Feta-Panini

KH 70g | EW 11g | F 20g | kcal 505

Zubereitungszeit:	*30 min*
Portionen:	*2*
Schwierigkeit:	*leicht*

Zutaten

- 200g Ciabattabrötchen (2 à 100g)
- 150g Zucchini
- 100g Fetakäse
- 30g Walnusskerne
- 4 EL Honig
- 1 EL Olivenöl
- Meersalz und Pfeffer

Zubereitung

1) Zuerst die Zucchini waschen, abtrocknen und in Scheiben schneiden. Anschließend etwas Öl in einer Pfanne erwärmen und die Zucchinischeiben für ungefähr 15 Minuten braten, bis sie weich werden. Mit Salz und Pfeffer würzen und stetig wenden.

2) Währenddessen die Brötchen aufschneiden und die Walnusskerne mit einem Messer klein hacken. Den Fetakäse zerbröseln und in einer kleinen Schüssel Honig, Walnusskerne und Fetakäse vermischen. Die Unterseite mit der Honigmischung bestreichen.

3) Den Kontaktgrill vorheizen. Die gebratene Zucchini auf den beiden Brötchenhälften verteilen und die obere Hälfte drauflegen. Anschließend die Paninis beidseitig mit etwas Olivenöl bestreichen und für ca. 5 Minuten beidseitig grillen bis der Fetakäse geschmolzen ist.

Putenhacksteak Panini

KH 57g | EW 16g | F 24g | kcal 506

Zubereitungszeit:	*20 min*
Portionen:	*4*
Schwierigkeit:	*leicht*

Zutaten

- 400g Ciabattabrötchen (4 à 100g)
- 240g Putenhacksteaks (4 à 60g)
- 50ml BBQ Soße
- 40g Kräuterbutter
- 1 EL Olivenöl

Zubereitung

1) Den Kontaktgrill auf mittlerer Stufe vorheizen und beide Platten einölen. Die (fertig marinierten) Putenhacksteaks dann für ungefähr 5 bis 8 Minuten beidseitig grillen, bis sie gar sind.

2) Währenddessen die Ciabatta durchschneiden und die unteren Hälften jeweils mit etwas Kräuterbutter bestreichen.

3) Sobald die Hacksteaks durch sind, vom Kontaktgrill nehmen und auf die Brötchenhälften verteilen. Mit einem Esslöffel BBQ Soße bestreichen und die oberen Brötchenhälften drauflegen.

4) Anschließend die Paninis von oben und unten mit etwas Olivenöl einölen oder mit der Kräuterbutter bestreichen. Die Paninis für ca. 4 Minuten beidseitig grillen und genießen.

Mediterrane Paninis mit Kotelettes

KH 56g | EW 29g | F 19g | kcal 511

Zubereitungszeit:	*25 min*
Portionen:	*4*
Schwierigkeit:	*leicht*

Zutaten

- 400g Ciabattabrötchen (4 à 100g)
- 400g Schweinekoteletts (4 à 100g)
- 150g Paprika (rot)
- 100g Crème fraîche
- 50g Tomate
- 30g Oliven (grün, entsteint)
- 10g Basilikum (getrocknet, gehackt)
- 10g Petersilie (getrocknet, gehackt)
- 1 Knoblauchzehe
- 1 EL Olivenöl
- etwas Paprikapulver
- Meersalz und Pfeffer

Zubereitung

1) Zuerst die Paprika waschen, abtrocknen, entkernen und in dünne Streifen schneiden. Danach die Tomate waschen und in dünne Scheiben schneiden. Die Knoblauchzehe schälen und sehr fein hacken. Anschließend die Oliven in dünne Scheiben schneiden.

2) In einer kleinen Schüssel etwas Olivenöl mit Paprikapulver, Meersalz, Pfeffer, Knoblauch, Petersilie und Basilikum mischen. Die vier Schweinekoteletts damit einölen und den Kontaktgrill auf mittlerer Stufe vorheizen.

3) Die Paprika ebenfalls mit einölen. Koteletts und Paprikastreifen dann für ca. 4 Minuten beidseitig grillen, bis das Fleisch gar ist. Währenddessen die Brötchen aufschneiden, mit Crème fraîche bestreichen, mit Tomaten und Oliven belegen.

4) Sobald die Koteletts gar sind, Paprika und Koteletts vom Kontaktgrill nehmen und die Brötchen damit belegen. Die obere Hälfte auf die Brötchen legen und die Paninis für ca. 3 Minuten beidseitig grillen bis sie schön knusprig sind.

Thunfisch Panini

KH 56g | EW 30g | F 19g | kcal 518

Zubereitungszeit:	*15 min*
Portionen:	*2*
Schwierigkeit:	*leicht*

Zutaten

- 200g Ciabattabrötchen (2 à 100g)
- 140g Thunfisch (aus der Dose)
- 130g Essiggurken
- 50g Cheddar
- 20g Mayonnaise
- 1 EL Balsamico

Zubereitung

1) Die beiden Brötchen aufschneiden, den Cheddar klein reiben und die Essiggurken in kleine Würfel schneiden.

2) Dann den Thunfisch abtropfen und gemeinsam mit der Mayonnaise, Balsamico, Cheddar und Gewürzgurke in einer Schüssel vermischen.

3) Die Thunfischmischung gleichmäßig auf die beiden Brötchen verteilen.

4) Zum Schluss die beiden Paninis für etwa 5 Minuten beidseitig grillen bis der Käse geschmolzen ist.

Spinatpanini

KH 53g | EW 23g | F 25g | kcal 545

Zubereitungszeit:	*15 min*
Portionen:	*2*
Schwierigkeit:	*leicht*

Zutaten

- 240g Bauernbrot (4 Scheiben à 60g)
- 50g Spinatblätter
- 50g Cheddar
- 50g Parmesan
- 1 Knoblauchzehe
- 1 EL Balsamico
- 1 EL Olivenöl
- Meersalz und Pfeffer

Zubereitung

1) Knoblauch schälen und fein hacken. Dann 2 Esslöffel Olivenöl mit Knoblauch, Meersalz und Pfeffer vermischen. Alle 4 Bauernbrotscheiben mit dem Öl bestreichen.

2) Spinat waschen und abtrocknen. Den Käse klein reiben. Nun auf 2 Bauernbrotscheiben Cheddar streuen und den Spinat drauf legen. Danach mit Parmesan bestreuen und einige Spritzer Balsamico draufmachen. Die oberen Scheiben drauflegen und festdrücken.

3) Den Kontaktgrill vorheizen und die Paninis beidseitig für 4-5 Minuten grillen bis das Brot knusprig und der Käse geschmolzen ist.

Schinken-Mozzarella Panini

KH 55g | EW 36g | F 22g | kcal 560

Zubereitungszeit: *15 min*
Portionen: *2*
Schwierigkeit: *leicht*

Zutaten

- 200g Ciabattabrötchen (2 à 100g)
- 150g Kochschinken
- 100g Mozzarella
- 50g Tomaten
- 40g Parmesan
- etwas frischer Basilikum
- Salz und Pfeffer

Zubereitung

1) Zuerst die Tomaten waschen und würfeln. Danach den Basilikum waschen, trocknen und klein hacken.

2) Dann den Mozzarella in kleine Würfel schneiden und den Parmesan mit einer Reibe reiben. In einer Schüssel alles vermischen und mit Pfeffer und Salz abschmecken.

3) Jetzt die beiden Ciabatta aufschneiden. Die untere Hälfte mit einer Scheibe Schinken belegen, dann die Hälfte der Tomaten-Mozzarella-Mischung drauf geben und darüber nochmals eine Scheibe Schinken legen. Die obere Hälfte des Ciabatta zum Schluss darauf legen. Für das zweite Brötchen den Ablauf wiederholen.

4) Die beiden Brötchen für ca. 3-5 Minuten auf dem Grill lassen, je nach gewünschtem Bräunungsgrad und je nachdem, wie sehr der Käse schmelzen soll.

Bauernbrot Panini

KH 54g | EW 30g | F 25g | kcal 566

Zubereitungszeit:	*20 min*
Portionen:	*2*
Schwierigkeit:	*leicht*

Zutaten

- 240g Bauernbrot (4 Scheiben à 60g)
- 100g Schinken
- 60g Tomate
- 50g Cheddar
- 50g Mozzarella
- 10g Kräuter (nach Wahl)
- 1 Knoblauchzehe
- 1 EL Olivenöl
- Meersalz und Pfeffer

Zubereitung

1) Die Knoblauchzehe schälen und fein hacken. In einer kleinen Schüssel etwas Olivenöl mit Salz, Pfeffer, getrockneten Kräutern und Knoblauch vermischen. Die 4 Bauernbrotscheiben dann mit der Olivenölmischung bestreichen.

2) Die Tomate waschen und in Scheiben schneiden. Den Käse klein reiben. Danach 2 Scheiben Brot mit Tomate, Käse und Schinken belegen. Die restlichen beiden Brotscheiben oben drauf legen.

3) Den Kontaktgrill vorheizen und die Paninis anschließend für 3-4 Minuten beidseitig grillen, bis das Brot schön knusprig und der Käse geschmolzen ist.

Pastrami Panini

KH 54g | EW 44g | F 20g | kcal 577

Zubereitungszeit:	*20 min*
Portionen:	*2*
Schwierigkeit:	*leicht*

Zutaten

- 200g Ciabattabrötchen (2 à 100g)
- 200g Pastrami
- 50g Cheddar
- 50g Emmentaler
- 50g Gemüsezwiebel
- 50g Gewürzgurke

Zubereitung

1) Die Gemüsezwiebel schälen und in dünne Ringe schneiden. Pastrami in Scheiben schneiden und den Käse klein reiben. Die Gewürzgurke der Länge nach in Streifen schneiden.

2) Dann die beiden Brötchen mit Pastrami, Käse, Zwiebelringen und Gewürzgurke belegen. Die Ober- und Unterseite der Brötchen mit Olivenöl bestreichen und den Kontaktgrill vorheizen.

3) Zum Schluss die Paninis beidseitig für etwa 3 Minuten grillen, bis der Käse geschmolzen ist.

Vier-Käse-Panini

KH 22g | EW 30g | F 42g | kcal 581

Zubereitungszeit:	*15 min*
Portionen:	*2*
Schwierigkeit:	*leicht*

Zutaten

- 100g Vollkorntoastbrot (4 Scheiben à 50g)
- 50g Mozzarella
- 50g Emmentaler
- 50g Cheddar
- 50g Parmesan
- 10g Butter
- 1 EL Olivenöl

Zubereitung

1) Den Mozzarella, Emmentaler, Cheddar und Parmesan klein reiben und gut vermischen. Alle Toastbrotscheiben mit Butter bestreichen und dann die Käsemischung auf 2 Toastbrotscheiben verteilen.

2) Die anderen beiden Toastbrotscheiben drauflegen und leicht andrücken. Den Kontaktgrill vorheizen und die beiden Paninis von oben und unten mit etwas Olivenöl bestreichen.

3) Zum Schluss für 4 Minuten beidseitig grillen, bis der Käse komplett geschmolzen ist.

Käse Panini mit Guacamole

KH 33g | EW 20g | F 44g | kcal 596

Zubereitungszeit:	*15 min*
Portionen:	*2*
Schwierigkeit:	*leicht*

Zutaten

- 250g Avocado
- 100g Vollkorntoastbrot (4 Scheiben à 25g)
- 50g Cheddar
- 50g Emmentaler
- 1 Limette
- 1 EL Olivenöl
- etwas Paprikapulver (rot)
- Meersalz und Pfeffer

Zubereitung

1) Die Avocado waschen, halbieren, entkernen und das Fruchtfleisch von der Schale lösen. Die Limette waschen und halbieren. Den Käse klein reiben.

2) In einer Schüssel die Avocado zerstampfen, den Saft einer halben Limette und den Käse dazugeben und alles gut vermischen. 2 Esslöffel Olivenöl, etwas Pfeffer, Paprikapulver und Meersalz hinzufügen und alles gut vermischen.

3) Nun 2 Toastbrotscheiben mit der Guacamole-Käse-Mischung bestreichen. Die oberen Scheiben drauf legen und den Kontaktgrill vorheizen.

4) Die Ober- und Unterseite der Paninis mit etwas Olivenöl bestreichen und anschließend für 3-4 Minuten beidseitig grillen, bis der Käse geschmolzen ist.

Rustikale Paninis

KH 55g | EW 28g | F 29g | kcal 598

Zubereitungszeit:	*20 min*
Portionen:	*2*
Schwierigkeit:	*leicht*

Zutaten

- 200g Baguettebrötchen (2 à 100g, rustikal)
- 125g Mozzarella
- 100g Tomaten
- 100g Schinken
- 10g Basilikum (frisch)
- 2 EL Pesto (grün)
- 1 EL Balsamico
- 1 EL Olivenöl
- Meersalz und Pfeffer

Zubereitung

1) Zuerst die Tomaten waschen, abtrocknen und in dünne Scheiben schneiden. Anschließend den Mozzarella in Scheiben schneiden. Danach einige Blätter Basilikum abzupfen, waschen und trocken schütteln.

2) Die beiden Brötchen halbieren und die untere Hälfte mit je einem Esslöffel Pesto bestreichen. Mit den Tomaten, Basilikum, Mozzarella und je zwei Scheiben Schinken belegen.

3) Salzen, pfeffern und mit Balsamico beträufeln. Anschließend die obere Brötchenhälfte drauflegen und mit etwas Olivenöl bestreichen.

4) Den Kontaktgrill vorheizen und die untere Platte einölen. Anschließend die beiden Paninis beidseitig für ca. 4 Minuten grillen bis sie schön knusprig sind.

Steak Panini mit Zwiebeln

KH 60g | EW 33g | F 26g | kcal 606

Zubereitungszeit:	*30 min*
Portionen:	*2*
Schwierigkeit:	*leicht*

Zutaten

- 200g Ciabattabrötchen (2 à 100g)
- 150g Steak (2 à 75g)
- 100g Schmand
- 70g Zwiebel
- 50ml Teriyaki Soße
- 1 EL Olivenöl
- Meersalz und Pfeffer

Zubereitung

1) Zunächst die Zwiebel schälen und in Ringe schneiden. Etwas Butter oder Öl in einer Pfanne erhitzen und die Zwiebel bei mittlerer Hitze braten. Nach etwa 5 Minuten Schmand und Teriyaki Soße dazugeben und unter stetigen Rühren weiter braten.

2) Währenddessen die beiden Brötchen der Länge nach durchschneiden und den Kontaktgrill auf höchster Stufe vorheizen und einölen. Anschließend die Steaks für ca. 4 Minuten beidseitig grillen. Nach 2 Minuten die Steaks um 90° drehen.

3) Die Steaks vom Grill nehmen, salzen, pfeffern und einige Minuten ruhen lassen. Währenddessen die Zwiebelsoße auf den Brötchen verteilen. Die Steaks obendrauf legen, die Brötchen zusammenklappen, von oben und unten mit Olivenöl bestreichen und für 3 Minuten beidseitig grillen.

Avocado-Puten Panini

KH 78g | EW 27g | F 23g | kcal 626

Zubereitungszeit:	*20 min*
Portionen:	*2*
Schwierigkeit:	*leicht*

Zutaten

- 270g Avocado
- 200g Ciabattabrötchen (2 à 100g)
- 100g Putenbrust (gebraten)
- 50g Cheddar
- 50g junger Blattspinat
- ½ Limette
- etwas Olivenöl
- Salz und Pfeffer

Zubereitung

1) Zunächst die Avocado teilen, halbieren und entkernen. Eine Avocado-hälfte in einer Schüssel zusammen mit etwas Limettensaft, Olivenöl, Salz und Pfeffer zerdrücken und vermischen.

2) Den Cheddar klein reiben und die Putenbrust in Streifen schneiden.

3) Jetzt den Spinat waschen und abtrocknen. Die beiden Brötchen in der Mitte aufschneiden.

4) Die Avocadocreme gleichmäßig auf allen vier Hälften verteilen. Zwei Brötchenhälften mit Putenbrust, Cheddar und Blattspinat belegen. Die beiden oberen Hälften drauflegen.

5) Die beiden Brötchen von unten und oben mit etwas Olivenöl bestreichen und anschließend beidseitig für etwa 6 Minuten grillen, bis der Käse geschmolzen und der gewünschte Bräunungsgrad erreicht ist.

Das verbotene Panini

KH 100g | EW 12g | F 20g | kcal 639

Zubereitungszeit:	*10 min*
Portionen:	*1*
Schwierigkeit:	*leicht*

Zutaten

- 100g Vollkorntoastbrot (4 Scheiben à 25g)
- 50g Vollmilchschokolade
- 2 TL Honig
- 2 TL Marshmallow Fluff
- 8 Stücke Vollmilchschokolade

Zubereitung

1) Zuerst 2 Toastbrotscheiben mit Honig bestreichen und dann 2 Toastbrotscheiben mit Marshmallow Fluff bestreichen.

2) Nun die Schokolade in 8 etwa gleich große Stücke teilen. Danach auf die beiden Scheiben den Honig mit je 4 Stücken Schokolade verteilen und dann die restlichen beiden Toastbrotscheiben drauflegen.

3) Den Kontaktgrill vorheizen und einölen. Dann die Paninis beidseitig für 4-5 Minuten grillen, bis die Schokolade geschmolzen ist.

Avocado-Ei-Panini

KH 64g | EW 18g | F 37g | kcal 644

Zubereitungszeit:	*20 min*
Portionen:	*2*
Schwierigkeit:	*leicht*

Zutaten

- 250g Avocado
- 200g Ciabattabrötchen (2 à 100g)
- 2 Eier
- 1 Limette
- 1 EL Olivenöl
- Meersalz und Pfeffer

Zubereitung

1) Zuerst die Eier in einem Topf hart kochen. Sobald sie fertig sind, die Eier pellen und in Scheiben schneiden.

2) Die Limette waschen und halbieren. Die Avocado waschen, halbieren, entkernen und das Fruchtfleisch von der Schale lösen. Dann in einer kleinen Schüssel zerstampfen und dazu 1-2 EL Olivenöl, den Saft einer halben Limette, etwas Meersalz und Pfeffer dazugeben und alles gut vermischen.

3) Den Kontaktgrill vorheizen und die untere Platte einölen. Währenddessen die beiden Brötchen durchschneiden und gleichmäßig mit der Avocadomischung bestreichen. Danach mit den geschnittenen Eiern belegen und dann die obere Hälfte der Brötchen drauflegen.

4) Die obere Seite der Brötchen mit Olivenöl bestreichen und anschließend für ca. 4 Minuten beidseitig grillen.

Frühstückspanini

KH 20g | EW 32g | F 45g | kcal 648

Zubereitungszeit:	*20 min*
Portionen:	*2*
Schwierigkeit:	*leicht*

Zutaten

- 100g Vollkorntoastbrot (4 Scheiben à 25g)
- 80g Bacon
- 50g Cheddar
- 50g Emmentaler
- 2 Eier
- 1 EL Olivenöl
- Meersalz und Pfeffer

Zubereitung

1) Die Eier in einer Schüssel verquirlen und den Käse (klein gerieben) untermischen. Dann mit Salz und Pfeffer würzen. Olivenöl in einer Pfanne erhitzen und die Eimischung hinein geben. Nach 3 Minuten einmal vorsichtig wenden und für weitere 3 Minuten braten lassen, bis das Omelett fertig ist. Aus der Pfanne nehmen und auf einem Teller halbieren.

2) Die Baconstreifen direkt danach in die Pfanne geben und für 3 Minuten knusprig braten. Den Bacon und das Omelett gleichmäßig auf 2 Toastbrotscheiben verteilen und die restlichen Scheiben oben drauf legen.

3) Den Kontaktgrill vorheizen und die Frühstückspaninis oben und unten mit etwas Olivenöl bestreichen. Anschließend beidseitig für 3 Minuten grillen, bis das Brot schön knusprig ist.

Vegetarisches Pizzapanini

KH 56g | EW 31g | F 33g | kcal 662

Zubereitungszeit: *15 min*
Portionen: *2*
Schwierigkeit: *leicht*

Zutaten

- 240g Bauernbrot (4 Scheiben à 60g)
- 100g Tofu
- 50g Cheddar
- 50g Emmentaler
- 20g Pesto (grün)
- 20g Tomatenmark
- 1 Knoblauchzehe
- 1 Limette
- etwas Olivenöl
- Meersalz und Pfeffer

Zubereitung

1) Knoblauch schälen und fein hacken. Dann die Limette waschen, halbieren und auspressen. In einer kleinen Schale den Limettensaft, 2 Esslöffel Olivenöl, Knoblauch, Pfeffer und Meersalz vermischen.

2) Jetzt die Brotscheiben großzügig mit der Ölmischung bestreichen. Dann 2 Scheiben mit Pesto und 2 Scheiben mit Tomatenmark bestreichen. Den Käse klein reiben und den Tofu in dünne Scheiben schneiden. Anschließend 2 Bauernbrotscheiben gleichmäßig mit Cheddar, Emmentaler und Tofu belegen.

3) Zum Schluss die oberen Bauernbrotscheiben darauf legen und den Kontaktgrill vorheizen. Dann beide Pizzapaninis beidseitig für 5 Minuten grillen, bis der Käse geschmolzen ist und das Brot schön knusprig ist.

Würziges Camembert Panini

KH 79g | EW 25g | F 30g | kcal 692

Zubereitungszeit:	*15 min*
Portionen:	*2*
Schwierigkeit:	*leicht*

Zutaten

- 240g Bauernbrot (4 Scheiben à 60g)
- 200g Camembert
- 20g Kresse
- 2 EL Humus
- 2 TL Honig
- etwas Olivenöl

Zubereitung

1) Zuerst die Kresse waschen und trocken schütteln. Dann den Camembert in 2 große dicke und längliche Scheiben (alternativ in mehrere kleinere Scheiben) schneiden.

2) 2 Bauernbrotscheiben mit je 1 Esslöffel Humus und 1 TL Honig bestreichen. Dann mit dem Camembert und der Kresse belegen

3) Die beiden restlichen Bauernbrotscheiben oben drauflegen und die untere und obere Seite der Paninis mit Olivenöl bestreichen.

4) Den Kontaktgrill vorheizen und die Paninis beidseitig grillen bis der Camembert geschmolzen und das Brot knusprig ist.

Hähnchen-Pesto Panini

KH 75g | EW 33g | F 32g | kcal 732

Zubereitungszeit:	*20 min*
Portionen:	*2*
Schwierigkeit:	*leicht*

Zutaten

- 200g Ciabattabrötchen (2 à 100g)
- 100g Hähnchenfilet (gebraten)
- 100g Cheddar
- 50g Gemüsezwiebel
- 50g Paprika (rot)
- 50g Pesto (grün)

Zubereitung

1) Als erstes die Paprika waschen, abtrocknen und entkernen. Dann in Scheiben schneiden. Anschließend die Zwiebel waschen, trocknen und würfeln.

2) Das Hähnchenfilet in Streifen schneiden und den Cheddar klein reiben.

3) Anschließend die beiden Brötchen halbieren und jede Seite mit Pesto bestreichen. Jeweils eine Hälfte mit Hähnchen, Paprika, Zwiebeln und Cheddar belegen.

4) Die obere Brötchenhälfte darauflegen und die beiden Paninis für ca. 5 Minuten beidseitig grillen, bis der Cheddar geschmolzen ist.

Tomaten Mozzarella Panini

KH 75g | EW 22g | F 39g | kcal 733

Zubereitungszeit:	*10 min*
Portionen:	*2*
Schwierigkeit:	*leicht*

Zutaten

- 200g Ciabattabrötchen (2 à 100g)
- 125g Mozzarella
- 50g Tomate
- 50g Pesto (grün)
- 10g Basilikum (frisch)
- 1 EL Balsamico
- 1 EL Olivenöl

Zubereitung

1) Zunächst die Tomate waschen und in Scheiben schneiden. Den Mozzarella abtropfen lassen und ebenfalls in Scheiben schneiden. Dann einige Basilikumblätter abzupfen, waschen und trocknen.

2) Die beiden Brötchen aufschneiden und mit grünem Pesto bestreichen. Anschließend mit Basilikum, Tomate und Mozzarella belegen und einige Spritzer Balsamico drüber geben. Mit Salz und Pfeffer würzen und die oberen Brötchenhälften drauf legen.

3) Den Kontaktgrill vorheizen und die Ober- und Unterseite der Brötchen mit Olivenöl bestreichen. Zum Schluss für etwa 3 Minuten beidseitig grillen.

Fettuccinepanini

KH 85g | EW 25g | F 32g | kcal 735

Zubereitungszeit:	*10 min*
Portionen:	*2*
Schwierigkeit:	*leicht*

Zutaten

- 200g Ciabattabrötchen (2 à 100g)
- 100g Fettuccine (vom Vortag)
- 50g Cheddar
- 50g Emmentaler
- 10g Basilikumblätter
- 2 EL Pesto (grün)
- 1 EL Balsamico
- etwas Olivenöl
- Meersalz und Pfeffer

Zubereitung

1) Die beiden Brötchen der Länge nach aufschneiden und den Käse klein reiben. In einer kleinen Schüssel die Fettuccine mit dem Käse vermischen, mit Salz und Pfeffer abschmecken.

2) Nun die Basilikumblätter abzupfen, waschen und abtrocknen. Die beiden unteren Brötchenhälften mit Pesto bestreichen und dann mit der Nudelmischung und den Basilikumblätter belegen. Einige Spritzer Balsamico dazugeben und die oberen Brötchenhälften drauflegen und leicht andrücken.

3) Den Kontaktgrill vorheizen und die beiden Paninis von oben und unten mit etwas Olivenöl bestreichen. Zum Schluss beidseitig für 4 Minuten grillen.

Rostbeefpanini

KH 83g | EW 35g | F 28g | kcal 744

Zubereitungszeit:	*15 min*
Portionen:	*2*
Schwierigkeit:	*leicht*

Zutaten

- 200g Ciabattabrötchen (2 à 100g)
- 100g Roastbeef
- 60g Rucola
- 60g Feigen
- 50g Cheddar
- 50g Emmentaler
- 2 EL Senf
- 2 EL Honig
- 2 TL Chia Samen
- 1 EL Olivenöl
- Meersalz und Pfeffer

Zubereitung

1) Zuerst den Rucola waschen und trocken schütteln. Die Feigen waschen, abtrocknen und in 1cm dicke Scheiben schneiden. Den Käse klein reiben.

2) In einer kleinen Schüssel Honig, Senf und Chia Samen vermischen, mit Salz und Pfeffer abschmecken. Die Ciabatta der Länge nach durchschneiden und beide Seiten mit der Honig-Senf-Soße bestreichen. Dann mit Rucola, Käse, Roastbeef und Feigenscheiben belegen und die obere Brötchenhälfte drauflegen.

3) Den Kontaktgrill vorheizen und die Ober-/Unterseite der Brötchen mit etwas Olivenöl bestreichen. Zum Schluss beidseitig für 3-4 Minuten grillen bis die Brötchen knusprig sind und der Käse geschmolzen ist.

Pulled Pork Panini

KH 65g | EW 47g | F 34g | kcal 751

Zubereitungszeit:	*20 min*
Portionen:	*2*
Schwierigkeit:	*leicht*

Zutaten

- 400g Pulled Pork
- 200g Ciabattabrötchen (2 à 100g)
- 100g Gewürzgurken
- 80g Bacon
- 70g Zwiebel
- 50g Tomate
- 10ml BBQ Soße
- 2 Salatblätter
- 1 EL Olivenöl

Zubereitung

1) Zuerst die Tomate waschen und in Scheiben schneiden. Die Zwiebel schälen und in Ringe schneiden. Die Gewürzgurken der Länge nach in Streifen schneiden.

2) Die beiden Ciabatta der Länge nach durchschneiden und mit je 200g Pulled Pork, einem Salatblatt, Zwiebeln, Tomate und Gewürzgurke belegen.

3) Den Kontaktgrill auf mittlerer Stufe vorheizen und einölen. Den Bacon für einige Minuten knusprig braten und anschließend die Brötchen damit belegen. Die Paninis zuklappen und die obere und untere Hälfte mit Olivenöl bestreichen.

4) Anschließend beidseitig für 3-5 Minuten grillen bis die Brötchen schön knusprig sind.

Vegetarisches Panini

KH 81g | EW 33g | F 33g | kcal 759

Zubereitungszeit:	*25 min*
Portionen:	*2*
Schwierigkeit:	*leicht*

Zutaten

- 200g Ciabattabrötchen (2 à 100g)
- 200g Zucchini
- 200g Champignons
- 200g Mozzarella
- 150g Paprika (rot)
- 1 EL Olivenöl
- Balsamico
- Meersalz und Pfeffer

Zubereitung

1) Zuerst das Gemüse waschen und abtrocknen. Anschließend die Zucchini in dünne Scheiben schneiden, die Paprika halbieren, entkernen und in dünne Streifen schneiden. Die Champignons halbieren und den Mozzarella in kleine Stücke schneiden.

2) Den Kontaktgrill auf mittlerer Stufe vorheizen, gut einölen und eine Schüssel bereitstellen. Dann das Gemüse auf den Kontaktgrill legen, salzen, pfeffern und beidseitig für ca. 5 Minuten grillen.

3) Das Gemüse vom Grill nehmen und in eine Schüssel geben. Dort mit dem Mozzarella und Balsamico vermischen. Die Ciabatta aufschneiden und gleichmäßig mit der Gemüsemischung belegen.

4) Anschließend die beiden Paninis von oben und unten mit Olivenöl bestreichen und für ungefähr 4 Minuten beidseitig grillen, bis der Mozzarella geschmolzen ist und die typischen braunen Streifen sichtbar sind.

BBQ Pulled Pork Panini

KH 80g | EW 38g | F 32g | kcal 766

Zubereitungszeit:	*15 min*
Portionen:	*2*
Schwierigkeit:	*leicht*

Zutaten

- 200g Ciabattabrötchen (2 à 100g)
- 200g Pulled Pork
- 50g Cheddar
- 50g Emmentaler
- 50g BBQ Soße
- etwas Olivenöl

Zubereitung

1) In einer Schale das Pulled Pork klein zupfen und mit der BBQ Soße vermischen. Dann den Cheddar und Emmentaler klein reiben und zum Fleisch geben. Alles gut verrühren.

2) Jetzt die beiden Brötchen aufschneiden und die beiden unteren Brötchenhälften gleichmäßig mit der Pulled Pork Mischung bestreichen. Die oberen Brötchenhälften drauflegen und die Unter- und Oberseite mit etwas Olivenöl bestreichen.

3) Den Kontaktgrill vorheizen und beide Paninis beidseitig für 4-5 Minuten grillen.

Truthahnpanini

KH 77g | EW 24g | F 42g | kcal 786

Zubereitungszeit:	*15 min*
Portionen:	*2*
Schwierigkeit:	*leicht*

Zutaten

- 200g Ciabattabrötchen (2 à 100g)
- 100g Truthahnwurst
- 100g Brie
- 50g Kirschen
- 50g Tomaten
- 2 EL Pesto (grün)
- 1 EL Balsamico
- etwas Olivenöl

Zubereitung

1) Zuerst die Tomate waschen, abtrocknen und in Scheiben schneiden. Danach den Brie in 1cm dicke Scheiben schneiden und die Ciabatta aufschneiden. Die unteren Brötchenhälften mit je 1 Esslöffel Pesto bestreichen und mit Tomaten, Brie und Truthahnwurst belegen.

2) Die Kirschen waschen, halbieren und entkernen. Die Kirschhälften gleichmäßig auf den Brötchenhälften verteilen. Mit Balsamico garnieren und die oberen Brötchenhälften drauflegen. Dann die Brötchen von oben und unten mit etwas Olivenöl bestreichen.

3) Den Kontaktgrill vorheizen und die beiden Paninis beidseitig für 4-5 Minuten grillen bis der Käse geschmolzen ist.

Mexikanisches Panini

KH 74g | EW 53g | F 33g | kcal 804

Zubereitungszeit:	*20 min*
Portionen:	*2*
Schwierigkeit:	*leicht*

Zutaten

- 200g Ciabattabrötchen (2 à 100g)
- 250g Hähnchenbrustfilet
- 100g Fetakäse
- 100g Cherrytomaten
- 50g Parmesan
- 1 EL Olivenöl
- etwas Salsa Soße

Zubereitung

1) Das Filet in die Salsa Soße einlegen und einige Minuten ziehen lassen (für einen intensiveren Geschmack über Nacht marinieren). Währenddessen die Brötchen aufschneiden, die Cherrytomaten waschen und den Käse klein reiben.

2) Dann die Tomaten halbieren, den Fetakäse in kleine Stücke schneiden und in einer kleinen Schüssel mit 2 EL Salsa und dem Käse vermischen.

3) Den Kontaktgrill auf mittlerer Stufe vorheizen und einölen. Währenddessen die Salsamischung gleichmäßig auf den beiden Ciabattabrötchen verteilen.

4) Die Hähnchenfilets beidseitig für ca. 8 Minuten grillen, bis diese durch sind. Anschließend vom Grill nehmen und auf die Ciabattabrötchen legen. Die beiden Mexikanischen Paninis von oben und unten mit Olivenöl bestreichen und nochmals ca. 5 Minuten beidseitig grillen bis der Käse geschmolzen ist.

Sloppy Joe Panini

KH 50g | EW 42g | F 47g | kcal 805

Zubereitungszeit:	*20 min*
Portionen:	*2*
Schwierigkeit:	*leicht*

Zutaten

- 250g Rinderhackfleisch
- 100g Toastbrotscheiben (4 Scheiben à 25g)
- 100g BBQ Soße
- 50g Cheddar (gerieben)
- 50g Emmentaler (gerieben)
- 40g Zwiebel
- 20g Zucker (braun)
- 20g Senf
- 5g Chiliflocken
- 1 Knoblauchzehe
- 1 EL Olivenöl

Zubereitung

1) Zuerst die Knoblauchzehe schälen und fein hacken, danach die Zwiebel schälen und klein hacken. Öl in einer Pfanne erhitzen und erst die Zwiebeln für 5 Minuten anbraten, dann das Hackfleisch dazu geben und unter ständigen Rühren für weitere 5 Minuten anbraten. Herd ausstellen.

2) BBQ Soße, Cheddar, Emmentaler, Zucker, Senf und Chiliflocken in die Pfanne geben und alles gut verrühren. Mit etwas Salz und Pfeffer abschmecken.

3) Die 4 Toastbrotscheiben von allen Seiten mit etwas Olivenöl bestreichen und den Kontaktgrill auf mittlerer Stufe vorheizen. Die Hackfleischsoße auf zwei Toastbrotscheiben verteilen und die restlichen Scheiben drauflegen. Zum Schluss beidseitig für 3-4 Minuten grillen.

Chili Cheese Panini

KH 23g | EW 35g | F 66g | kcal 845

Zubereitungszeit:	*20 min*
Portionen:	*2*
Schwierigkeit:	*leicht*

Zutaten

- 100g Vollkorntoastbrot (4 Scheiben à 25g)
- 100g Bacon
- 100g Cheddar
- 100g Gorgonzola
- 20g Jalapeños
- 30g Mayonnaise
- 5g Chiliflocken
- 5g Kräuter der Provence
- 1 EL Olivenöl

Zubereitung

1) Zunächst die Jalapeños in dünne Scheiben schneiden. In einer kleinen Schüssel Mayonnaise mit den Jalapeños, Chiliflocken und Kräutern der Provence vermischen.

2) Jetzt die vier Toastbrotscheiben mit der Mayonnaisemischung bestreichen. Cheddar und Gorgonzola klein reiben. Den Kontaktgrill auf mittlerer Stufe vorheizen und einölen. Den Bacon für einige Minuten knusprig grillen und währenddessen zwei Toastscheiben mit dem Käse belegen. Den Bacon vom Grill nehmen und je 4 Streifen auf 2 Toastbrotscheiben legen.

3) Die anderen beiden Toastbrotscheiben drauflegen. Die Paninis von oben und unten mit Olivenöl bestreichen und anschließend für ca. 4 Minuten beidseitig auf dem Kontaktgrill grillen, bis der Käse geschmolzen ist.

Gegrilltes Avocado Sandwich

KH 64g | EW 32g | F 57g | kcal 870

Zubereitungszeit:	*20 min*
Portionen:	*2*
Schwierigkeit:	*leicht*

Zutaten

- 250g Avocado
- 200g Ciabattabrötchen (2 à 100g)
- 125g Mozzarella
- 100g Salami
- 1 EL Olivenöl

Zubereitung

1) Die Avocado waschen, abtrocknen, halbieren, entkernen und schälen. Dann in Scheiben schneiden. Mozzarella ebenfalls in Scheiben schneiden.

2) Die Brötchen der Länge nach halbieren und mit Salami, Avocado und Mozzarella belegen. Zuklappen und die Ober- und Unterseite mit Olivenöl bestreichen.

3) Dann den Kontaktgrill vorheizen und die Sandwiches beidseitig für ca. 5 Minuten grillen, bis das Brot knusprig und der Käse geschmolzen ist.

Limetten-Chili-Cheese-Panini

KH 76g | EW 35g | F 52g | kcal 916

Zubereitungszeit:	*20 min*
Portionen:	*2*
Schwierigkeit:	*leicht*

Zutaten

- 200g Ciabattabrötchen (2 à 100g)
- 50g Humus
- 100g Cheddar
- 100g Salami
- 20g Jalapeños
- 5g Chiliflocken
- 1 Limette
- 1 EL Olivenöl

Zubereitung

1) Den Cheddar klein in eine Schüssel reiben, mit dem Humus und den Chiliflocken vermischen. Dann die Limette waschen, abtrocknen, halbieren und beide Hälfte auspressen und dazugeben. Die Jalapeños klein hacken und ebenfalls dazugeben. Alles gut vermischen.

2) Die beiden Brötchen aufschneiden und jeweils die untere Hälfte mit der Cheddarmischung bestreichen. Mit Wurst belegen und die oberen Hälften drauflegen.

3) Den Kontaktgrill vorheizen und die Paninis von oben und unten mit etwas Olivenöl bestreichen. Dann beidseitig für 4-5 Minuten grillen bis der Cheddar geschmolzen ist.

Süß-herzhaftes Bagel-Panini

KH 92g | EW 35g | F 50g | kcal 963

Zubereitungszeit:	*15 min*
Portionen:	*2*
Schwierigkeit:	*leicht*

Zutaten

- 200g Bagel (2 Bagel à 100g)
- 100g Cheddar (gerieben)
- 50g Blaubeeren
- 50g Brie
- 1 EL Mascarpone
- 1 EL Olivenöl
- 1 EL Butter
- etwas Basilikum
- Meersalz

Zubereitung

1) Die Bagel der Länge nach durchschneiden, die unteren Hälften mit Butter bestreichen und mit etwas Meersalz bestreuen. Die oberen Hälften mit je 1 TL Mascarpone bestreichen.

2) Blaubeeren waschen und einige Basilikumblätter abzupfen und ebenfalls waschen. Die Blaubeeren mit einem Löffel leicht zerdrücken und die unteren Bagelhälften damit belegen. Dann einige Basilikumblätter draufgeben, mit Cheddar bestreuen und zum Schluss die oberen Hälften drauflegen.

3) Den Kontaktgrill vorheizen und einölen. Dann beide Bagel beidseitig für ca. 5 Minuten grillen, bis die Bagel schön knusprig sind und der Käse geschmolzen ist.

Kontaktgrill
Snacks

Rezept Welt

Gefülltes Baguette

KH 27g | EW 9g | F 11g | kcal 245

Zubereitungszeit:	*20 min*
Portionen:	*4*
Schwierigkeit:	*leicht*

Zutaten

- 200g Baguette
- 125g Mozzarella
- 100g Tomate
- 1 EL Olivenöl
- Kräuter (getrocknet, nach Wahl)
- Meersalz und Pfeffer

Zubereitung

1) Als erstes das Baguette alle 2cm einschneiden. Dafür einfach mit einem Brotmesser so tief einschneiden, dass noch etwa 1cm übrig bleibt, bis das Brot durchgeschnitten ist.

2) In einer kleinen Schale 4 EL Olivenöl mit Meersalz, Pfeffer und den getrockneten Kräutern vermischen. Anschließend in jeden Einschnitt einige Tropfen der Olivenölmischung geben.

3) Nun die Tomaten waschen, abtrocknen und in dünne Scheiben schneiden. Den Mozzarella ebenfalls in Scheiben schneiden. In jeden Einschnitt eine Scheibe Tomate und eine Scheibe Mozzarella legen.

4) Das restliche Öl über dem Baguette verteilen und den Kontaktgrill vorheizen. Nur die untere Platte einölen.

5) Das Baguette auf den Kontaktgrill legen und beidseitig für 4 Minuten grillen. Darauf achten, dass die obere Platte das Baguette nicht berührt.

Feurige Käse-Lauch-Tortillas

KH 30g | EW 16g | F 21g | kcal 370

Zubereitungszeit:	*20 min*
Portionen:	*4*
Schwierigkeit:	*leicht*

Zutaten

- 200g Tortillas (4 à 50g)
- 100g Mozzarella
- 100g Cheddar
- 100g Emmentaler
- 50g Frühlingszwiebel
- 5g Chiliflocken
- 1 Chilischote
- 1 EL Olivenöl

Zubereitung

1) Zunächst die Lauchzwiebeln waschen, abtrocknen und in 1cm breite Ringe schneiden. Dann die Chilischote waschen, entkernen und klein hacken. Cheddar, Emmentaler und Mozzarella klein reiben.

2) Den Kontaktgrill vorheizen und die untere Platte mit Öl bestreichen. Die Tortillas darauf legen.

3) Jetzt den geriebenen Käse, die Lauchzwiebelringe, Chili und Chiliflocken gleichmäßig auf die Tortillas verteilen. Diese dann in der Mitte zusammen klappen und die Tortillas oben mit Olivenöl bestreichen.

4) Beidseitig für 3 Minuten grillen, bis der Käse geschmolzen ist und die Tortillas schön knusprig sind.

Pizzatortillas

KH 30g | EW 18g | F 23g | kcal 400

Zubereitungszeit:	*15 min*
Portionen:	*4*
Schwierigkeit:	*leicht*

Zutaten

- 200g Tortillas (4 à 50g)
- 100g Salami
- 85g Zwiebel
- 50g Emmentaler
- 50g Cheddar
- 50g Tomatenmark
- 1 EL Olivenöl

Zubereitung

1) Zuerst die Zwiebel schälen und in Ringe schneiden. Anschließend den Käse klein reiben. Die Tortillas mit Tomatenmark bestreichen und großzügig mit Käse und Salami belegen.

2) Den Kontaktgrill vorheizen und die untere Platte einölen. Die Tortillas auf den Kontaktgrill legen und in der Mitte umklappen bzw. zusammenklappen. Dann die obere Seite der Tortillas mit etwas Olivenöl bestreichen.

3) Die Pizzatortillas beidseitig für 3 Minuten grillen, bis der Käse geschmolzen ist.

Gefüllte Pita

KH 30g | EW 21g | F 23g | kcal 411

Zubereitungszeit:	*25 min*
Portionen:	*4*
Schwierigkeit:	*leicht*

Zutaten

- 250g Rinderhackfleisch
- 200g Pita Brot (4 Brote à 50g)
- 150g Cherrytomaten
- 150g Eisbergsalat
- 100g Naturjoghurt (3,5% Fett)
- 100g Fetakäse
- 1 EL Olivenöl
- Meersalz und Pfeffer

Zubereitung

1) In einer Pfanne etwas Öl erhitzen und das Hackfleisch etwa 10 Minuten lang unter stetigem Rühren anbraten. Dann vom Herd nehmen. Den Joghurt dazu geben und alles gut umrühren. Mit Salz und Pfeffer abschmecken.

2) Cherrytomaten und Eisbergsalat waschen. Die Cherrytomaten halbieren und den Salat in Streifen schneiden. Den Fetakäse in Würfel schneiden.

3) Jetzt die Pita Brote aufschneiden und mit der Hacksoße, dem Salat, den Tomaten und dem Fetakäse befüllen. Die Pita von beiden Seiten mit etwas Olivenöl bestreichen und den Kontaktgrill vorheizen.

4) Zum Schluss beidseitig für 3-4 Minuten grillen, bis das Brot knusprig und der Käse geschmolzen ist.

Bacon-Pizza-Schnecken

KH 45g | EW 17g | F 23g | kcal 452

Zubereitungszeit: 20 min
Portionen: 4
Schwierigkeit: mittel

Zutaten

- 400g Pizzateig
- 200g Bacon
- 50g Tomatensoße
- 1 EL Olivenöl
- Rosmarin (frisch)
- Paprikapulver
- Meersalz und Pfeffer

Zubereitung

1) Als erstes den Pizzateig ausrollen und der Länge nach in ca. 3 cm breite Streifen schneiden. Dann die Pizzastreifen der Länge nach mit Bacon belegen und mit etwas Tomatensoße bestreichen.

2) Anschließend zu kleinen Schnecken zusammenrollen. Nun den Rosmarin waschen, abtrocknen und fein hacken.

3) In einer Schüssel etwas Olivenöl mit Rosmarin, Paprikapulver, Salz und Pfeffer mischen und jede einzelne Schnecke komplett mit dem Öl bepinseln.

4) Den Kontaktgrill vorheizen und anschließend die Pizzaschnecken beidseitig für ungefähr 9 Minuten beidseitig grillen.

Gegrilltes Knoblauchbrot mit Parmesan

KH 27g | EW 8g | F 36g | kcal 462

Zubereitungszeit:	20 min
Portionen:	4
Schwierigkeit:	leicht

Zutaten

- 200g Baguette
- 150g Butter
- 50g Parmesan
- 4 Knoblauchzehen
- 1 Bund Petersilie
- 1 TL Paprikapulver
- Meersalz und Pfeffer

Zubereitung

1) Das Brot der Länge nach durchschneiden. Dann die Petersilie waschen, trocknen und klein hacken. Die Knoblauchzehen schälen und durch eine Knoblauchpresse drücken. In einer kleinen Schüssel Butter, Petersilie, Knoblauch, Paprikapulver, etwas Meersalz und Pfeffer gut vermischen.

2) Die Buttermischung großzügig auf beide Baguettehälften streichen und anschließend etwas geriebenen Parmesan über beide Hälften streuen.

3) Den Kontaktgrill auf mittlerer Stufe vorheizen und einölen. Anschließend die beiden Hälften mit der Butterseite nach oben auf den Kontaktgrill legen. Die obere Grillplatte mit einem Abstand von einigen Zentimetern über dem Brot platzieren und anschließend für etwa 8 Minuten grillen bis das Brot goldbraun ist.

Knusprige Käse-Schinken-Wraps

KH 30g | EW 29g | F 32g | kcal 517

Zubereitungszeit:	*15 min*
Portionen:	*2*
Schwierigkeit:	*leicht*

Zutaten

- 100g Tortillas (2 à 50g)
- 100g Cherrytomaten
- 100g Schinken
- 50g Cheddar
- 50g Parmesan
- 2 EL Pesto (rot)
- 1 EL Olivenöl
- Meersalz und Pfeffer

Zubereitung

1) Als erstes die Cherrytomaten waschen, halbieren und in kleine Scheiben schneiden. Danach den Cheddar und Parmesan klein reiben und den Schinken in kleine Würfel schneiden.

2) In einer Schüssel Cheddar, Parmesan, Schinken, Pesto und Cherrytomaten zu einer Masse mischen. Die Tortillas ausbreiten und die Mischung gleichmäßig auf beide verteilen.

3) Den Kontaktgrill vorheizen und währenddessen die Tortillas zu Wraps zusammenrollen. Beide Wraps mit Olivenöl bestreichen und anschließend beidseitig für ca. 5 Minuten grillen bis der Käse geschmolzen und der gewünschte Bräunungsgrad erreicht ist

4) Anschließend die knusprigen Wraps in Scheiben schneiden und servieren.

Quesadillas

KH 30g | EW 27g | F 35g | kcal 544

Zubereitungszeit: *30 min*
Portionen: *4*
Schwierigkeit: *leicht*

Zutaten

-   250g Hackfleisch (gemischt)
-   200g Tortilla Wraps (4 à 50g)
-   125g Mozzarella
-   100g Cheddar
-   50g Paprikaschoten (rot, eingelegt)
-   50g Frühlingszwiebel
-   1 Knoblauchzehe
-   2 EL Crème fraîche
-   1 EL Olivenöl
-   1 TL Paprikapulver
-   1 Knoblauchzehe
-   Meersalz und Pfeffer

Zubereitung

1) Als erstes den Knoblauch schälen und fein hacken. Diesen dann mit dem Hackfleisch vermischen. Öl in einer Pfanne erhitzen und das Hackfleisch bei höchster Stufe unter ständigem Rühren braten. Das fertige Hackfleisch vom Herd nehmen.

2) Jetzt die Frühlingszwiebel waschen, abtrocknen und in dünne Ringe schneiden. Den Mozzarella in kleine Würfel schneiden und den Cheddar klein reiben. Die eingelegten Paprikaschoten abtropfen lassen und ebenfalls klein schneiden. In einer Schüssel alles zusammen mit Crème fraîche vermischen und mit Paprikapulver, Meersalz und Pfeffer abschmecken.

3) Anschließend je eine Hälfte der Wraps mit der Crème fraîche Mischung bestreichen und das Hackfleisch gleichmäßig auf die vier Wraps aufteilen. Die Wraps umklappen oder zusammenrollen.

4) Den Kontaktgrill auf höchster Stufe vorheizen und einölen. Zum Schluss die Wraps beidseitig für 3 Minuten grillen, bis der Käse geschmolzen ist und die Wraps schön knusprig sind.

Gegrillte Hotdogs

KH 31g | EW 24g | F 37g | kcal 544

Zubereitungszeit:	*20 min*
Portionen:	*4*
Schwierigkeit:	*leicht*

Zutaten

- 240g Hotdog Brötchen (4 à 60g)
- 200g Würstchen (nach Wahl)
- 100g Bacon
- 50g Cheddar
- 50g Emmentaler
- 15g Butter (geschmolzen)
- 5g Knoblauchpulver
- 1 EL Olivenöl

Zubereitung

1) In einer kleinen Schale die geschmolzene Butter mit dem Knoblauch-pulver vermischen. Alternativ erst die Butter in einem Topf schmelzen lassen. Den Käse mit einer Reibe klein reiben.

2) Die Hotdog Brötchen von Innen und Außen mit der Buttermischung bestreichen. Dann den Kontaktgrill auf mittlerer Stufe vorheizen.

3) Jetzt die Würstchen und Brötchen auf den Kontaktgrill legen und beid-seitig für ca. 1 Minute grillen. Anschließend die Würstchen in die Hot-dog Brötchen legen und dazu je 2 Scheiben Bacon und den geriebenen Käse dazugeben. Die Hotdogs schließen und für weitere 2-3 Minuten beidseitig grillen, bis der Käse geschmolzen ist.

Italienische Buscetta Burger

KH 63g | EW 44g | F 13g | kcal 555

Zubereitungszeit:	*30 min*
Portionen:	*2*
Schwierigkeit:	*leicht*

Zutaten

- 300g Hähnchenbrustfilet (2 à 150g)
- 200g Ciabattabrötchen (2 à 100g)
- 100ml Balsamico
- 100g Tomaten
- 50g Rucola
- 1 EL Olivenöl
- frischer Basilikum
- Meersalz und Pfeffer

Zubereitung

1) Die Hähnchenbrustfilets in einer Schüssel mit dem Balsamico marinieren. Für einen noch intensiveren Geschmack die Filets über Nacht im Kühlschrank darin ziehen lassen.

2) Die Tomaten waschen, abtrocknen und in kleine Würfel schneiden. Einige Basilikumblätter abzupfen, waschen und abtrocknen. In einer Schüssel Tomaten, Basilikum und 2 EL Olivenöl vermischen und mit Salz und Pfeffer abschmecken.

3) Den Kontaktgrill auf mittlerer Stufe vorheizen und einölen. Anschließend die beiden Filets beidseitig für ca. 10 Minuten grillen bis das Fleisch gar ist. Währenddessen die beiden Brötchen aufschneiden, den Rucola waschen und die Brötchen mit Tomaten und Rucola belegen.

4) Die Filets von Kontaktgrill nehmen und in die Brötchen legen. Beide Brötchen mit Olivenöl bestreichen und für einige Minuten beidseitig grillen, bis sie schön knusprig sind.

Selbstgemachtes Fladenbrot

KH 91g | EW 14g | F 14g | kcal 558

Zubereitungszeit:	*60 min*
Portionen:	*4*
Schwierigkeit:	*leicht*

Zutaten

- 500g Mehl (Typ 550)
- 300ml Wasser (lauwarm)
- 50ml Olivenöl
- 10g Salz
- 1 Tüte Trockenhefe

Zubereitung

1) Zuerst die Trockenhefe in das lauwarme Wasser streuen und einige Minuten warten, bis die Trockenhefe sich darin aufgelöst hat. Anschließend Wasser, Mehl, Olivenöl und Salz in einer Schüssel zu einem Teig verkneten. Diesen dann abgedeckt für ca. 1 Stunde im Kühlschrank gehen lassen.

2) Anschließend den Teig rausholen und in 4 Portionen teilen. Diese Portionen flach und rund ausrollen. Den Kontaktgrill auf mittlerer Stufe vorheizen und gut einölen,

3) Jetzt die rohen Fladenbrote beidseitig grillen, bis sie den gewünschten Bräunungsgrad erreicht haben.

Käse Bacon Omelett

KH 1g | EW 35g | F 47g | kcal 559

Zubereitungszeit:	*15 min*
Portionen:	*2*
Schwierigkeit:	*leicht*

Zutaten

- 100g Cheddar
- 50g Bacon
- 4 Eier
- 1 EL Olivenöl
- Meersalz und Pfeffer

Zubereitung

1) In einer Schüssel die Eier mit dem geriebenem Cheddar mischen. Mit Salz und Pfeffer würzen. Den Kontaktgrill vorheizen und einölen.

2) Jetzt den Bacon für einige Minuten knusprig braten. Anschließend das überschüssige Fett abtupfen und den Bacon in 1cm breite Streifen schneiden. Den Bacon in die Schüssel geben und alles gut umrühren.

3) Jetzt die Eimischung vorsichtig auf den Kontaktgrill geben und beidseitig für 3-5 Minuten grillen. Darauf achten, dass nichts überläuft. Falls der Kontaktgrill zu klein ist, in zwei Portionen fertig grillen.

Gefüllte Laugenstange

KH 40g | EW 34g | F 35g | kcal 606

Zubereitungszeit:	*15 min*
Portionen:	*2*
Schwierigkeit:	*leicht*

Zutaten

- 150g Laugenstangen (2 à 75g, essfertig)
- 50g Frühlingszwiebel
- 50g Blauschimmelkäse
- 50g Cheddar
- 50g Speckwürfel
- 20g Schmand
- 2 Eier
- Meersalz und Pfeffer

Zubereitung

1) Als erstes die Lauchzwiebel waschen, abtrocknen und in kleine Ringe hacken. Den Blauschimmelkäse und Cheddar klein reiben.

2) Anschließend in einer Schüssel die Eier zusammen mit Speckwürfeln, Blauschimmelkäse, Cheddar, Schmand und Lauchzwiebeln verrühren und alles mit Pfeffer und Salz würzen.

3) Die Laugenstangen der Länge nach tief einschneiden, jeweils ca. 1 cm vor dem Ende ansetzen und nicht durchschneiden. Auseinander drücken und dann die Käse-Ei-Mischung gleichmäßig in die Stangen füllen.

4) Den Kontaktgrill vorheizen, beidseitig mit Olivenöl einölen und anschließend die Laugenstangen etwa 5 Minuten beidseitig grillen, bis der Käse geschmolzen und das Ei gar ist.

Hähnchen-Avocado Burritos

KH 64g | EW 32g | F 29g | kcal 645

Zubereitungszeit:	*20 min*
Portionen:	*3*
Schwierigkeit:	*leicht*

Zutaten

- 300g Weizentortilla
- 250g Hähnchenburstfilet (essfertig vorbereitet)
- 250g Avocado
- 200g Naturjoghurt (3,5% Fett)
- 1 EL Olivenöl
- Meersalz und Pfeffer

Zubereitung

1) Zunächst die Avocado halbieren, entkernen und das Fruchtfleisch von der Schale lösen. In einer Schüssel Joghurt und eine Avocadohälfte zu einer Creme zerstampfen. Mit Meersalz, Pfeffer und etwas Olivenöl abschmecken. Die andere Avocadohälfte in Streifen schneiden. Das Hähnchenbrustfilet ebenfalls in Streifen schneiden.

2) Die Weizentortillas mit der Avocadosoße, den Avocado- und Hähnchenstreifen belegen und zusammen klappen. Den Kontaktgrill auf höchster Stufe vorheizen und einölen.

3) Die Burritos beidseitig für ca. 3 Minuten grillen bis die Tortillas schön knusprig sind.

Croque Monsieur

KH 25g | EW 30g | F 53g | kcal 691

Zubereitungszeit:	*20 min*
Portionen:	*2*
Schwierigkeit:	*leicht*

Zutaten

- 125ml Milch (1,5% Fett)
- 100g Vollkorntoastbrot (4 Scheiben à 25g)
- 100g Gruyère Käse
- 60g Kochschinken
- 50g Butter
- 1 Ei
- 1 EL Olivenöl
- 1 TL Mehl
- Meersalz und Pfeffer

Zubereitung

1) Den Käse klein reiben und zwei Toastscheiben mit etwas geriebenem Käse und je einer Scheibe Schinken belegen. Auf den Schinken noch etwas Käse geben, sodass noch etwas Käse übrig bleibt. In einem tiefen Teller das Ei verquirlen und die beiden Croques darin einlegen.

2) Währenddessen in einem kleinen Topf die Butter bei mittlerer Hitze zerlassen und langsam das Mehl einstreuen. Dann die Milch unter ständigem Rühren zugießen. Den restlichen Käse einrühren, salzen und pfeffern und so lange umrühren, bis eine dickflüssige Soße entsteht. Den Topf vom Herd nehmen.

3) Ein Stück Alufolie zu einer „Schüssel" formen, sodass nichts auslaufen kann. Von Innen mit etwas Olivenöl bestreichen. Anschließend den Kontaktgrill auf mittlerer Stufe vorheizen. Die Aluschüssel auf den Kontaktgrill legen, die Croques vorsichtig reinlegen und von oben mit der Soße begießen. Darauf achten, dass nichts aus der Aluschüssel läuft. Anschließend beidseitig für ca. 8 Minuten goldbraun grillen.

Gegrillte Chicken Ranch Wraps

KH 42g | EW 41g | F 39g | kcal 692

Zubereitungszeit:	*15 min*
Portionen:	*2*
Schwierigkeit:	*leicht*

Zutaten

- 200g Hähnchenfilet (gebraten)
- 120g Tortilla (2 à 60g)
- 100g Eisbergsalat
- 50g Mozzarella
- 50g Cheddar
- 4 EL Ranch Dressing
- 1 EL Olivenöl

Zubereitung

1) Den Eisbergsalat waschen, abtrocknen und in Streifen schneiden. Dann Mozzarella und Cheddar klein reiben. Das Fleisch in 2cm dicke Streifen schneiden.

2) Nun die Tortillas ausbreiten und mit Salat, Käse und Hähnchenfilet belegen. Pro Tortilla 2 Esslöffel Ranch Dressing verwenden und bei Bedarf mit Salz und Pfeffer abschmecken. Die Tortillas einrollen und anschließend den Kontaktgrill vorheizen und einölen.

3) Zum Schluss die Tortillas beidseitig für 3 Minuten grillen, bis sie schön knusprig sind.

Speckbruschetta

KH 55g | EW 45g | F 50g | kcal 793

Zubereitungszeit: *20 min*
Portionen: *2*
Schwierigkeit: *leicht*

Zutaten

- 200g Baguette
- 200g Speckwürfel
- 200g Cherrytomaten
- 100g Fetakäse
- 2 Knoblauchzehen
- 1 EL Olivenöl
- etwas Basilikum (frisch)
- Pfeffer

Zubereitung

1) Zuerst die Cherrytomaten waschen, abtrocknen und klein hacken. Die Knoblauchzehen schälen und ebenfalls klein hacken. Einige Blätter Basilikum abzupfen, waschen und abtrocknen.

2) Anschließend 8 Scheiben schräg vom Baguette abschneiden. Diese mit etwas Olivenöl beträufeln. Den Kontaktgrill vorheizen und mit Olivenöl bestreichen.

3) In einer Schüssel Cherrytomaten, Knoblauch und Fetakäse vermischen und klein stampfen. Anschließend die Speckwürfel unterrühren.

4) Die Baguettescheiben für 2 Minuten auf dem Kontaktgrill beidseitig knusprig grillen und anschießend auf einen Teller legen.

5) Auf jede Baguettescheibe einige Esslöffel von der Cherrytomaten-Speckwürfel-Mischung geben und das Ganze mit einigen Spritzern Olivenöl, Basilikumblättern und etwas Pfeffer verfeinern.

Gegrilltes Fladenbrot mit Füllung

KH 55g | EW 52g | F 50g | kcal 889

Zubereitungszeit:	*15 min*
Portionen:	*2*
Schwierigkeit:	*leicht*

Zutaten

- 150g Fladenbrot (2 Brote à 75g)
- 150g Hähnchenfilets (2 à 75g, bereits gebraten))
- 100g Parmesan
- 100g Cheddar
- 80g Cherrytomaten
- 4 EL Mayonnaise
- 1 EL Balsamico
- 1 EL Olivenöl
- Meersalz und Pfeffer

Zubereitung

1) Als Erstes den Parmesan und Cheddar klein reiben. Anschließend die Cherrytomaten waschen, abtrocknen und vierteln.

2) Die Hähnchenfilets in Streifen schneiden. Dann in einer Schüssel Cheddar, Parmesan, Cherrytomaten, Mayonnaise und Balsamico vermischen und mit Salz und Pfeffer abschmecken.

3) Jetzt die beiden Fladenbrote mit der Käsemischung befüllen und von beiden Seiten mit Olivenöl bestreichen.

4) Den Kontaktgrill vorheizen und beide Fladenbrote für ungefähr 5 Minuten beidseitig grillen, bis der Käse geschmolzen und die Brote schön knusprig sind.

Sucuk Hotdog

KH 43g | EW 37g | F 66g | kcal 928

Zubereitungszeit:	*20 min*
Portionen:	*2*
Schwierigkeit:	*leicht*

Zutaten

- 200g Sucuk
- 120g Hotdog Brötchen (2 Brötchen à 60g)
- 50g Cheddar
- 50g Emmentaler
- 50g Röstzwiebeln
- 10g BBQ Soße
- 1 EL Olivenöl

Zubereitung

1) Die beiden Hotdog Brötchen von Innen und Außen mit Olivenöl bestreichen. Dann die Sucuk pellen und der Länge nach in Scheiben schneiden. Den Käse klein reiben.

2) Den Kontaktgrill auf mittlerer Stufe vorheizen und einölen. Dann die Sucukscheiben und die Hotdog Brötchen (aufgeklappt) beidseitig für 3 Minuten grillen.

3) Anschließend die Sucukscheiben in die Hotdog Brötchen legen, Käse, Röstzwiebeln und BBQ Soße dazugeben, zusammenklappen und für weitere 2-3 Minuten beidseitig grillen, bis der Käse geschmolzen ist.

Burger der kubanischen Art

KH 38g | EW 44g | F 77g | kcal 1014

Zubereitungszeit: *25 min*
Portionen: *2*
Schwierigkeit: *leicht*

Zutaten

- 250g Rinderhackfleisch
- 140g Hamburgerbrötchen (2 à 70g)
- 50g Mayonnaise
- 80g Cheddar (4 Scheiben à 20g)
- 70g Bacon (2 Scheiben)
- 1 Knoblauchzehe
- 1 EL Olivenöl
- etwas Senf
- Meersalz und Pfeffer

Zubereitung

1) Zuerst aus dem Rinderhackfleisch zwei Buletten formen, beidseitig mit Pfeffer und Meersalz würzen und die Knoblauchzehe schälen.

2) Den Kontaktgrill vorheizen und mit Olivenöl bestreichen. Jetzt die Knoblauchzehe und die Buletten beidseitig ca. 5 Minuten grillen.

3) Vom Grill nehmen. Die Knoblauchzehe sehr fein hacken und zusammen mit Mayonnaise, etwas Senf, Salz, Pfeffer und etwas Olivenöl zu einer Soße vermischen.

4) Die beiden Burgerbrötchen aufschneiden und alle Hälften mit der Soße bestreichen. Anschließend die unteren Hälften erst mit je einer Scheibe Cheddar, dann mit den Buletten belegen. Danach wieder eine Scheibe Cheddar, eine Scheibe Schinken und die obere Brötchenhälfte drauflegen.

5) Die beiden Burger für 4 Minuten beidseitig auf den Kontaktgrill legen und grillen, bis der Käse geschmolzen ist.

Kontaktgrill
Fleisch

Rezept Welt

Schweinekoteletts mit Beerensoße

KH 27g | EW 23g | F 11g | kcal 252

Zubereitungszeit:	*30 min*
Portionen:	*4*
Schwierigkeit:	*leicht*

Zutaten

- 400g Schweinekoteletts (4 à 100g)
- 150g Brombeeren
- 100ml Worcester Sauce
- 75g Ketchup
- 75g Honig
- 5g Ingwer (frisch)
- 1 EL Olivenöl
- Meersalz und Pfeffer

Zubereitung

1) Die Schweinekoteletts waschen, abtrocknen und in eine Schüssel geben. In einer anderen Schüssel 4 EL Olivenöl mit der Worcester Sauce vermischen und die Koteletts damit marinieren. Für einen intensiveren Geschmack das Fleisch über Nacht im Kühlschrank ziehen lassen.

2) Den Ingwer (ein ca. 1cm großes Stück) schälen und fein hacken. Die Brombeeren gründlich waschen und zusammen mit dem Ingwer in eine Schüssel geben. Den Honig, Ketchup, Salz und Pfeffer hinzufügen und alles zu einer Soße pürieren.

3) Nun den Kontaktgrill auf mittlerer Stufe vorheizen und einölen. Die Koteletts beidseitig für ca. 10 Minuten grillen. Anschließend vom Grill nehmen, von beiden Seiten mit der Brombeersoße bestreichen und für 1 weitere Minute beidseitig grillen. Mit der restlichen Soße servieren.

Mariniertes Putenbrustfilet auf Salat

KH 16g | EW 35g | F 10g | kcal 307

Zubereitungszeit: *25 min*
Portionen: *2*
Schwierigkeit: *leicht*

Zutaten

-   300g Eisbergsalat
-   250g Putenbrustfilet
-   150g Zucchini
-   100ml Teriyaki Soße
-   100g Tomaten
-   50g Frühlingszwiebeln
-   1 EL Balsamico
-   1 EL Olivenöl
-   Meersalz und Pfeffer

Zubereitung

1) Das Putenbrustfilet waschen, abtrocknen und in kleine Streifen schneiden. Anschließend in einer Schüssel das Fleisch mit der Teriyaki Soße (oder jeder beliebigen anderen Soße) bedecken und etwas ziehen lassen. (Für einen intensiveren Geschmack über Nacht im Kühlschrank ziehen lassen)

2) Nun den Salat, die Tomaten und Lauchzwiebel waschen, abtrocknen und klein schneiden. In einer großen Schüssel mischen und mit Olivenöl, Balsamico, Salz und Pfeffer würzen. Die Zucchini waschen, abtrocknen und der Länge nach in ca. 1 cm dicke Scheiben schneiden.

3) Den Kontaktgrill auf mittlerer Stufe vorheizen und gut einölen. Dann Putenfleisch und Zucchinischeiben auf dem Kontaktgrill platzieren und beidseitig ca. 8 Minuten grillen.

4) Zum Schluss alles auf zwei Teller aufteilen und servieren. Wenn gewünscht noch mit Balsamico, Olivenöl, Salz und Pfeffer abschmecken.

Mariniertes Hähnchenburstfilet

KH 6g | EW 35g | F 18g | kcal 316

Zubereitungszeit:	*15 min*
Portionen:	*2*
Schwierigkeit:	*leicht*

Zutaten

- 300g Hähnchenbrustfilet (2 à 150g)
- 4 EL Worcester Sauce
- 2 EL Paprikapulver
- 2 EL Olivenöl
- 1 Zitrone
- etwas Meersalz

Zubereitung

1) Als erstes die Zitrone waschen, halbieren und den Saft einer Hälfte in eine kleine Schüssel pressen. Dann die Worcester Sauce, Paprikapulver, Meersalz und Olivenöl dazu geben und gut vermischen.

2) Die Hähnchenfilets anschließend großzügig mit der Marinade bestreichen und am besten für mehrere Stunden ziehen lassen.

3) Dann den Kontaktgrill auf mittlerer Stufe vorheizen. Die Hähnchenfilets anschließend beidseitig für ca. 10 Minuten grillen, bis es durch ist.

Honigfackeln

KH 12g | EW 60g | F 18g | kcal 453

Zubereitungszeit:	*25 min*
Portionen:	*4*
Schwierigkeit:	*leicht*

Zutaten

- 500g Putenfilet
- 4 EL Honig
- 2 EL Senf
- 1 Knoblauchzehe
- 1 EL Olivenöl
- etwas Paprikapulver
- Meersalz und Pfeffer
- Holzspieße

Zubereitung

1) Das Fleisch waschen und gründlich abtrocknen. Dann in dünne Streifen schneiden. Die Knoblauchzehe schälen und fein hacken.

2) In einer großen Schüssel Honig, Senf, 2 EL Olivenöl, etwas Paprikapulver, Meersalz und Pfeffer zu einer Marinade verrühren. Dann den Knoblauch unterrühren. Anschließend das Fleisch zur Marinade geben. Für einen noch intensiveren Geschmack das Fleisch über Nacht im Kühlschrank ziehen lassen.

3) Das marinierte Fleisch auf die Holzspieße zu „Fackeln" aufspießen und den Kontaktgrill auf mittlerer Stufe vorheizen und einölen.

4) Anschließend die Fackeln für ca. 10-12 Minuten beidseitig grillen, bis das Fleisch gar ist.

Steak mit Grillgemüse und Guacamole

KH 15g | EW 30g | F 32g | kcal 460

Zubereitungszeit:	*25 min*
Portionen:	*2*
Schwierigkeit:	*leicht*

Zutaten

- 250g Avocado
- 190g Steak (2 à 85g, Rib Eye)
- 150g Zucchini
- 100g Tomaten
- 1 Limette
- 1 EL Olivenöl
- etwas Paprikapulver
- Meersalz und Pfeffer

Zubereitung

1) Erst die Avocado halbieren, entkernen und das Fruchtfleisch von der Schale lösen. In einer Schüssel zusammen mit dem Saft einer halben Limette und einem Esslöffel Olivenöl vermischen. Mit Salz und Pfeffer abschmecken.

2) Anschließend die Zucchini waschen, abtrocknen und der Länge nach in Scheiben schneiden. Die Tomate ebenfalls waschen, abtrocknen und in Scheiben schneiden. Die beiden Steaks beidseitig mit Pfeffer und Salz würzen.

3) Den Kontaktgrill auf höchster Stufe vorheizen und beide Seiten mit etwas Olivenöl bestreichen. Wenn der Kontaktgrill die maximale Temperatur erreicht hat, die Steaks auf den Grill legen und beidseitig ca. 3 Minuten grillen.

4) Die Steaks vom Kontaktgrill nehmen und diesen ausschalten. Jetzt die Tomatenscheiben und Zucchinischeiben auf den Grill legen, zügig mit Salz, Pfeffer und Paprikapulver würzen und für 1 – 2 Minuten beidseitig grillen.

5) Alles auf einem Teller servieren, dazu die Guacamole servieren.

Süß-würzige Hähnchenspieße

KH 11g | EW 66g | F 34g | kcal 609

Zubereitungszeit:	*25 min*
Portionen:	*2*
Schwierigkeit:	*leicht*

Zutaten

- 500g Hähnchenbrust
- 100g Bacon
- 30g Ketchup
- 20g Honig
- 2 EL Olivenöl
- etwas Paprikapulver
- Salz und Pfeffer
- Holzspieße

Zubereitung

1) Als erstes das Fleisch in kleine Würfel schneiden. Den Bacon anschließend mit einem Pürierstab oder Mixer zu einer Paste verarbeiten. In einer Schüssel anschließend das Hähnchenfleisch, den Bacon, das Paprikapulver, etwas Salz und Pfeffer dazugeben und alles gut vermischen.

2) Dann die Würfel auf Holzspieße stecken. Es empfiehlt sich diese vorher mit etwas Wasser zu bestreichen. Für einen intensiveren Geschmack, die Spieße für einige Stunden im Kühlschrank ziehen lassen.

3) Danach in einer kleinen Schüssel Honig und Ketchup zu einer Marinade vermischen. Den Kontaktgrill auf mittlerer Stufe vorheizen und einölen. Anschließend die Spieße für ca. 10 Minuten beidseitig grillen, bis das Fleisch durch ist.

4) Jetzt die Spieße vom Grill nehmen und mit der Marinade bestreichen. Die Spieße dann wieder für 2-3 Minuten auf den Kontaktgrill legen, bis der Honig karamellisiert ist.

Bifteki mit Fladenbrot

KH 14g | EW 40g | F 45g | kcal 648

Zubereitungszeit:	*20 min*
Portionen:	*2*
Schwierigkeit:	*leicht*

Zutaten

- 250g Rinderhackfleisch
- 125g Fetakäse
- 100g Tsatsiki
- 50g Fladenbrot
- 40g Zwiebel
- 1 Knoblauchzehe
- 1 EL Olivenöl
- etwas Paprikapulver
- Meersalz und Pfeffer

Zubereitung

1) Als erstes eine Zwiebel schälen, halbieren und eine Hälfte klein hacken. Dann eine Knoblauchzehe schälen und sehr fein hacken. Den Schafskäse in kleine Stücke schneiden.

2) In einer Schüssel Rinderhackfleisch, etwas Meersalz, Pfeffer, Paprikapulver, Knoblauch, Zwiebeln und Schafskäse zu einer einheitlichen Hackfleischmasse vermischen.

3) Aus dem Hackfleisch 8 Bifteki formen und ein halbes Fladenbrot in zwei Portionen schneiden. Das Fladenbrot beidseitig mit Olivenöl bestreichen.

4) Jetzt den Kontaktgrill vorheizen und mit Olivenöl bestreichen. Anschließend die Bifteki beidseitig für 7 Minuten grillen, bis das Fleisch durch ist. Anschließend die Bifteki vom Grill nehmen und das Fladenbrot beidseitig für ca. 4 Minuten grillen bis es schön knusprig ist.

5) Alles auf einem Teller servieren, Tsatsiki dazu reichen und genießen.

Kontaktgrill
Fisch &
Garnelen

Rezept Welt

Gegrillte Dorade

KH 3g | EW 15g | F 5g | kcal 238

Zubereitungszeit:	*20 min*
Portionen:	*1*
Schwierigkeit:	*leicht*

Zutaten

- 150g Dorade
- 1 Zitrone
- 1 Knoblauchzehe
- 1 EL Olivenöl
- etwas Rosmarin
- etwas Thymian
- Meersalz und Pfeffer

Zubereitung

1) Als erstes den Fisch abspülen und abtupfen. Dann ein großes Stück Alufolie nehmen und den Fisch darauf legen. Die Dorade mit Olivenöl bestreichen.

2) Die Zitrone waschen, abtrocknen, halbieren und den Zitronensaft großzügig über dem Fisch verteilen. Eine Knoblauchzehe klein hacken und ebenfalls über dem Fisch verteilen.

3) Anschließend mit Meersalz, Pfeffer, Thymian und Rosmarin würzen.

4) Den Fisch in die Alufolie wickeln und für 10 bis 15 Minuten auf beidseitig auf dem Kontaktgrill garen.

5) Die Dorade auspacken, auf einem Teller servieren und mit dem ausgetretenem Saft und der Marinade beträufeln.

Gegrillte Garnelen auf Salat

KH 8g | EW 28g | F 17g | kcal 312

Zubereitungszeit:	*10 min*
Portionen:	*2*
Schwierigkeit:	*leicht*

Zutaten
- 250g Garnelen
- 200g Feldsalat
- 20g Kürbiskerne
- 20g Sonnenblumenkerne
- 2 Stiele Petersilie
- 1 Limette
- 1 EL Balsamico
- 1 EL Olivenöl
- Meersalz und Pfeffer

Zubereitung

1) Zuerst die Limette waschen, abtrocknen und halbieren. Die Petersilie waschen, abtrocknen und klein hacken. Den Salat ebenfalls waschen und in einer Schüssel mit etwas Olivenöl, Balsamico, Sonnenblumenkernen und Kürbiskernen vermischen.

2) Den Kontaktgrill vorheizen, beide Seiten mit Olivenöl bestreichen und die Garnelen für ca. 4 Minuten beidseitig grillen.

3) Währenddessen den Salat auf zwei Tellern anrichten. Die Garnelen vom Grill nehmen und auf den Salaten servieren.

4) Mit dem Limettensaft garnieren und genießen.

Forellen mit Zitronen-Butter-Soße

KH 3g | EW 32g | F 33g | kcal 428

Zubereitungszeit:	*30 min*
Portionen:	*2*
Schwierigkeit:	*leicht*

Zutaten

- 300g Forelle (2 à 150g, küchenfertig)
- 50g Butter
- 4 Zweige Rosmarin
- 2 Knoblauchzehen
- 1 Zitrone
- 1 EL Olivenöl
- Meersalz und Pfeffer

Zubereitung

1) Zuerst den Rosmarin waschen und trocken schütteln. Dann die beiden Knoblauchzehen schälen und fein hacken. Danach jeweils eine gehackte Knoblauchzehe und 2 Zweige Rosmarin in das Innere der Forellen legen. Die Forellen von Außen mit Olivenöl bestreichen und salzen.

2) Den Kontaktgrill auf mittlere Stufe vorheizen und einölen. Dann die beiden Forellen beidseitig für ca. 12 Minuten grillen, bis sie braun und knusprig sind.

3) Währenddessen die Zitrone waschen und halbieren und in einem kleinen Topf die Butter zerlassen. Den Saft einer Zitronenhälfte dazugeben und gut verrühren. Mit etwas Meersalz und Pfeffer würzen.

4) Zum Schluss die Forellen vom Kontaktgrill nehmen und mit der Zitronen-Butter-Soße garnieren.

Gegrilltes Lachsfilet mit Honig-Senf-Soße

KH 16g | EW 25g | F 30g | kcal 438

Zubereitungszeit:	*25 min*
Portionen:	*2*
Schwierigkeit:	*leicht*

Zutaten

- 250g Lachsfilets (2 à 125g)
- 60g Zwiebel
- 50g Dill
- 4 EL Senf
- 2 EL Honig
- 1 Zitrone
- 1 EL Olivenöl
- Meersalz

Zubereitung

1) Zuerst den Dill waschen, abtrocknen und klein hacken. Anschließend die Zwiebel schälen und in dünne Zwiebelringe schneiden. Zitrone waschen und halbieren.

2) In einer Schüssel Honig, Senf, Dill, etwas Olivenöl und Zitronensaft zu einer Soße vermischen.

3) Dann den Kontaktgrill vorheizen und mit Olivenöl beide Grillplatten bestreichen.

4) Jetzt die Zwiebelringe auf den Kontaktgrill legen und anbraten. Sobald sie leicht braun sind, die beiden Lachsfilets daneben legen und beidseitig ca. 3 Minuten grillen.

5) Die Lachssteaks zusammen mit den Zwiebelringen servieren und mit der Honig-Senf-Soße beträufeln.

Garnelen mit Fetakäse

KH 16g | EW 39g | F 43g | kcal 603

Zubereitungszeit:	*20 min*
Portionen:	*2*
Schwierigkeit:	*leicht*

Zutaten

- 250g Garnelen
- 200g Fetakäse
- 25g Walnusskerne
- 4 EL Honig
- 1 Zitrone
- 1 EL Olivenöl
- Meersalz und Pfeffer

Zubereitung

1) Zuerst die Zitrone waschen, abtrocknen und halbieren. Anschließend in einer kleinen Schüssel 3 EL Honig, etwas Olivenöl, etwas Zitronensaft, Salz und Pfeffer mischen. Dann die Walnusskerne mit einem Messer klein hacken.

2) Die Garnelen mit der Honigsoße bepinseln. Aus einem Stück Alufolie eine kleine Schale formen, etwas Olivenöl drauf spritzen und den Fetakäse darauf legen. Anschließend 1 EL Honig auf den Fetakäse geben und die gehackten Walnusskerne drüberstreuen.

3) Den Kontaktgrill vorheizen, einölen und die Garnelen beidseitig für ca. 3 Minuten knusprig grillen. Anschließend vom Grill nehmen und den Fetakäse in der Aluschale drauflegen. Allerdings nur von unten grillen bzw. den Fetakäse anschmelzen lassen (4 Minuten).

4) Die Garnelen zusammen mit dem Fetakäse servieren und wenn gewünscht, mit etwas Zitronensaft garnieren.

Garnelensalat mit Croutons

KH 30g | EW 28g | F 45g | kcal 640

Zubereitungszeit:	*20 min*
Portionen:	*2*
Schwierigkeit:	*leicht*

Zutaten

- 250g Garnelen
- 250g Eisbergsalat
- 100g Baguette
- 80g Butter (warm, weich)
- 2 Knoblauchzehen
- 1 Limette
- 1 EL Olivenöl
- etwas Paprikapulver
- Meersalz und Pfeffer

Zubereitung

1) Zuerst den Eisbergsalat waschen, trocknen und auf zwei Tellern servieren.

2) Dann das Baguette in kleine Würfel schneiden. Anschließend die Knoblauchzehen schälen und sehr fein hacken. In einer Schüssel die Butter, Paprikapulver, etwas Olivenöl. Knoblauch, etwas Meersalz und Pfeffer gut verrühren. Die Baguettewürfel in die Schüssel geben und alles so lange umrühren, bis die Würfel vollständig von der Buttermischung überzogen sind.

3) Den Kontaktgrill vorheizen und mit Olivenöl einölen. Währenddessen die Limette waschen, abtrocknen und halbieren.

4) Anschließend die Croutons und die Garnelen auf den Kontaktgrill legen und beidseitig für ca. 3 Minuten knusprig grillen.

5) Zum Schluss Croutons und Garnelen auf die Salate geben und mit Limettensaft und Olivenöl garnieren.

Kontaktgrill
Gemüse

Rezept Welt

Honig Auberginen

KH 16g | EW 6g | F 6g | kcal 151

Zubereitungszeit: 30 min
Portionen: 2
Schwierigkeit: leicht

Zutaten

- 400g Aubergine
- 10g Sesam (hell)
- 10g Sesam (dunkel)
- 5g Ingwer
- 4 EL Honig
- 4 EL Senf
- 2 Knoblauchzehen
- 2 EL Sojasoße
- 2 EL Apfelessig

Zubereitung

1) Den Ingwer schälen und fein hacken. Die Knoblauchzehen in eine Schüssel geben und mit einer Gabel zerstampfen. Danach Ingwer, Honig, Senf, Sojasoße, Apfelessig und Sesam dazu geben und alles gut vermischen.

2) Die Aubergine gründlich waschen und abtrocknen. Anschließend mit einer Gabel von allen Seiten einstechen.

3) Den Kontaktgrill auf mittlerer Stufe vorheizen und einölen. Die Aubergine darauf legen und beidseitig für ca. 10 Minuten garen. Alle paar Minuten drehen, damit sie nicht anbrennt.

4) Danach vom Grill nehmen und der Länge nach halbieren. Die Schnittflächen mit einem Messer der Länge nach einschneiden und großzügig mit der Honigsoße bestreichen.

5) Die Auberginenhälften wieder auf den Grill legen und beidseitig für ca. 5 Minuten fertig garen. Zum Schluss nochmals mit der Honigsoße bestreichen und genießen.

Gegrillter Gemüsemix

KH 20g | EW 7g | F 14g | kcal 247

Zubereitungszeit:	*20 min*
Portionen:	*4*
Schwierigkeit:	*leicht*

Zutaten

- 400g Aubergine
- 150g Zucchini
- 150g Paprika (rot)
- 150g Karotten
- 100g Tomaten
- 50g Zwiebel
- 30g Crème fraîche
- 1 EL Olivenöl
- Meersalz und Pfeffer

Zubereitung

1) Als erstes das Gemüse waschen und die Zwiebel von der Schale befreien. Dann die Aubergine und die Zucchini der Länge nach in ca. 2cm dicke Scheiben schneiden. Die Paprika halbieren, entkernen und ebenfalls in ca. 2cm dicke Streifen schneiden.

2) Die Tomaten halbieren, die Möhren schälen und der Länge nach halbieren. Die Zwiebel schälen und anschließend in dünne Ringe schneiden.

3) Jetzt den Kontaktgrill auf mittlerer Stufe vorheizen und gut einölen. Das Gemüse auf dem Kontaktgrill verteilen, salzen, pfeffern und anschließend beidseitig für ungefähr 5 Minuten grillen.

4) Alles vom Grill nehmen, auf die Teller verteilen und Crème fraîche dazu reichen. Eignet sich auch sehr gut als Beilage zu Fleisch oder Fisch.

Gegrillte Tomatenhälften

KH 4g | EW 14g | F 24g | kcal 284

Zubereitungszeit:	*10 min*
Portionen:	*2*
Schwierigkeit:	*leicht*

Zutaten

- 200g Tomaten
- 100g Cheddar
- 1 EL Olivenöl
- etwas Paprikapulver
- etwas Majoran
- Meersalz und Pfeffer

Zubereitung

1) Die Tomaten gründlich waschen, abtrocknen und halbieren. Anschließend jeweils die Oberseite kreuzförmig einschneiden. Den Cheddar klein reiben.

2) In einer kleinen Schüssel etwas Olivenöl mit Majoran, Paprikapulver, Meersalz und Pfeffer mischen.

3) Die Tomatenhälften gut einölen und den Kontaktgrill vorheizen.

4) Danach die Tomatenhälften mit der Unterseite auf den Grill legen und vorsichtig die kreuzförmige Öffnung mit Cheddar befüllen.

5) Beidseitig für ca. 5 Minuten grillen bis der Käse geschmolzen ist und servieren.

Fetakäse-Auberginentaler

KH 10g | EW 12g | F 25g | kcal 309

Zubereitungszeit:	*60 min*
Portionen:	*2*
Schwierigkeit:	*leicht*

Zutaten

- 400g Aubergine
- 100g Fetakäse
- 50g Naturjoghurt (3,5% Fett)
- 50g Oliven (schwarz, entsteint)
- 1 Zitrone
- 1 EL Olivenöl
- etwas Thymian
- etwas Petersilie (frisch)
- Meersalz und Pfeffer

Zubereitung

1) Die Zitrone waschen, halbieren und eine Hälfte auspressen. Den Zitronensaft anschließend mit etwas Pfeffer, Meersalz und 2 Esslöffel Olivenöl verrühren.

2) Die Aubergine waschen, abtrocknen und in ca. 2cm dicke Scheiben schneiden. Diese dann mit der Zitronensaftmischung bestreichen und für etwa 1 Stunde ziehen lassen.

3) Die Petersilie waschen und trocken schütteln. Dann klein hacken. Den Fetakäse und die Oliven ebenfalls klein hacken. Danach in einer Schüssel Fetakäse, Oliven, Petersilie, Naturjoghurt und etwas Thymian gut vermischen.

4) Den Kontaktgrill auf mittlerer Stufe vorheizen und einölen. Anschließend die Auberginenscheiben für ca. 8 Minuten beidseitig grillen. Diese dann vom Grill nehmen und etwas von der Fetamischung darauf geben.

Maultaschen mit Tomaten-Gurken-Salat

KH 28g | EW 17g | F 14g | kcal 316

Zubereitungszeit:	*20 min*
Portionen:	*2*
Schwierigkeit:	*leicht*

Zutaten

- 300g Maultaschen (6 à 50g)
- 250g Gurke
- 150g Tomaten
- 1 EL Balsamico
- 1 EL Olivenöl
- Meersalz und Pfeffer

Zubereitung

1) Als erstes die Gurke und die Tomaten waschen, abtrocknen und in dünne Scheiben schneiden.

2) Anschließend die Maultaschen in Streifen schneiden und beidseitig mit Olivenöl bestreichen.

3) Den Kontaktgrill vorheizen und die Maultaschen beidseitig für ca. 4 Minuten knusprig grillen.

4) Danach die Maultaschenstreifen zusammen mit der Gurke und Tomate auf zwei Tellern servieren und mit Balsamico beträufeln. Mit Meersalz und Pfeffer abschmecken.

Alternativ können die Tomaten halbiert, mit Olivenöl bestrichen werden und ebenfalls für einige Minuten auf den Kontaktgrill gelegt werden.

Gegrillter Mais mit Butter-Knoblauchsoße

KH 25g | EW 5g | F 23g | kcal 322

Zubereitungszeit:	*20 min*
Portionen:	*2*
Schwierigkeit:	*leicht*

Zutaten

- 260g Maiskolben (2 à 130g)
- 50g Butter
- 2 Knoblauchzehen
- etwas Majoran
- etwas Thymian
- Meersalz und Pfeffer

Zubereitung

1) Zuerst die Knoblauchzehen schälen und fein hacken. Die Maiskolben waschen und abtrocknen.

2) Die Butter in einem kleinen Topf zum Schmelzen bringen. Anschließend Knoblauch, Majoran, Thymian, Meersalz und Pfeffer mit der Butter vermischen.

3) Den Kontaktgrill vorheizen und währenddessen die beiden Maiskolben komplett mit der Buttersoße einpinseln.

4) Zum Schluss die Maiskolben für 10 Minuten beidseitig auf dem Kontaktgrill grillen, bis die typischen Grillstreifen zu sehen sind und der gewünschte Bräunungsgrad erreicht ist.

5) Die Maiskolben servieren und mit der restlichen Buttersoße übergießen.

Gegrillter Spargel mit Buttersoße

KH 17g | EW 6g | F 29g | kcal 350

Zubereitungszeit:	*25 min*
Portionen:	*2*
Schwierigkeit:	*mittel*

Zutaten

- 300g Spargel
- 50g Butter
- 40g Mehl
- 1 Zitrone
- 1 EL Olivenöl
- etwas Muskat
- Meersalz und Pfeffer

Zubereitung

1) Zuerst den Spargel waschen und schälen. Die Zitrone waschen und halbieren.

2) In einem kleinen Topf die Butter schmelzen und bei ständigem Rühren das Mehl einrühren und erhitzen, bis das Mehl gelb ist. Anschließend etwas Zitronensaft dazugeben und mit Muskatnuss, Meersalz und Pfeffer abschmecken.

3) Den Kontaktgrill vorheizen und beide Seiten einölen. Anschließend den Spargel drauflegen, nach Geschmack mit etwas Pfeffer und Salz würzen und beidseitig für ca. 5 Minuten grillen.

4) Den Spargel auf Tellern servieren und die Buttersoße dazu reichen.

Fetakäse-Gemüse-Bombe

KH 5g | EW 25g | F 40g | kcal 478

Zubereitungszeit:	*20 min*
Portionen:	*2*
Schwierigkeit:	*leicht*

Zutaten

- 200g Fetakäse
- 100g Tomaten
- 80g Champignons
- 50g Zwiebeln
- 50g Cheddar
- 10g Petersilie
- 10g Basilikum
- 1 Knoblauchzehe
- 1 EL Olivenöl
- Meersalz und Pfeffer

Zubereitung

1) Die Champignons und Cherrytomaten waschen, abtrocknen und halbieren. Dann die Zwiebel schälen und klein hacken. Jetzt die Knoblauchzehe schälen und fein hacken.

2) Etwas Petersilie und Basilikum waschen, trocknen und klein hacken. Den Cheddar klein reiben. Den Fetakäse in klein bröseln.

3) Nun in einer Schüssel etwas Olivenöl mit Meersalz, Pfeffer, Knoblauch und den gehackten Kräutern vermischen.

4) Auf einem großen Stück Alufolie das Gemüse mit dem Fetakäse legen und gut vermischen. Anschließend den Cheddar drüber streuen und die Olivenölmischung großzügig über dem Ganzen verteilen.

5) Die Folie zu einem Päckchen verschließen und ca. 15 Minuten beidseitig auf dem Kontaktgrill garen.

Blumenkohl mit minziger Avocadocreme

KH 22g | EW 7g | F 43g | kcal 503

Zubereitungszeit:	*30 min*
Portionen:	*2*
Schwierigkeit:	*leicht*

Zutaten

- 250g Blumenkohl
- 250g Avocado
- 100g Crème fraîche
- 20g Minze (frisch)
- 10g Zucker (braun)
- 2 Limetten
- 1 EL Olivenöl
- Meersalz und Pfeffer

Zubereitung

1) Als erstes den Blumenkohl waschen, abtrocknen und in kleine Stücke teilen. Gesalzenes Wasser zum Kochen bringen und den Blumenkohl Stück für Stück für etwa 5 Minuten blanchieren. Dann herausnehmen und abtropfen lassen. Die Limetten waschen, abtrocknen und halbieren. Die Minze ebenfalls waschen und abtrocknen. Die Blätter abzupfen und halbieren.

2) In einer kleinen Schüssel den Saft und die Schale von einer Limette reiben bzw. pressen und zusammen mit etwas Salz, Pfeffer, braunem Zucker und 4 EL Olivenöl vermischen. Den Blumenkohl auslegen und mit der Olivenölmischung bestreichen.

3) Währenddessen die Avocado waschen, halbieren, entkernen und das Fruchtfleisch von der Schale lösen und mit einer Gabel zerdrücken. Zusammen mit der Minze, 2 EL Olivenöl, Crème fraîche und dem Saft der restlichen Limette vermischen

4) Den Kontaktgrill auf die mittlere Stufe vorheizen und den Blumenkohl darauf legen. Beidseitig für ca. 10 Minuten grillen. Vom Grill nehmen und mit der Avocadocreme servieren.

Gegrillte Aubergine mit Fetakäse

KH 12g | EW 20g | F 43g | kcal 513

Zubereitungszeit:	*20 min*
Portionen:	*2*
Schwierigkeit:	*leicht*

Zutaten

- 400g Aubergine
- 100g Fetakäse
- 100g Pesto (nach Wahl)
- 50g Parmesan
- 1 EL Olivenöl
- Meersalz und Pfeffer

Zubereitung

1) Die Aubergine zuerst waschen und dann halbieren. Anschließend den Parmesan klein reiben.

2) In einer Schüssel das Pesto, den Fetakäse, etwas Olivenöl und Parmesan zu einer cremigen Masse verrühren.

3) Den Kontaktgrill vorheizen und mit Olivenöl bestreichen. Anschließend die beiden Auberginenhälften auf dem Kontaktgrill beidseitig für ca. 4 Minuten grillen.

4) Danach die Auberginenhälften vom Grill nehmen und auf etwas Alufolie legen. Die Käse-Pesto-Mischung gleichmäßig auf beiden Hälften verteilen und die Auberginen in die Alufolie wickeln.

5) Anschließend für weitere 4 Minuten auf den Kontaktgrill legen und beidseitig grillen, bis der Parmesan geschmolzen ist. Vom Grill nehmen, mit Salz und Pfeffer abschmecken und servieren.

Marinierte Süßkartoffelscheiben

KH 63g | EW 6g | F 25g | kcal 522

Zubereitungszeit:	*20 min*
Portionen:	*2*
Schwierigkeit:	*leicht*

Zutaten

- 500g Süßkartoffeln
- 100g Crème fraîche
- 20g Petersilie (frisch)
- 20g Dill (frisch)
- 1 Limette
- 1 EL Olivenöl
- Meersalz und Pfeffer

Zubereitung

1) Zuerst die Süßkartoffeln waschen, abtrocknen und der Länge nach in Scheiben schneiden. Dann den Dill und die Petersilie waschen, abtrocknen und klein hacken. Die Limette waschen und halbieren.

2) In einer Schüssel Crème fraîche, Limettensaft, gehackte Kräuter, 4 EL Olivenöl, Meersalz und Pfeffer zu einer Marinade vermischen.

3) Die Süßkartoffeln dazugeben und alles gut vermischen. Die marinierten Süßkartoffeln kurz stehen lassen und währenddessen den Kontaktgrill auf mittlerer Stufe vorheizen und einölen.

4) Die Süßkartoffeln anschließend für 11 Minuten beidseitig grillen. Sie sind gar, wenn sie weich sind und sich etwas wölben.

Süßkartoffel Taler

KH 65g | EW 6g | F 25g | kcal 538

Zubereitungszeit:	*20 min*
Portionen:	*2*
Schwierigkeit:	*leicht*

Zutaten

- 500g Süßkartoffeln
- 100g Crème fraîche
- 20g Minze (frisch)
- 10g Zimt
- 10ml Orangensaft
- 1 Limette
- 1 EL Olivenöl
- Meersalz und Pfeffer

Zubereitung

1) Die Süßkartoffeln waschen und in 2cm dicke Scheiben schneiden. Die Schale kann dran bleiben.

2) Dann den Kontaktgrill auf mittlerer Stufe vorheizen und die Süßkartoffel Taler von beiden Seiten mit etwas Olivenöl bestreichen.

3) Dann beidseitig für ca. 8 Minuten grillen. Vom Kontaktgrill nehmen, beide Seiten mit Salz und Pfeffer würzen und pro Portion 50g Crème fraîche dazugeben.

Auberginenburger

KH 9g | EW 37g | F 43g | kcal 576

Zubereitungszeit: 15 min
Portionen: 2
Schwierigkeit: leicht

Zutaten

- 400g Aubergine
- 250g Mozzarella
- 100g Cheddar
- 100g Tomaten
- 1 EL Balsamico
- Meersalz und Pfeffer

Zubereitung

1) Die Aubergine gründlich waschen, abtrocknen und in ca. 2cm dicke Scheiben schneiden. Den Mozzarella ebenfalls in Scheiben schneiden. Den Cheddar klein reiben. Die Tomaten waschen und in Scheiben schneiden.

2) Ein Stück Alufolie auf den Grill legen, mit Olivenöl einölen und darauf dann die Auberginenburger zubereiten. Auf einen Auberginenring jeweils etwas Cheddar streuen, dann eine Scheibe Tomate, eine Scheibe Mozzarella und wieder Cheddar. Oben drauf eine weitere Scheibe Aubergine.

3) Den Kontaktgrill anstellen und anschließend das Ganze beidseitig grillen. Durch die Alufolie kann der Käse etwas überlaufen und die Oberseite bekommt die typischen Grillstreifen von der oberen Platte des Kontaktgrills.

4) Nach ungefähr 7 Minuten sind die Auberginenburger fertig – auf einem Teller servieren und mit Balsamico beträufeln.

Cäsar Salat

KH 41g | EW 53g | F 54g | kcal 845

Zubereitungszeit: *10 min*
Portionen: *1*
Schwierigkeit: *leicht*

Zutaten

- 120g Hähnchenbrustfilet
- 100g Römersalat
- 50g Parmesan
- 50g Croutons
- 20ml Olivenöl
- 1 Knoblauchzehe
- 1 Eigelb
- 1 Zitrone
- 1 EL Worcester Sauce
- Meersalz und Pfeffer

Zubereitung

1) Zuerst die Knoblauchzehe schälen und fein hacken. Die Zitrone waschen und halbieren. Anschließend in einer kleinen Schüssel Knoblauch, Eigelb, Worcester Sauce, 1 EL Zitronensaft, etwas Salz und Pfeffer vermischen. Anschließend das Olivenöl einrühren.

2) Nun den Parmesan klein reiben, beim Römersalat den Strunk der Salatköpfe entfernen und alles gründlich waschen. Anschließend die Salatblätter in Streifen schneiden. Den Römersalat auf zwei Teller aufteilen.

3) Das Hähnchenfilet waschen, abtrocknen und beidseitig salzen und pfeffern. Den Kontaktgrill auf mittlerer Stufe vorheizen, gut einölen und die Filets beidseitig für ca. 12 Minuten grillen.

4) Das Hähnchen in Streifen schneiden und auf den Salaten platzieren. Croutons und Parmesan darüber streuen und das Dressing dazugeben.

Gegrillte Käsekartoffeln

KH 31g | EW 40g | F 62g | kcal 851

Zubereitungszeit:	*25 min*
Portionen:	*2*
Schwierigkeit:	*leicht*

Zutaten

- 300g Kartoffeln (2 à 150g)
- 200g Cheddar
- 150g Bacon
- 70g Frühlingszwiebeln
- 1 EL Olivenöl
- Meersalz und Pfeffer

Zubereitung

1) Die Kartoffeln gut waschen, abtrocknen und dann kochen. Sobald sie gekocht sind, oben aufschneiden. Die Frühlingszwiebeln waschen, abtrocknen und klein hacken. Den Cheddar klein reiben.

2) Die Kartoffeln mit dem Cheddar und den Frühlingszwiebeln befüllen und dann das Ganze mit Bacon umwickeln.

3) Den Kontaktgrill vorheizen, mit Olivenöl bestreichen und die Kartoffeln für ungefähr 7 Minuten beidseitig grillen, bis der Bacon schön knusprig und der Cheddar geschmolzen ist.

4) Mit Meersalz und Pfeffer abschmecken und servieren. Mit einem Löffel Schmand pro Kartoffeln das Gericht nochmal verfeinern.

Gegrillte Paprikahälften mit Füllung

KH 12g | EW 21g | F 82g | kcal 877

Zubereitungszeit:	*25 min*
Portionen:	*2*
Schwierigkeit:	*leicht*

Zutaten

- 300g Paprika (2 à 150g, rot)
- 200g Fetakäse
- 80ml Olivenöl
- 50g Walnusskerne
- 1 Knoblauchzehe
- etwas Basilikum (frisch)
- Meersalz und Pfeffer

Zubereitung

1) Als erstes die beiden Paprikas waschen, halbieren und entkernen. Dann die Walnusskerne klein hacken und den Fetakäse ebenfalls in kleine Stücke schneiden.

2) Die Knoblauchzehe schälen und fein hacken. Ca. 30 frische Basilikumblätter waschen und abtrocknen. Nun das Olivenöl, den Fetakäse, die Walnusskerne, den Knoblauch, die Basilikumblätter, etwas Meersalz und Pfeffer zu einem Pesto pürieren. Entweder mit eine Mixer oder einem Pürierstab.

3) Den Kontaktgrill vorheizen und einölen. Dann die vier Paprikahälften mit der Öffnung nach oben auf den Kontaktgrill legen und für etwa 4 Minuten beidseitig grillen.

4) Zum Schluss den Deckel öffnen, die Paprikahälften befüllen und weitere 5 Minuten bei mittlerer Hitze grillen lassen, bis der Fetakäse geschmolzen ist.

Kontaktgrill
Nachspeisen

Rezept Welt

Gegrillte Ananas mit Quark

KH 34g | EW 8g | F 4g | kcal 219

Zubereitungszeit:	*20 min*
Portionen:	*4*
Schwierigkeit:	*leicht*

Zutaten

- 900g Ananas
- 200g Quark (20% Fett)
- 100g Naturjoghurt (3,5% Fett)
- 4 EL Honig

Zubereitung

1) In einer Schüssel Quark, Joghurt und Honig gut verrühren. Nach Bedarf den Honig anders dosieren oder durch z.B. Himbeeren oder Vanilleextrakt ersetzen.

2) Die Ananas schälen und in ca. 2cm dicke Scheiben schneiden und den Strunk ausstechen.

3) Anschließend den Kontaktgrill vorheizen und die Ananasringe bei mittlerer Hitze ca. 3 Minuten beidseitig grillen, bis der gewünschte Bräunungsgrad erreicht ist.

4) Auf jedem Ananasring 1 bis 2 Esslöffel von der Quarkmischung servieren und genießen.

Gegrillte Honigmelone auf Vanilleeis

KH 36g | EW 5g | F 8g | kcal 232

Zubereitungszeit: *15 min*
Portionen: *4*
Schwierigkeit: *leicht*

Zutaten
- 600g Honigmelone
- 300g Vanilleeis (4 Kugeln à 75g)
- 4 EL Honig

Zubereitung

1) Zuerst die Honigmelone waschen, abtrocknen und in Scheiben schneiden. Den Kontaktgrill auf mittlerer Stufe vorheizen.

2) Dann die Honigmelonenscheiben für ca. 5 Minuten beidseitig grillen. Währenddessen das Vanilleeis auf vier kleine Schüsseln verteilen.

3) Die Honigmelonenscheiben vom Grill nehmen und mit einem Messer das Fruchtfleisch von der Schale trennen und über dem Eis verteilen. Dazu einen Esslöffel Honig geben und genießen.

Feurig gegrillte Wassermelone

KH 22g | EW 2g | F 16g | kcal 232

Zubereitungszeit:	*20 min*
Portionen:	*4*
Schwierigkeit:	*leicht*

Zutaten

- 1000g Wassermelone
- 4 EL Olivenöl
- 1 TL Currypulver
- 1 TL Chiliflocken
- 1 TL Meersalz

Zubereitung

1) Die Wassermelone in Scheiben schneiden und die Schale entfernen. In einer kleinen Schüssel Olivenöl, Currypulver, Chiliflocken und Meersalz vermischen.

2) Den Kontaktgrill vorheizen. Die Wassermelonenscheiben von beiden Seiten mit dem Öl bestreichen.

3) Nun die Wassermelonenscheiben beidseitig für 3-4 Minuten grillen. Vom Grill nehmen und genießen.

Ananasringe mit Eis und Karamellsoße

KH 41g | EW 3g | F 5g | kcal 240

Zubereitungszeit:	*20 min*
Portionen:	*4*
Schwierigkeit:	*leicht*

Zutaten

- 900g Ananas
- 200g Eis (nach Wahl)
- 1 Prise Salz
- etwas Karamellsoße

Zubereitung

1) Die Ananas schälen und in Scheiben schneiden. Wenn sich die Blätter in der Mitte problemlos herausziehen lassen, ist die Ananas reif. Dann die Karamellsoße mit einer Prise Salz vermischen.

2) Den Kontaktgrill vorheizen und einölen. Die Ananasscheiben beidseitig für einige Minuten grillen, bis sie leicht braun sind.

3) Anschließend die Scheiben vom Kontaktgrill nehmen, eine Kugel Eis dazu geben und mit der Karamellsoße übergießen.

Apfelringe mit Vanillesoße

KH 53g | EW 4g | F 4g | kcal 253

Zubereitungszeit:	*15 min*
Portionen:	*2*
Schwierigkeit:	*leicht*

Zutaten

- 200g Apfel (2 à 100g, rot)
- 200g Apfel (2 à 100g, grün)
- 200ml Vanillesoße
- 15g Zucker
- 10g Zimt

Zubereitung

1) Die Äpfel waschen, das Kerngehäuse ausstechen und in ca. 2 cm dicke Scheiben schneiden.

2) Die Apfelringe auslegen und mit Zimt und Zucker bestreuen. Anschließend den Kontaktgrill auf mittlerer Stufe vorheizen.

3) Dann die Apfelringe für ca. 5 Minuten auf den Kontaktgrill legen und beidseitig grillen.

4) Vom Grill nehmen und auf zwei Teller aufteilen. Dann mit Vanillesoße übergießen, sodass die Apfelringe darin regelrecht ertrinken.

Gegrillte Apfeltaschen

KH 36g | EW 3g | F 18g | kcal 310

Zubereitungszeit: *20 min*
Portionen: *4*
Schwierigkeit: *leicht*

Zutaten

- 200g Apfelmus
- 150g Apfel (rot)
- 150g Blätterteig
- 50g Sprühsahne
- 1 EL Olivenöl
- Zimt und Zucker

Zubereitung

1) Zuerst die Äpfel waschen, entkernen und klein hacken. Anschließend in einer kleinen Schale den Apfelmus mit den gehackten Äpfeln vermischen.

2) Den Blätterteig ausrollen und in Quadrate schneiden. Auf die Hälfte der Quadrate kommt in die Mitte etwas der Apfelmusmischung. Anschließend ein Quadrat ohne Apfelmusmischung oben drauf legen und die Ränder gut festdrücken, sodass kleine Apfeltaschen entstehen.

3) Alle Apfeltaschen von oben mit etwas Olivenöl bestreichen. Den Kontaktgrill auf mittlerer Stufe vorheizen und die untere Platte mit Olivenöl bestreichen.

4) Anschließend die Apfeltaschen auf den Kontaktgrill legen und beidseitig für ca. 10 Minuten grillen, bis diese goldbraun und knusprig sind.

5) Vom Grill nehmen, mit Zimt und Zucker bestreuen und etwas Sprühsahne dazu reichen.

Süßer Bananennachtisch

KH 51g | EW 5g | F 11g | kcal 328

Zubereitungszeit:	*15 min*
Portionen:	*2*
Schwierigkeit:	*leicht*

Zutaten

- 300g Bananen (2 à 150g)
- 20g Walnüsse
- 20g Zartbitterschokolade
- 20g Karamell
- 20g Mini-Marshmallows

Zubereitung

1) Die Walnüsse, Zartbitterschokolade, Karamell und Marshmallows klein schneiden. Die Bananen gründlich waschen und abtrocknen. Danach die Bananen mit einem Messer von oben einschneiden und die Schale mit der Frucht vorsichtig auseinander ziehen, sodass eine Lücke entsteht.

2) In diese Lücke kommt jetzt die Füllung. Die Bananen einzeln in Alufolie wickeln und den Kontaktgrill auf mittlerer Stufe vorheizen.

3) Die Bananen beidseitig für ungefähr 7 Minuten grillen, bis die Füllung geschmolzen ist.

4) Vorsichtig vom Grill nehmen, Alufolie entfernen, Schale entfernen und genießen.

Gegrillte Ananas-Schoko-Donuts

KH 51g | EW 5g | F 13g | kcal 350

Zubereitungszeit:	*15 min*
Portionen:	*4*
Schwierigkeit:	*leicht*

Zutaten

- 4 Donuts (fertig, Sorte nach Wahl)
- 4 Ananasringe
- 4 EL Nuss-Nougat-Creme

Zubereitung

1) Die Donuts halbieren und jeweils die Unterseite mit einem Esslöffel Nuss-Nougat-Creme bestreichen. Darauf dann jeweils einen Ananasring legen.

2) Die obere Donuthälfte drauflegen. Jeden Donut in ein Stück Alufolie einwickeln. Den Kontaktgrill vorheizen und anschließend die eingepackten Donuts für ca. 3 – 4 Minuten beidseitig grillen, bis die Nuss-Nougat-Creme geschmolzen ist.

Gegrillte Bananen auf Eis

KH 62g | EW 11g | F 20g | kcal 492

Zubereitungszeit:	*10 min*
Portionen:	*2*
Schwierigkeit:	*leicht*

Zutaten

- 300g Bananen
- 150g Vanilleeis (2 Kugeln à 75g)
- 50g Mandeln
- 50ml Ahornsirup

Zubereitung

1) Die Bananen schälen und der Länge nach halbieren. Die Nüsse grob hacken.

2) Den Kontaktgrill vorheizen und die Bananen für ungefähr 4 Minuten beidseitig grillen bis sie braun und leicht geschmolzen sind.

3) Anschließend die Bananenhälften vom Grill nehmen, auf jeweils einer Kugel Vanilleeis servieren, mit Ahornsirup und den gehackten Mandeln garnieren.

Birne mit geschmolzenem Blauschimmelkäse

KH 28g | EW 27g | F 55g | kcal 726

Zubereitungszeit:	*20 min*
Portionen:	*2*
Schwierigkeit:	*leicht*

Zutaten

- 280g Birne (2 à 140g)
- 200g Blauschimmelkäse
- 150g Römersalat
- 50g Walnusskerne
- 4 EL Honig
- 4 EL Balsamico
- 1 EL Olivenöl
- Meersalz und Pfeffer

Zubereitung

1) Zuerst den Römersalat waschen, den Strunk entfernen und klein hacken. Die Birnen waschen, abtrocknen, halbieren und entkernen. Anschließend die Walnusskerne klein hacken. In einer kleinen Schüssel den Honig mit Balsamico mischen. Den Blauschimmelkäse grob hacken.

2) Zu der Honigmischung Walnusskerne und Blauschimmelkäse geben und alles gut mischen. Den Kontaktgrill auf mittlerer Stufe vorheizen und beide Platten einölen.

3) Nun die Birnen auf den Kontaktgrill legen (mit der flachen Seite nach oben) und die Honig-Blauschimmelkäse-Soße jeweils in der Mitte der Birnenhälften verteilen. Beidseitig für ungefähr 5 Minuten grillen, jedoch sollte die obere Grillplatte die Birnen nicht berühren!

4) Wenn der Käse geschmolzen ist, die Birne auf dem Römersalat servieren. Die übrige Soße zum Salat geben, gegebenenfalls mit Meersalz, Pfeffer und Balsamico erneut abschmecken.

Schlusswort

Du konntest dir nun einen Überblick über die verschiedenen Themen verschaffen. Vielleicht hast du das eine Gerät mehr lieb gewonnen als das andere – aber letztendlich konntest du dir einen ersten Eindruck verschaffen. Du konntest die Rezepte ausprobieren und hast im besten Fall dein Lieblingsrezept entdeckt. Wir hoffen, dass du Spaß am Ausprobieren und Erkunden hattest und dein Interesse nun geweckt ist.

Dieses Buch sollte dir eine Einführung geben und dir somit den Einstieg erleichtern. In das alltägliche Kochen kommt meist mit der Zeit eine gewisse Routine – man kocht immer die gleichen 5-6 Gerichte, da diese einfach am besten schmecken und man sich auch nicht ständig allzu viele Gedanken über die Gerichtwahl machen möchte.

Umso mehr macht es einem dann Spaß, wenn man sich ein neues Küchengerät anschafft und somit mehr Abwechslung in seine Ernährung bringen kann. Dabei kommt es vor allem auf die Vorlieben an und ob es alleinig um die Abwechslung geht oder um eine Ernährungsumstellung. Dementsprechend liegt es an deinem persönlichen Geschmack welches Gerät du bevorzugst und was dir am meisten Spaß macht. Du kannst nun also auf Basis der Einführungsteile und der Rezepte entscheiden, was für dich die beste Wahl darstellt. Selbstverständlich kannst du dir auch mehrere Geräte anschaffen, insofern der Platz in deiner Küche es zulässt. Letztendlich empfehlen wir dir eine gute Abwechslung.

Somit wünschen wir dir weiterhin Erfolg dabei Abwechslung und Spaß in deinen Kochalltag zu bringen und die verschiedenen Rezepte auszuprobieren. Darüber hinaus kannst du natürlich auch weiter in die Thematiken einsteigen und viele weitere Rezepte ausprobieren.

Wenn du bisher nicht gestartet bist mit einem der Geräte in deiner Küche loszulegen, dann zögere nicht länger, sondern lege JETZT los und genieße die neue Vielfalt in deiner Küche.

Viel Erfolg auf deinem Weg & Viel Spaß weiterhin

Rezept Welt

Rechtliches

Haftungsausschluss

Die Benutzung dieses Buches und die Umsetzung der darin enthaltenen Informationen erfolgt ausdrücklich auf eigenes Risiko. Haftungsansprüche gegen den Autor für Schäden materieller oder ideeller Art, die durch die Nutzung oder Nichtnutzung der Informationen bzw. durch die Nutzung fehlerhafter und/oder unvollständiger Informationen verursacht wurden, sind grundsätzlich ausgeschlossen. Rechts- und Schadenersatzansprüche sind daher ausgeschlossen. Das Werk inklusive aller Inhalte wurde unter größter Sorgfalt erarbeitet. Der Autor übernimmt jedoch keine Gewähr für die Aktualität, Korrektheit, Vollständigkeit und Qualität der bereitgestellten Informationen. Druckfehler und Falschinformationen können nicht vollständig ausgeschlossen werden. Der Autor übernimmt keine Haftung für die Aktualität, Richtigkeit und Vollständigkeit der Inhalte des Buches, ebenso nicht für Druckfehler. Es kann keine juristische Verantwortung sowie Haftung in irgendeiner Form für fehlerhafte Angaben und daraus entstandenen Folgen vom Autor übernommen werden.

Haftungsausschluss und allgemeiner Hinweis zu medizinischen Themen: Die hier dargestellten Inhalte dienen ausschließlich der neutralen Information und allgemeinen Weiterbildung. Sie stellen keine Empfehlung oder Bewertung der beschriebenen oder erwähnten diagnostischen Methoden, Behandlungen oder Arzneimittel dar. Der Text erhebt weder einen Anspruch auf Vollständigkeit noch kann die Aktualität, Richtigkeit und Ausgewogenheit der dargebotenen Information garantiert werden. Der Text ersetzt keinesfalls die fachliche Beratung durch einen Arzt oder Apotheker und darf nicht als Grundlage zur eigenständigen Diagnose und Beginn, Änderung oder Beendigung einer Behandlung von Krankheiten verwendet werden. Konsultieren Sie bei gesundheitlichen Fragen oder Beschwerden immer den Arzt Ihres Vertrauens! Wikibooks und Autoren übernehmen keine Haftung für Unannehmlichkeiten oder Schäden, die sich aus der Anwendung der hier dargestellten Information ergeben. Beachten Sie auch den Haftungsausschluss und dort insbesondere den wichtigen Hinweis für Beiträge im Bereich Gesundheit.

Quelle: wikibooks

Impressum
Rezept Welt wird vertreten durch:

Frederike Knecht
Humboldtstraße 120
22083 Hamburg
Deutschland

Coverbilder
elenademyanko, mythja, ildi_papp, Anna_Shepulova, timolina | depositphotos.com

Bilder der Deckblätter
Heißluftfritteuse
Frühstück: Icons made by Freepik (https://www.freepik.com/) from www.flaticon.com (https://www.flaticon.com/) is licensed by CC 3.0 BY (http://creativecommons.org/licenses/by/3.0/)
Hauptspeisen: Icons made by Freepik (https://www.freepik.com/) from www.flaticon.com (https://www.flaticon.com/) is licensed by CC 3.0 BY (http://creativecommons.org/licenses/by/3.0/)
Beilagen: Icons made by Freepik (https://www.freepik.com/) from www.flaticon.com (https://www.flaticon.com/) is licensed by CC 3.0 BY (http://creativecommons.org/licenses/by/3.0/)
Nachspeise: Icons made by Freepik (https://www.freepik.com/) from www.flaticon.com (https://www.flaticon.com/) is licensed by CC 3.0 BY (http://creativecommons.org/licenses/by/3.0/)
Dampfgarer
Hauptspeise: Icons made by Pause08 (https://www.flaticon.com/authors/pause08) from www.flaticon.com (https://www.flaticon.com/) is licensed by CC 3.0 BY (http://creativecommons.org/licenses/by/3.0/)
Beilagen: Icons made by Freepik (https://www.freepik.com/) from www.flaticon.com (https://www.flaticon.com/) is licensed by CC 3.0 BY (http://creativecommons.org/licenses/by/3.0/)
Nachspeisen: Icons made by Smashicons (https://www.flaticon.com/authors/smashicons) from www.flaticon.com (https://www.flaticon.com/) is licensed by CC 3.0 BY (http://creativecommons.org/licenses/by/3.0/)
Kontaktgrill
Paninis & Sandwiches: Icons made by Freepik (https://www.freepik.com/) from www.flaticon.com (https://www.flaticon.com/) is licensed by CC 3.0 BY (http://creativecommons.org/licenses/by/3.0/)
Snacks: Icons made by Freepik (https://www.freepik.com/) from www.flaticon.com (https://www.flaticon.com/) is licensed by CC 3.0 BY (http://creativecommons.org/licenses/by/3.0/)
Fleisch: Icons made by Freepik (https://www.freepik.com/) from www.flaticon.com (https://www.flaticon.com/) is licensed by CC 3.0 BY (http://creativecommons.org/licenses/by/3.0/)
Fisch & Garnelen: Icons made by Freepik (https://www.freepik.com/) from www.flaticon.com (https://www.flaticon.com/) is licensed by CC 3.0 BY (http://creativecommons.org/licenses/by/3.0/)
Gemüse: Icons made by Freepik (https://www.freepik.com/) from www.flaticon.com (https://www.flaticon.com/) is licensed by CC 3.0 BY (http://creativecommons.org/licenses/by/3.0/)
Nachtisch: Icons made by Freepik (https://www.freepik.com/) from www.flaticon.com (https://www.flaticon.com/) is licensed by CC 3.0 BY (http://creativecommons.org/licenses/by/3.0/)
Challenge: Icons made by Freepik (https://www.freepik.com/) from www.flaticon.com (https://www.flaticon.com/) is licensed by CC 3.0 BY (http://creativecommons.org/licenses/by/3.0/)
Kochbuch: Icons made by Freepik (https://www.freepik.com/) from www.flaticon.com (https://www.flaticon.com/) is licensed by CC 3.0 BY (http://creativecommons.org/licenses/by/3.0/)
| flaticon.com

Printed in Poland
by Amazon Fulfillment
Poland Sp. z o.o., Wrocław

24975542R00222